全国财经类“十三五”规划教材基础课系列

Business Communication and Negotiation

商务沟通与谈判

微课版

黄杰 汤曼 / 主编　张玲 叶芳 / 副主编

人民邮电出版社

北京

图书在版编目（CIP）数据

商务沟通与谈判 : 微课版 / 黄杰，汤曼主编. -- 北京 : 人民邮电出版社，2019.1（2023.7重印）
全国财经类“十三五”规划教材. 基础课系列
ISBN 978-7-115-49755-0

Ⅰ. ①商… Ⅱ. ①黄… ②汤… Ⅲ. ①商务谈判—高等学校—教材 Ⅳ. ①F715.4

中国版本图书馆CIP数据核字(2018)第273930号

内容提要

本书共 9 章，分为沟通篇和谈判篇。前 4 章介绍商务沟通的相关知识，包括商务沟通概述、商务沟通前的准备、商务沟通的常用渠道和商务沟通的表达方式与技巧；后 5 章介绍商务谈判的相关知识，包括商务谈判概述、商务谈判礼仪与心理、商务谈判准备与组织、商务谈判过程和商务谈判策略。

本书注重实务知识讲解，可操作性强，每一节知识首先由与知识点关联的案例导入，然后结合理论、技巧和案例“三位一体”进行讲解。全书行文通俗易懂，通过实际案例引入理论知识和技巧策略学习，便于学习者学习与理解。

本书可作为高职高专相关专业沟通与谈判课程的教材，也可作为企事业单位管理人员、公司对外联络部门等需要沟通与谈判技能的相关人员的培训、自学用书。

◆ 主　　编　黄　杰　汤　曼
副 主 编　张　玲　叶　芳
责任编辑　刘　琦
责任印制　焦志炜
◆ 人民邮电出版社出版发行　　北京市丰台区成寿寺路 11 号
邮编　100164　　电子邮件　315@ptpress.com.cn
网址　http://www.ptpress.com.cn
三河市祥达印刷包装有限公司印刷
◆ 开本：787×1092　1/16
印张：11.5　　2019 年 1 月第 1 版
字数：282 千字　　2023 年 7 月河北第 10 次印刷

定价：39.80 元

读者服务热线：(010) 81055256　印装质量热线：(010) 81055316
反盗版热线：(010) 81055315
广告经营许可证：京东市监广登字 20170147 号

前　言

随着我国经济实力的增强，商务活动日益频繁，对外经济交往也在不断增多。沟通和谈判能力显得越来越重要。无论是商务活动中的人际交往、业务往来，还是职场中上下级的沟通、不同组织之间的沟通，或者个体与企业之间的谈判、企业与企业之间的谈判，都需要沟通和谈判能力的支撑。优秀的沟通和谈判能力，能够使你在商务活动中游刃有余。

沟通是人与人之间信息、情感和思想的交流，沟通更是一门艺术，有效沟通通常讲究技巧的使用。谈判是一种特殊的、带有博弈性的沟通行为，或者说，沟通贯穿整个谈判过程。谈判与沟通相比，必然存在强烈的“冲突”，“冲突”是谈判的前提，而谈判的目的在于“说服”，即解决冲突，说服对方接受自己的观点或要求。

为了帮助读者更好地理解沟通与谈判的相关知识，并加以灵活运用，我们专门编写了此书。

【本书内容】

本书共2篇，分为9章，各章内容如下。

【沟通篇】

第1章　主要介绍了商务沟通的基础知识，包括沟通与商务沟通的定义、目的、作用，沟通的构成要素、分类，商务沟通的内容、原则与流程，以及商务沟通与商务谈判的关系。

第2章　主要介绍了商务沟通前的准备工作，包括商务沟通的环境分析、对象分析和障碍分析。

第3章　主要介绍了商务沟通的常用渠道，包括面谈、电话沟通、网络沟通、演讲和会议。

第4章　主要介绍了商务沟通的表达方式与技巧，包括口头表达的基本要求和技巧，倾听的作用与提高有效倾听的技巧，非语言沟通的有效表达，以及多样性文化的沟通事宜。

【谈判篇】

第5章　主要介绍了商务谈判的基础知识，包括商务谈判的定义、特征、构成要素、分类、评价标准，商务谈判的原则，以及商务谈判的前提和目的。

第6章　主要介绍了商务谈判礼仪与心理，包括商务礼仪的含义和作用，商务礼仪的规范，以及对谈判人员的素质要求。

第7章　主要介绍了商务谈判准备与组织工作，包括商务谈判的信息准备、物质准备，谈判人员的筹备，以及模拟商务谈判。

第8章　主要介绍了商务谈判的过程，包括开局阶段、报价阶段、讨价还价阶段以及结束阶段。

第9章 主要介绍了商务谈判的策略，包括商务谈判前期的侦探策略和谈判过程中的相关技巧。

【本书特色】

- **语言通俗易懂。**本书以通俗易懂的语言讲解了商务沟通和谈判的理论知识，尽可能少使用专业性的描述，以便于读者阅读和理解。
- **理论与范例融合。**本书将商务沟通和谈判的理论知识和技巧与案例相互融合，由“案例导入”引入理论知识点，在介绍理论知识和沟通谈判技巧时，插入相关的案例，便于读者更加轻松、直观和深刻地掌握这些知识。
- **内容丰富且有趣。**本书在讲解过程中使用了“知识点拨”“观点对比”“趣味阅读”等栏目，既为读者提供了更多有实用价值的内容，又增加了阅读的趣味性。
- **“二维码”配套资料。**本书每小节的“案例导入”和练习题的“案例分析”都提供了对应的二维码，“扫一扫”可获取相关的参考信息；同时在文中提供了与知识点相关的案例视频，扫描二维码可观看该视频。

本书由四川邮电职业技术学院黄杰、九江职业大学汤曼任主编，张玲、武汉铁路职业技术学院叶芳任副主编，永城职院马海洋也参与了书稿编写。在编写过程中，参考了大量的商务沟通和谈判书籍，在此，对这些书籍的作者和为本书的出版给予帮助与支持的朋友们表示衷心的感谢。对书中的纰漏和不成熟之处，恳请专家、读者批评指正。

2018年8月

目录

第1篇 沟通篇

第4章 商务沟通的表达方式与技巧

第2篇 谈判篇

第5章 商务谈判概述

第9章
商务谈判策略

第1篇

沟通篇

第1章　商务沟通概述

【学习目标】

◆了解沟通与商务沟通的定义及目的
◆掌握沟通的构成要素及其含义
◆掌握商务沟通的分类
◆理解商务沟通与商务谈判的关系
◆理解商务沟通的基本内容——何人何时何事
◆了解商务沟通的原则及一般流程

1.1 » 沟通与商务沟通基础

案例导入

半途而废的通天塔

传说人类的祖先最初讲的是同一种语言，他们在底格里斯河和幼发拉底河之间，发现了一片异常肥沃的土地，于是就在那里定居下来，建造起了繁华的巴比伦城。后来，他们的日子越过越好，人们为自己的业绩感到骄傲，他们决定在巴比伦修一座通天的高塔，来传颂自己的赫赫威名。

因为大家语言相通，沟通顺畅便捷，能够同心协力，阶梯式的通天塔修建得非常顺利，很快就高耸入云。天神得知此事，立即从天上来到人间察看。天神一看，又惊又怒，因为天神不允许凡人达到自己的高度。他看到人们这样统一强大，心想：人们讲同样的语言，高效地进行沟通，就能建立起这样的巨塔，那日后他们还有什么办不成的事情呢？

于是，天神决定让人世间的语言发生混乱，使人们互相语言不通。人们各自讲起不同的语言，沟通不畅，感情无法交流，思想不能统一，就难免出现互相猜疑，各执己见，争吵斗殴的情况，这就是人类之间误解的开始。修造工程因语言不通、沟通不畅导致纷争而停止，通天塔的修建工作最终半途而废。

扫一扫

1.1 案例解析参考

【案例思考】

从这则寓言中我们能够解读出关于沟通的什么信息？

沟通涉及生活与工作的方方面面，如生活中与家人、朋友和所有其他要接触到的人之间的沟通，工作中与领导、同事、客户之间的沟通。而在商务活动中，沟通是商务交往和商务谈判的基础，并贯穿商务活动的始终。因此，对沟通有清晰的认识，有助于更好地为商务活动服务。

1.1.1 沟通与商务沟通的定义

沟通是为了实现设定的目标，通过信息媒介在个人或群体间传递信息、思想和情感，以此达成共同协议的过程。沟通定义的内涵如下。

- 沟通专指人与人之间的沟通。
- 信息媒介包括信息符号和信息通道。
- 信息包括事实信息、观念信息和情感信息。
- 沟通的目的在于信息被对方接收并相互理解。
- 沟通既涉及人际间的交流，也涉及组织之间的交流。

进一步理解，沟通实际上就是信息传递与接受的行为，发送者凭借一定的渠道，将信息传递给接收者，并寻求反馈以达到相互理解的过程。它包含3大要素，即：要有一个明确的目标；达成共同的协议；沟通信息、思想和情感。

观点对比

《大英百科全书》中解释沟通是"用任何方法，彼此交换信息，即指一个人与另一个人之间以视觉、符号、电话、电报、收音机、电视或其他工具为媒介，所从事交换信息的方法"。

《韦氏大辞典》中解释沟通是"文字、文句和消息之交通，思想或意见之交换"。

"现代政策科学先驱"哈罗德·拉氏韦尔认为，沟通就是"什么人说什么、由什么路线传至什么人，达到什么效果"。

显而易见，商务沟通是指商业活动中的沟通，具体指两个或两个以上从事商业活动的组织或个人，为了满足自身经济利益的需求，借助文字、语言等共同的符号系统，以此传递和交流彼此的信息、情感和思想的个人或社会互动行为。商务在狭义上是指商品的市场交易活动，即我们常讲的"做生意"；广义上则是指以企业产品和服务的研发、生产、物流及销售等为内容的营利性经济活动。商务沟通定义的内涵如下。

- 商务沟通可指人与人之间或者群体之间的交流，商务沟通行为具有非常明确的目的，这个目的是进行商务沟通的前提，如果没有明确的目的，那么，在商务活动中的一切沟通都是闲谈。
- 根据商务沟通使用的符号系统不同，一般有语言沟通和非语言沟通的区分。语言沟通即借助语言符号，如口头语言、书面语言等实现信息传递和交流；非语言沟通则是借助语言符号外的其他手段实现的沟通行为。
- 商务沟通的内容包括信息、情感和思想。这三者并不完全独立，而是相互交叉的，信息中可表达出情感和思想，情感和思想的表达传递了沟通的信息。

知识点拨

商务沟通也可称为管理沟通、企业组织沟通。它是企业内部或企业与企业之间、企业与顾客之间为在商务和管理活动中达到相互理解、协调关系，实现企业目标，而进行的信息交流过程。

1.1.2 沟通与商务沟通的目的

沟通的目的是进行信息、情感和思想等的传递和交流。而商务沟通，如果从外部沟通角度分析，其目的很简单，在于了解各方信息，知己知彼，找到切入点，与客户（企业）进行良性互动，从而与客户（企业）建立业务合作伙伴关系；如果从企业组织内部管理沟通的角度分析，商务沟通的目的可概括为"决策创新""激励强化""交流联系""内部协调"4个方面，如图1-1所示。

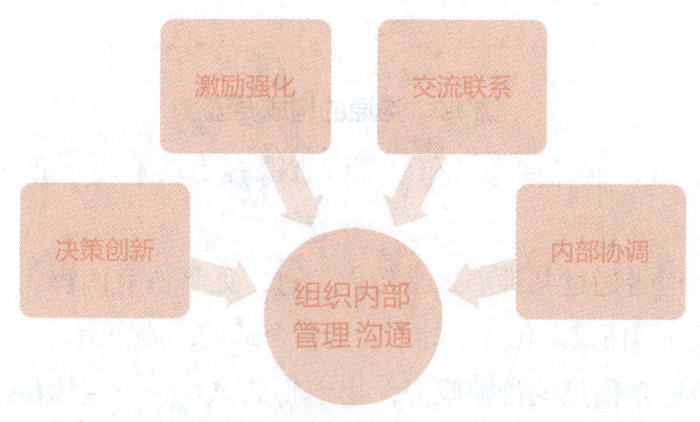

图1-1　组织内部管理沟通的目的

◆**决策创新：**及时沟通能够获得市场、竞争对手等各方面的信息，为企业决策的制定提供依据，促进和实现企业的决策创新。决策是企业管理的本质，在管理的每个职能中都有决策的参与。一个好的决策会使公司的各项管理制度落到实处。当企业创新受到限制或拖延时，沟通是关键环节。如果沟通的渠道和信息不畅通，员工与上层的决策者就会产生隔离，这就使沟通陷入僵局。下级员工的反馈、建议、提示等信息无法到达上层管理者，将带来影响决策者实行决策创新的判断力的负面效果。

◆**激励强化：**有效的沟通能够激励员工。除了信息和技术的沟通外，企业管理层通过鼓励、认可员工的工作行为，并通过奖励和惩罚，对员工的劳动行为实行有效激励，能够极大地激发员工工作的热情，提高员工士气，改善工作绩效。

◆**交流联系：**信息的沟通是员工了解并协作完成企业总体目标的桥梁。员工之间进行交流包括相互在物质上的帮助、支持和感情上的分享、沟通，如果没有信息沟通，员工无法了解企业的总体目标，也不能进行有效的协作。有效的沟通可以保持企业各部门上下或各部门之间的信息通畅，使企业员工及时了解企业的发展情况及面临的困难和机遇，通过员工的参与，提高企业决策的执行力和企业凝聚力。

◆**内部协调：**有效的沟通可以增进员工与员工之间、员工与领导之间的相互了解，减少矛盾，从而使很多棘手的问题迎刃而解。众所周知，企业各部门和各个职务之间是相互依存的，依存性越大，对协调的需求越高，而协调的最直接的实现渠道是沟通。

1.1.3 沟通的构成要素

总的来讲，沟通是一个信息双向传递的过程，沟通行为在人类活动中扮演着不可或缺的角色。特别是进入21世纪以后，沟通已然升华为一门艺术，对增强人际关系起着至关重要的作用，是成功完成商务活动的一个必备条件。而一个完整的沟通过程包括信息发送者、信息内容、沟通渠道或媒体、沟通信息的反馈、噪声或干扰因素以及信息接收者等构成要素，其构成模型如图1-2所示。

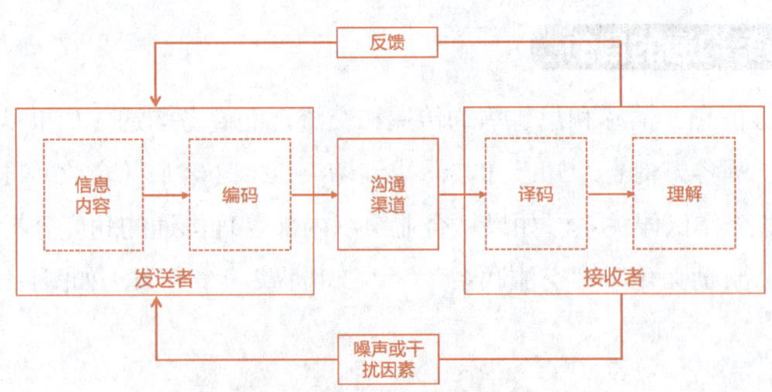

图 1-2　沟通的构成要素

沟通要素的信息发送者、信息接收者和信息内容很容易理解，下面简要介绍其他沟通要素的含义。

◆**编码：**编码是指发送者通过某种形式来传递信息，如将信息内容表达为肢体语言、计算机语言等。沟通时应根据国情或文化背景的不同选择合适的编码语言。

◆**沟通渠道：**沟通渠道是信息的传输媒介，用于将信息从一个主体传输到另一个主体。信息的传递必须依靠一定的渠道，不同的沟通渠道适用于传递不同的信息。选择的渠道不一样，传递的效果也就不一样，如面谈、电话沟通、视频沟通等。

◆**译码：**译码指接收者对接收到的信息进行解释。它包含两个层次：一是还原为信息发出者的信息表达方式，二是正确理解信息的真实含义。只有当接收者对信息的理解与信息发送者传递的信息的含义相同或相近时，才能实现有效且正确的信息沟通。

◆**噪声或干扰因素：**是指任何阻碍信息沟通的因素，如外部环境的影响、编码或译码的错误、符号的错误、人为的干扰和成见等。

◆**反馈：**反馈是指接收者传递给发送者的反馈信息内容，它不仅能检验沟通的成果，还可通过校正接收者和发送者的理解偏差，改善信息沟通的效果。

知识点拨

理解沟通的构成要素对提升沟通能力具有明显的指导作用，它是沟通的高度概括，在此基础上深入研究沟通的技巧，在商务活动实践中反复练习和运用这些技巧，对商务谈判具有莫大的帮助。

趣味阅读

故事的主角是战国时期秦国的名相范雎和燕国的穷酸读书人蔡泽。

当时，范雎功勋卓著，威名显赫，深受秦国的国君昭襄王的器重。而蔡泽虽然能言善辩，学富五车，有心指点江山，却空有抱负，不仅在燕国不受重用，游历赵国、韩国、魏国时同样不受国君待见。

蔡泽没有放弃，认为赵、韩、魏三国之所以不收容他，不在于自己学识浅，而在于自己名气小，决定再去秦国试试，于是，靠沿路乞讨来到秦国都城。听说范雎举荐的郑安平、王稽犯下重大的罪过，昭襄王虽没有责怪范雎，但是范雎感到内疚，心里也惴惴不安，蔡泽决定在拜见秦王前，先去会会宰相范雎。

用什么样的方式引起范雎的关注呢？蔡泽首先请人对范雎放出一句狠话，“燕客蔡泽，天下雄俊弘辩智士也，彼一见秦王，秦王必困君而夺君之位。”果不其然，这一句狠话立刻引起了范雎的注意，范雎便有意见见蔡泽这个狂妄之徒。

范雎问蔡泽：“你扬言要取代我，可有此事？说说吧，什么情况?”蔡泽早有准备，一针见血地回答：“秦国的商鞅、楚国的吴起、越国的文种，你愿意跟他们同样的下场吗?”范雎一听，商鞅、吴起、文种三人居功至伟，最终都不得善终。显然，蔡泽击中了范雎的要害。范雎却故意回避：“这三人都是一世忠臣，为大义而死，受人敬重。”范雎虽表面看似平静，但内心已开始惴惴不安。

在一番开场后，蔡泽接着说：“水满则溢，月满则亏，一年四季，运转不息，你应该急流勇退，见好就收，是时候退休了。”范雎说：“我若不想退休呢?”蔡泽说：“你的功劳比商鞅、吴起、文种如何?”范雎说不如。蔡泽又问：“当今秦王对待功臣如何?”范雎明知昭襄王非常猜忌，但没敢说。见范雎不说话，蔡泽已经明白了七八分，于是又问：“你的功劳远远比不上商鞅、吴起、文种，而俸禄却比他们高出很多，他们尚且不能保全自己，何况是你呢?”

听到这里，范雎终于坐不住了。因为构陷白起，昭襄王已有所不快，且范雎举荐的郑安平、王稽两位大臣皆因罪被砍了脑袋。伴君如伴虎，范雎明白这个道理，只是贪恋权势富贵。今天听蔡泽这么一说，范雎终于醒悟，连连称是。

过了几天，范雎向昭襄王举荐了蔡泽，主动交出了相印，昭襄王便拜蔡泽为相。蔡泽在拜相后，深知相位得来轻易，便急流勇退，做了纲成君。

【解析】

蔡泽作为沟通信息的发送者事前经过深思熟虑，罗列语言，进行编码，首先通过其他造势，达到被范雎接见的目的。范雎作为沟通信息的接收者在获得信息后，经过不断提问反馈信息，然后对蔡泽的信息内容进行分析理解，最终做出辞相的决定。倘若蔡泽不能引起范雎的注意，或范雎仍不能放下名利，沟通就会以失败而告终。

1.1.4 沟通的分类

从不同的角度可以对沟通进行不同的分类，下面介绍几种常见的分类方法。

1．按功能分类

沟通按照功能划分，可以分为工具式沟通和感情式沟通。

- **工具式沟通：**工具式沟通是一种单纯的沟通方式，指发送者将信息、知识、想法或要求传递给接收者，其目的是影响和改变接收者的行为，最终实现沟通的目的。
- **感情式沟通：**感请式沟通具有感情色彩，指沟通双方通过情感的表达，获得对方精神上的理解、支持或认可，最终改善相互间的人际关系。

2．按组织结构分类

沟通按照组织的结构特征进行分类，可分为正式沟通和非正式沟通。

- **正式沟通：**正式沟通是指依据组织的层级结构和功能特征及需要按照明文规定的渠道进行信息传递的沟通类型。如组织内部的命令下达、文件传送、任务分配、上下级之间的例行汇报、总结以及通报、批复等都属于正式沟通。正式沟通是沟通的主要方式，具有严谨性、稳定性和可靠性等特点。
- **非正式沟通：**非正式沟通是指组织内部不根据正式层级结构，信息传递媒介和线路没有事先正式安排，自发性进行信息传递的沟通类型，也泛指正式沟通渠道外一切自由进行的信息传递和交流。非正式沟通通常被称为“传闻”或“小道消息”，如员工私下传播信息、交流思想感情等。非正式沟通作为正式沟通的补充，往往能够满足组织内部成员在正式沟通中不能、不敢表达的思想情感和社交需求，反映出员工的真实信息。同时，非正式沟通缺少严肃性，较为随意，容易造成传递信息的失真，容易导致组织内部的矛盾和冲突。

3．按信息载体和渠道分类

如果按照使用的信息载体和传递渠道进行分类，沟通可分为语言沟通和非语言沟通。

（1）语言沟通

语言沟通是建立在语言文字基础上的，以语言文字和言语声音作为载体。语言沟通形式又可分为口头语言沟通、书面语言沟通及电子数据语言沟通3大类。

- **口头语言沟通：**口头语言沟通是人们最常用的一种沟通形式。按照不同的发生方式，可细分为演讲、交谈、访问、会议、讨论及征询等多种具体表现形式。口头语言沟通具有便捷性和及时性的特征，但是在其信息的传递过程中，经过的中间环节越多，就越容易造成信息的失真或扭曲。
- **书面语言沟通：**书面语言沟通又可细分为正式文件、信件、备忘录、留言便条、公告、内部期刊、规章制度、任命书等多种具体表现形式。书面语言沟通的优势在于将传递的内容具体化、直观化，同时便于保存和查询，但是不利于信息的及时反馈，信息的接收者也不一定能够完全理解沟通内容的含义。
- **电子数据语言沟通：**随着有线与无线通信技术、有线网络与无线网络技术和信息技术的发展，电子数据语言沟通也成了商务沟通的重要方式。所谓电子数据语言沟通，是指将包括图表、图像、文字等在内的书面语言性质的信息，通过电子信息技术转化为电子数据进行信息传递的一种沟通方式。其主要特点和优势是可以将大量信息以较低成本快速地进行远距离传送。按照电子数据采用的设备和工具、媒介的不同，可将电子数据语言沟通细分为电话沟通、电报沟通、网络沟通、多媒体沟通等多种具体表现形式。

（2）非语言沟通

非语言沟通是指通过某些媒介用非语言文字来传递信息的沟通形式，如图1-3所示。非语言沟通主要包括身体语言沟通、副语言沟通和物体操纵（道具沟通形式）3种形式。

- **身体语言沟通：**身体语言沟通是指通过动态的目光、表情、手势等身体运动，姿势、衣着打扮等来传递信息的沟通形式。
- **副语言沟通：**副语言沟通是指通过非词语的声音，如重音、声调、哭、笑、停顿、语速等来传递信息的沟通形式。
- **物体操纵：**物体操纵即道具沟通，是指人们通过对物体的运用、环境的布置等方式来传递信息的沟通形式。

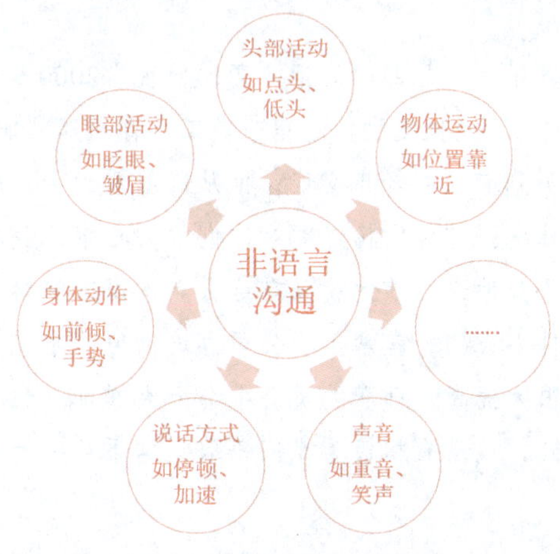

图 1-3 非语言沟通的形式

案例 1.1

有一条船在海上遇难了，有三个幸存者被冲到三个相距很远的孤岛上。第一个人大声呼救，但周围什么也没有，更别提有人来救他了。第二个人也高声呼救，恰好一架飞机飞过天空，但飞机上的人听不到他的声音。第三个人在呼救的同时点燃了一堆篝火，飞机上的人发现了孤岛上的浓烟，通知海上救护队把他救了出来。

（资料来源：《管理学原理故事会》，崔卫国、刘学虎编著，中华工商联合出版社）

【解析】

案例中，虽然遇难的三个人都向外发出了求救信号，但由于所采用的沟通方式不同，取得的求救效果大相径庭。第一个人和第二个人都通过语言呼救，但第一个人没有信息的接收者；第二个人发出的信息受到距离等干扰，从而未被对方辨认；只有第三个人同时使用语言沟通和非语言沟通，既有信息的接收者，发出的信息也被对方所接受和辨别，从而成功获救。从案例中不难看出，沟通的构成要素和沟通方式的选择对沟通目的的实现至关重要。

4．按沟通的方向分类

按照沟通方向进行划分，沟通可分为下行沟通、上行沟通和平行沟通3种方式。

- **下行沟通：**下行沟通是指上级层次以命令的形式将信息传达给下级层次，是自上而下的沟通，它是保证组织工作顺利开展的重要沟通形式。如，组织领导层向下级发送命令，下达工作计划、规章制度等。
- **上行沟通：**上行沟通是指下级层次将信息传达给上级层次，是自下而上的沟通，是下级成员向上级成员汇报工作、反映情况的形式。如请示、汇报、意见申述等。
- **平行沟通：**平行沟通是指同级之间（平级之间）的信息传递，这种沟通也称为横向沟通。例如，平行机构的交流、不同管理者之间的沟通以及员工之间的交互工作等。

案例 1.2

某公司财务部杨经理结算了上个月部门的招待费，发现有2000多元余额。按照惯例，杨经理会用这笔钱请手下员工吃一顿，于是他走到休息室叫员工小林通知其他人晚上聚餐。

快到休息室时，杨经理听到有人在轻声交谈，他从门缝看过去，原来是小林和销售部员工小秦两个人在里面。小秦对小林说：“你们杨经理对你们很关心嘛，我看见他经常用招待费请你们吃饭。”“得了吧，”小林不屑地说，“他就只有这么点本事来笼络人心，遇到我们真正需要他关心、帮助的事情，他没一件办成的。就拿上次公司办培训班的事来说吧，谁都知道如果能上这个培训班，工作能力会得到很大提高，升职的机会也会大大增加。我们部门几个人都很想去，但是杨经理却一点都没有察觉到，也没有积极为我们争取，结果让别的部门抢了先。我真的怀疑他有没有真正关心我们。”

【解析】

案例中，明显可看出上级和下级之间的沟通出现了很大的问题。

首先是上级和下属沟通不充分。与下属沟通要尊重下属，让下属感到自身工作的重要性，调动他们工作的积极性；要表明沟通的诚意，让下属感到双方都是为了把工作做得更好。小林在抱怨杨经理没有给他们争取去培训的机会，就是杨经理没有跟自己的下属进行很好的沟通的体现。

其次是下属和上级沟通不明确。小林如果和上级很明确地说部门中有很多人想去参加这次培训，希望经理给很好地争取一下，也许他们现在已经在培训人员的行列了。同时，小林还跟别的部门的员工抱怨领导的不是，这是非常不妥当的行为。绝大多数的上级在乎其权威和地位，需要别人的承认，需要他人维护自己的尊严，而小林却私下在别人面前损坏自己领导的形象，这是特别忌讳的。对领导的做法不认同时，应该及时和自己的领导沟通，说出自己的建议和想法。

5．按信息发送者和信息接收者的位置是否变换分类

按信息发送者和信息接收者在沟通中的地位是否交换来划分，沟通可分为单向沟通和双向沟通。

- **单向沟通：**单向沟通指没有反馈的信息传递，信息的发送者和传递者在沟通中的地位不变。例如演讲、报告等。
- **双向沟通：**双向沟通指有反馈的信息传递，是信息发送者和接收者相互之间进行的信息交流且双方在沟通中的地位不断交换。例如交谈、协商等。

6．按沟通的参与人数和覆盖范围大小分类

如果按照沟通的参与人数和覆盖范围的大小进行划分，沟通可分为人际沟通、群体沟通、企业沟通、跨企业沟通以及跨文化沟通。这几种沟通方式依次呈包含关系。

- **人际沟通：**人际沟通是为了达到管理的目的而进行的人和人之间的情感和信息的传递与交流过程。它是群体沟通、企业沟通、跨企业沟通和跨文化沟通的基础。
- **群体沟通：**群体沟通也可叫作小组或者团队管理沟通，是指在为数不多的有限人群内部进行的沟通。它是企业内部沟通的重要组成部分。
- **企业沟通：**企业沟通是指发生在整个企业内部和与企业相关的外部沟通，可分为企业内部沟通和企业对外沟通两部分。
- **跨企业沟通：**跨企业沟通是指两个以上的企业与企业之间的信息沟通，如数据共享、供应链管理等。
- **跨文化沟通：**跨文化沟通是指处于两种不同社会文化背景下的企业内部或外部人员间进行的信息沟通。

案例 1.3

全世界，几乎所有民族都有自己的喝酒文化。

法国人喝葡萄酒非常讲究，他们不会自己给自己倒酒，都会让侍者来倒酒。通常，侍者会优先给女士倒酒，一般倒上半杯左右即可。

意大利人进餐时只喝水或葡萄酒，饮用其他饮料会被视作忌讳。

祝酒在捷克是一件非常严肃的事情，碰杯时一定要和对方进行眼神交流，但绝不能双臂交叉。

匈牙利因为在1848年的革命中，13位主导反抗奥地利专制统治的革命家被处死，胜者当时还喝啤酒碰杯庆祝，因此匈牙利人一直将喝啤酒碰杯视为禁忌。

在西班牙，人们一般认为祝酒时“以水代酒”会导致生活不和谐。另外，每晚的最后一杯酒也只能称作“倒数第二杯”，因为他们认为最后一杯酒往往指临死前喝的酒。

在俄罗斯，人们在敬酒时都会说上一段很长的祝酒词，不过前面基本都是一些趣闻逸事，然后再以重点言论收尾。另外，在俄罗斯，空瓶和空杯不能放在桌上，而要放到桌子底下。

中国人则普遍认为喝酒干杯是一种人情、是给对方面子，喝酒不干杯就是不够热情。

【解析】

喝酒是一种文化，而不是一种习惯，因此跨文化沟通、宴请饮酒时，不能将自己民族的饮酒习惯强加于其他族群，那样是对他人的不尊重。

1.1.5 商务沟通与商务谈判的关系

商务沟通和商务谈判不完全是一回事，两者相互作用。商务沟通可独立存在，不涉及谈判内容，而商务谈判则包含商务沟通。商务沟通不仅是商务谈判的基础，更贯穿谈判始终，在商务谈判中，双方需要对感情、思想、认知、态度、观点以及利益均衡等进行双向沟通。

在商务谈判中，一定存在沟通，有效的沟通能使双方克服谈判的障碍，加深理解，达成共识。简而言之，商务谈判是在多次沟通的基础上，双方达成共识的说服活动。如图1-4所示，简单罗列了商务谈判中沟通与谈判间的关系。

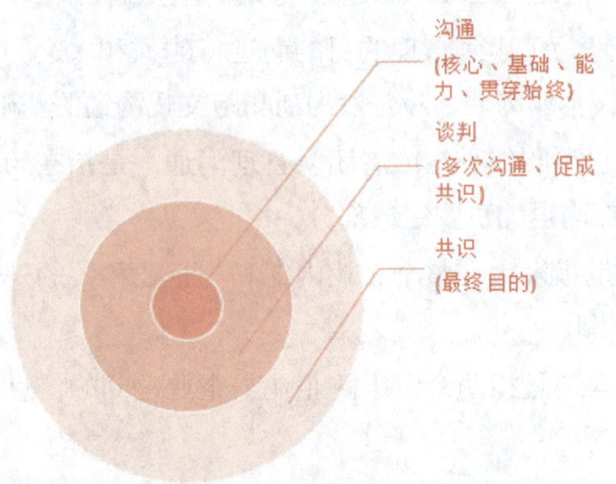

图 1-4　商务沟通与商务谈判间的关系

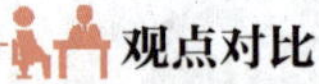

观点对比

做一个好听众，鼓励别人说说他们自己。

——戴尔·卡耐基

只要有可能，资料应该从发送者直接传递给接收者。

——当劳 .L. 柯克派崔克

我们沟通得很好，并非决定于我们对事情述说得很好，而是决定于我们被了解得有多好。

——安德鲁 .S. 葛洛夫

有许多隐藏在心中的秘密都是通过眼睛泄露出来的，而不是通过嘴巴。

——爱默生

有效的沟通取决于沟通者对话题的充分掌握，而非措辞的甜美。

——葛洛夫

一个人必须知道该说什么，一个人必须知道什么时候说，一个人必须知道对谁说，一个人必须知道怎么说。

——德鲁克

有时你必须保持沉默，以便令人听到你的话语。

——史丹尼斯罗 J. 列克

要根据一个人的发问来判断这个人，而不要根据他的答复来判断他。

——伏尔泰

1.2 » 商务沟通的内容、原则与流程

案例导入

究竟该谁做清洁

小柳刚毕业，便进入家乡的一家中法合资大型企业工作。因为公司担心文件资料等情况泄露或遗失，当时公司有一个不成文的规定，桌面卫生的打理都交由新员工来处理，而不是请专门的清洁人员做这件事。小柳第一天上班的时候，就碰到了这个问题。

公司的工会会长告诉小柳："你是新手，以后办公室里桌面卫生的清理就交给你来做。"并叮嘱他注意文件的整理。

科长稍后过来告诉小柳："我了解你的感受。公司招聘你们当然也不是为了让你们整理清洁，但是在公司里，员工之间融洽相处最重要，所以你还是忍耐一下吧。"

又等了一会儿，小柳的直接上司过来跟他说："你们是刚毕业的大学生，在公司里如何建立自己的形象，都要靠自己，千万不要整天专注整理卫生的事，他们的事让他们去做就好了，不要被他们左右。"

当晚，小柳考虑了很多，还是决定先按科长的意思来做比较保险。

第二天上班，小柳便仔细做好桌面的清洁工作。对小柳这样的行动，部长和科长非常满意，仅有让小柳不要做这事的直接上司表示了不满，但是他也无可厚非。

工作开始了，小柳一边学习业务，一边观察自己周围的那些人——包括工会的会长，同时在心里对他们一一做了分析：部长是高级管理阶层人员，尽管他明明知道发生了什么事情，但他是绝对不会管这些小事的；科长虽然也是管理阶层的，可是他是直接管理部门内部的人员，所以和员工们保持比较密切的关系，既然他最重视的是内部和睦和融洽，那么就不能靠他解决这个要不要清洁桌面的问题；直接上司呢？他是工作主管，要教小柳业务，是跟小柳最有关的人，但是他只不过是个员工，他的意见是个人的，并不是公司的立场，所以他是不能依靠的。那么小柳到底该如何渡过这个难关呢？

想了好几天，小柳得出结论，事情的关键就是公司的工会。如果跟他们关系不好，以后工作上肯定会产生很多不便，但也不能让他们控制自己的行动。所以小柳决定先和他们好好协作，慢慢解决问题。以后的一段时间，小柳天天整理桌面，而且积极参加工会活动，逐渐与他们建立了良好的关系。更重要的是，工作上小柳付出了最大努力，让公司的人知道自己也同样具有优秀的业务能力。看到了小柳的表现，对刚大学毕业的职员有成见的他们也慢慢对小柳产生了好感。而且，通过这段日子，小柳也对他们的立场有所理解，觉得他们不是自己的敌人，而是好同事、好朋友。

但是无论小柳和他们之间的关系如何转变，如果不解决清洁桌面的问题，以后每年来的新手，都要不可避免地这样循环下去。所以，半年之后的一天，小柳去找工会的干部们说明了自己的立场："清洁桌面算不了什么，可是现在业务也学得差不多了，开始有自己的任务，在外面办的事情也越来越多，有的时候实在忙不过来，早上来不及做好清洁工作，你们能不能帮帮忙？"出乎意料的是，在对话过程中小柳发现，他们内心已经承认了小柳和他们之间工作上的差别和工作范围的不同。对话成功了，他们肯帮小柳做事。通过那次的对话，他们对小柳有了信赖感，小柳得到了他们工作上的支持。

扫一扫

1.2 案例解析参考

【案例思考】

案例中，小柳的沟通重点在哪里？从中可以看出沟通的流程具体有哪些步骤？

商务沟通作为沟通的一种特殊类型，需要符合或遵守某些既定的原则。这些原则是商务沟通的重要部分，遵循原则才能保证沟通的顺利进行，从而实现沟通的目标。在实现沟通目标的过程中同时需要了解商务沟通包含的内容，从而做到知己知彼。

1.2.1 商务沟通的内容

商务沟通的基本内容可概括为为什么（why）、何人（who）、何地（where）、何时（when）、何事（what）、如何（how）等内容。

- **为什么（why）：**"为什么（why）"即是为什么要进行沟通，沟通的原因是什么，指出了沟通的目标和目的。如果沟通的目标不明确，整个沟通就会南辕北辙。确定沟通目标首先要确定沟通各方的底线，包括沟通双方的态度、沟通理解能力、行动能力和意愿。进一步理解，沟通的目的是告知、说服、影响、教育、劝导，还是启发？希望得到信息接收者的什么反应或行为方式。
- **何人（who）：**"何人（who）"是指沟通的对象。沟通的对象可以是一个人、一个团队等。同时，需要考虑沟通对象的属性，即他们的性别、年龄、民族、受教育程度、身份地位、社会经历。
- **何地（where）：**"何地（where）"是指活动发生的空间范围，包括地理区域、特定场所和场景布置等。即发送者的信息出现在何地，接收者是在什么地方收到的信息内容。
- **何时（when）：**"何时（when）"是指沟通的时间或时间段。不同时间段会影响人们对信息的理解，不同的时间观念、不同的作息时间以及沟通时间的长短在一定程度上会对沟通造成影响。

◆**何事（what）：**“何事（what）”是沟通的主题，是商务沟通活动紧密围绕的核心问题或话题。它主要包括两部分，一个是信息发送者讲些什么内容，另一个是信息接收者需要了解什么内容。

◆**如何（how）：**“如何（how）”是沟通产生的效果，即接收者在获得沟通信息后，发生了什么样的反应，产生了什么样的行为。

趣味阅读

胡雪岩是中国近代著名徽商，红顶商人，富可敌国的晚清著名企业家、政治家。胡雪岩自幼家境贫穷，靠帮人放牛为生，少年时去杭州做了几年钱庄学徒，在此期间他很注重自己的信誉，积攒了一些银两后，自己开了阜康钱庄。

在胡雪岩的钱庄开业不久，就接待了一位特殊的顾客。

有一天傍晚时分，一名军官手里提着一个沉甸甸的麻袋，指名会见“胡老板”。当胡雪岩从家中赶来时，这名军官把姓名和官衔报了出来：“我叫罗尚德，是钱塘水师营十管千总。”然后，他把麻袋解开，只见里面是一堆银子，有元宝，有圆丝，还有散碎银子。随后他又从怀里掏出一沓银票，放在胡雪岩面前。“胡老板，我要把这些存在你这里，利息给不给无所谓。”

听了这句话，胡雪岩大为感动，一个素昧平生的人，竟然如此信任自己。不过胡雪岩心想，以罗尚德的身份、态度和这种出乎寻常的行为，这笔存款可能是一笔生意，也可能是一种麻烦。

随后，胡雪岩了解到罗尚德是四川人，家境相当不错，但从小不务正业，是个十足的败家子。罗尚德从小定过一门亲，女家也是当地一个财主，好赌的罗尚德不时伸手向岳父家要钱，前后共用去岳父家一万五千两银子。后来女家见他不成材，便提出退婚，并说如果罗尚德把女家订婚时的庚帖退还，他们可以不要这一万五千两银子。不过希望他今后能到外地谋生，免得在家乡沦为乞丐。这对罗尚德是个刻骨铭心的刺激，他一气之下撕碎了庚帖，并且发誓说，做牛做马也要把那一万五千两银子还清。罗尚德后来投军，辛辛苦苦十三年熬到六品武官的位置，平时省吃俭用，积蓄了这一万多两银子。

如今，罗尚德接到命令要到江苏与太平军打仗，没有可靠的亲眷相托，因而拿来存入阜康钱庄。他将银子存入胡雪岩的阜康钱庄，既不要利息，也不要存折，一来是因为他的同乡经常在他面前提起胡雪岩，且一提起就赞不绝口，他相信阜康钱庄的信誉；二来也是因为自己要上战场，生死未卜，存折带在身上也是一个累赘。

得知罗尚德的具体情况，胡雪岩心里盘算了一下，说道：“罗大人，承蒙你看得起，当我是一个朋友，那么，我也很爽快，你这笔款子准定作为三年定期存放，到时候你来取，本利共一万五千。你看好不好?”“这，这怎么不好?”罗尚德惊喜不已，满脸的过意不去，“不过，利息实在太多了。”

罗尚德非常感动，回到军营后讲述了自己在阜康钱庄的经历，使阜康钱庄的声誉一下子就在军营中传开了。许多军营官兵甘愿把自己多年积蓄的薪水“长期无息”地存入阜康钱庄。

当时胡雪岩的钱庄是新开的，根本没有多少资金流通，可以说军营中官兵的这些存款成了阜康钱庄的“第一桶金”。

后来，罗尚德在战场上战死了，他生前委托两名同乡将自己在阜康钱庄的存款提出，转给老家的亲戚们。罗尚德的两位同乡没有任何凭据，阜康钱庄在证实了他们确是罗尚德的同乡后，没费半点儿周折，就为他们办了转移手续。

【解析】

胡雪岩可谓家喻户晓的商业传奇人物，在对待钱庄存款沟通一事上，事先对存款方做了详细了解，根据实际情况，提出合理的存款条款建议，并且，在完成沟通，生意成交后，履行了自己的承诺，达成了一个完整的沟通流程。

1.2.2 商务沟通的原则

所谓“商场如战场”，商务中的争斗早已不是新鲜事，无论涉身其中，还是置身事外，想必都有所耳闻。沟通是商务中最为直接的交流方式，因此，要注意沟通的原则，掌握适当的沟通方法。

1．准确原则

准确是沟通基本的原则和要求，在沟通中，只有当你所用的语言和方式能为对方理解时，沟通才有效。这一点看起来简单，做起来未必容易。在实际工作中，由于接收方对发送方的信息未必能完全理解，发送方应将信息加以综合并力求用容易理解的方式进行表述，这就要求发送方具有较高的语言表达能力并熟悉对方的语言习惯，这样，才能克服沟通过程中的各种障碍。

2．真诚务实原则

真诚务实是沟通的态度，保持真诚的沟通态度和务实精神能够更加有效地维持和谐的人际关系，利于工作的顺利开展。因此，在开始沟通之前，需要端正自己的心态。如果你自私或自大，那就很难达到有效沟通。无论是与内部员工沟通，还是与客户沟通，一定要真诚务实，如果态度虚假，交流不切实际，让对方感到不舒服，甚至损害到他人的利益，那就可能造成针锋相对的局面，直接影响沟通的效果。同样一件事，如果态度真诚，那接受者接受并理解信息的可能性就比较大，反之，如果对方产生了抗拒心理，就无法进行有效沟通，更谈不上实现沟通目的了。

案例 1.4

小徐是公司的新人，由于刚工作时的谦虚、勤奋和聪明，很快便得到公司的信任，被提拔为总经理秘书。随着“地位”的突然变化，她开始有些飘飘然了，不久，同事们能从她说话的口气中感受到她那种无形的优越感。市场部经理原来是总经理办公室副经理，小徐的顶头上司，这天他打电话来找总经理。小徐回答：“总经理出去了，等他一回来我马上就与您联络。”

小徐的这种回答让市场部经理非常郁闷。都是同一个公司的人，为什么还要“联络”？听小徐这口气，总经理只属于她一个人，自己只是一个外人！他越想越生气，觉得有必要找个机会在总经理那里参她一“本”，让她知道自己有几斤几两。从此，小徐的人际关系受到很大的损害，由于她傲慢的态度，不经意间让自己成了众矢之的。

【解析】

小徐在沟通中流露出的优越感以及高高在上的态度，导致了同事之间的矛盾，致使公司内部的关系不协调，可能她一直没有发现自己的沟通出现了问题。所谓言者无心，听者有意，就是这样的沟通的细节问题，给她以后的工作将带来了持续不断的负面影响。

3．逐级原则

在进行上行沟通或下行沟通时，应尽量遵循逐级原则。在向下沟通时，如一个团队结构为“销售经理——区域主管——普通职员”，主管是组织结构中的信息交流中心，发挥着核心作用，如果销售经理越过下级主管人员而直接向一线普通职员发号施令，那么，主管将处于尴尬的位置，并且无法发挥应有的作用，这可能会引起诸多不良后果。即使在特殊情况下要这样做（如紧急动员完成某项工作），销售经理最好事先与下级主管进行沟通。而在向上沟通时，也应该遵循“逐级”原则。在实际商务中，越级沟通是令直接上司感觉很不舒服的一件事情，也会造成公司人员关系不协调。

4．满足需要原则

满足需要原则包括了两层含义，一是满足信息发送者的需求，二是满足信息接收者的需求。因此，在沟通过程中常常需要进行换位思考，替对方着想，如果连沟通双方的需求都没有理解清楚，那么沟通的效果将大打折扣。

5．平等协商原则

平等协商是为了最终使沟通求同存异，达成共识，因而如何理解沟通双方的“平等”关系就成了沟通的重点。例如，员工上下级之间是隶属关系，但是作为沟通的双方，话语权是平等的，上级在与下级沟通时，应该注意聆听下级员工的意见和建议，不能充耳不闻，一味地发号施令，否则就无法达成沟通共识。沟通中，只有平等协商，汲取各方意见，进行信息的整理，才能各取所需，求同存异。

案例 1.5

有两个孩子从邻居那里得到一个橙子。这两个孩子为了如何分这个橙子，吵来吵去，始终无法达成一致意见。此时，一个孩子停止了争吵，问另一个孩子拿橙子做什么，另一个孩子回答他不要橙子的果皮，只要果肉，用来榨果汁喝。然后，提问的孩子突然就高兴起来，这引起了另一个小孩的疑问，便问他为何高兴，这个小孩随后说出了自己的想法，他不要橙子的果肉而只要橙子皮，用来打成粉后混在面粉里烤蛋糕吃。这样的话，这两个小孩最后将橙子皮剥下来，其中一个小孩要了橙子皮，另一个小孩则选择了果肉，高高兴兴地拿回家去了。

【解析】

如果这两个孩子事先未做好沟通，而是简单地各自分一半橙子，那么他们将无法获得最大的利益，他们都将丢掉一半橙子中的果肉或果皮，但案例中的孩子通过沟通协商，求同存异，想办法将皮和果肉分开，一个拿到了全部果肉去榨果汁喝，另一个拿到了全部橙子皮去做烤蛋糕。

6．及时性原则

信息只有得到及时反馈才有价值，因而在沟通时，不论是向下传达信息，还是向上提供信息，或者与横向部门沟通信息，都应遵循及时原则。遵循这一原则不仅可以使自己容易得到各方的理解和支持，还可以迅速了解接收者的思想和态度，从而使沟通更顺畅，沟通效果更佳。

7．连续性原则

由于多数沟通并非通过一次沟通就可以一劳永逸地完成沟通任务，因而需要遵守沟通的连续性原则，这也是多数沟通的客观属性。沟通的连续性包括三方面的内容：一是沟通时间上的连续，如果断续进行沟通，沟通内容容易丢失缺损；二是沟通方式和沟通渠道的连续性，同样的沟通方式和渠道更能让接收者理解接收的信息；三是沟通内容上的连续，避免重复或遗漏，这是沟通所必需的，否则势必会影响沟通进程和效果。

8．完整性原则

有效沟通需要将信息完整无缺地传送给对方。沟通中，由于各种原因的影响和各种因素的干扰，被传递的信息有可能在被传递过程当中人为或自然地损耗或变形。如果这种情况发生，那么接受者接收到的信息已经不是发出者所发出的严格意义上的同一信息。既然已经不是同一信息，那么，就有可能发生沟通失误或误解信息。因此，要达到最佳的沟通效果，信息在传递过程中必须保持其内容的完整性。

知识点拨

沟通“三要三不要”。

赞美与鼓励的话要说，感激与幽默的话要说，与人格有关的话要说。

没有准备的话不要说，没有依据与数据的话不要说，情绪欠佳的时候不要说。

观点对比

关于彼得·德鲁克（现代管理学之父）的有效沟通的4个基本法则。

◆沟通是一种感知

彼得·德鲁克说：“人无法只靠一句话来沟通，总是得靠整个人来沟通。”与他人说话时必须依据对方的经验，使用对方熟悉的语言，否则结果可想而知。谈话时试图向对方解释自己常用的专门用语并无益处，因为这些用语已超出了他们的知觉能力。接受者的认知取决于他的教育背景、过去的经历以及他的情绪。如果沟通者没有意识到这些问题的话，他的沟通将会是无效的。另外，晦涩的语句就意味着杂乱的思路，所以，需要修正的不是语句，而是语句背后想要表达的看法。

有效的沟通取决于接受者如何去理解。例如经理告诉他的助手：“请尽快处理这件事，好吗？”助手会根据老板的语气、表达方式和身体语言来判断，这究竟是命令还是请求。所以，无论使用什么样的渠道，沟通的第一个问题必须是“这一讯息是否在接受者的接收范围之内？他能否收得到？他如何理解？”。

◆沟通是一种期望

对管理者来说，在进行沟通之前，了解接受者的期待是什么显得尤为重要。只有这样，我们才可以知道是否能利用他的期望来进行沟通，或者是否需要用“孤独感的震撼”与“唤醒”来突破接受者的期望，并迫使他领悟到意料之外的事已然发生。因为我们所察觉到的，都是我们期望察觉到的东西；我们的心智模式会使我们强烈抗拒任何不符合其“期望”的企图，出乎意料的事通常是不会被接收的。

◆**沟通产生要求**

一个人一般不会做不必要的沟通。沟通永远都是一种“宣传”，都是为了达到某种目的，例如发号施令、指导、斥责或款待。沟通总是会产生要求，它总是要求接受者要成为某人、完成某事、相信某种理念，它也经常诉诸激励。

◆**信息不是沟通**

信息与人无涉，不是人际间的关系。它越不涉及人的诸如情感、价值、期望与认知等成分，它就越有效力且越值得信赖。信息可以按逻辑关系排列，技术上也可以储存和复制。信息过多或不相关都会使沟通达不到预期效果。而沟通是在人与人之间进行的。信息是中性的，而沟通的背后都隐藏着目的，且由于沟通双方认知和意图不同而显得多姿多彩。

尽管信息对于沟通来说必不可少，但信息过多也会阻碍沟通。

1.2.3 商务沟通的一般流程

沟通必须目的明确、思路清晰、注意表达方式。在信息交流之前，发送者应考虑好自己将要表达的意图，抓住中心思想。任何商务沟通的行为都不是杂乱无章地进行的，需要按沟通流程逐步展开，以取得最佳的沟通效果。

沟通的流程在实际执行中并非一成不变，有时会越过其中的某个阶段或更多阶段。商务沟通的一般流程如图1-5所示。

图 1-5 商务沟通的一般流程

1．调查与分析准备

商务沟通的第一步是做好准备工作，它是实现高效沟通的关键。沟通的准备，不仅是确定信息发送的方法、发送的内容和发送的地点，还应调查分析接收者希望获得什么样的信息、能够接受什么样的信息，从而在与其沟通之前制定一个目标，即希望通过这次沟通达成什么样的效果。有了目标还要有计划，即怎么与别人沟通，先说什么，后说什么，同时预测可能遇到的异议和争执。

2．确认需求

确认需求是商务沟通的出发点，即确认双方的需求，明确双方的目的是否是一致的，如买卖中商品的价格是否达到买家和卖家的理想状态，关系买卖的成功与否。在这个沟通过程中，首先要表明信息发送者的需求，然后发送者通过提问、聆听、思考来获取接收者的需求。

3．阐述观点

阐述观点就是怎么样把观点更好地表达给对方，这是非常重要的环节。阐述观点不是简单地叙述，还包括当信息表述完成后，接收者是否能够明白信息的含义，是否能够接受观点。

4．处理异议

沟通中的异议就是没有达成协议，对方不同意你的观点，或者你不同意对方的观点。在沟通中一旦遇到异议，沟通就容易产生破裂。那么，在处理沟通异议时，可以采用类似于“借力打力”的方法，即在沟通中遇到异议之后，首先了解对方的某些观点，然后当对方说出了一个对你有利的观点时，再用这个观点去说服对方。

知识点拨

解决人际关系问题中最具威力的3个字是“我理解”。在沟通过程中，应塑造一个让客户可以畅所欲言、表达意见的环境，展现支持、理解、肯定的态度，尊重客户的情绪及意见，让他觉得与你交谈是件轻松愉快、获益良多的事。

5．达成协议

沟通的结果就是达成协议。达成协议是检验完成沟通的条件，需要注意的是，实际沟通中，任何一个协议并不是一次工作的结束而只是沟通的结束，并意味着一项工作的开始。达成协议后应该学会表达“感谢”“赞美”和“支持”等感情，给对方留下良好的印象，这将有利于下一次沟通的开展。

6．协议实施

在达成协议之后，要根据协议共同实施。达成协议是沟通的一个结果，也意味着一项工作的开始，要共同按照协议去实施，如果达成了协议，并没有按照协议去实施，可能会失去对方的信任。

案例 1.6

吴小姐是一家广告公司的总经理。年初，公司与电视台签订了合同，承办了电视台半个小时的汽车栏目。为了更好地办好这个栏目，公司引进了一个新的合伙人，新的合伙人非常有能力，但优点明显的人，缺点往往也同样明显。吴小姐与新合伙人在工作中产生了一些摩擦，有时会因为一些小事情产生争执。一天，因为吴小姐修改了他的方案，两个人产生了争执。吴小姐随口说出：“不行就散伙吧。”合伙人听了后没有再说什么，但是，从那天起，两个人的矛盾逐渐加深。

后来，合伙人对吴小姐讲述了自己的看法，觉得吴小姐说出“散伙”二字他听起来特别刺耳。吴小姐才知道，这个合伙人几年前离了婚，所以对“散伙”特别敏感。

其实吴小姐也不是真的想“散伙”，只是随口说出，她也没有想到对合伙人会有这样大的伤害。

【解析】

很明显，此次吴小姐在沟通前没有做好充足的准备，甚至是盲目地表达阐述，她没有认真思考对方能够接受什么样的语言、什么样的方式。可见，选择对方能够接受的方式方法进行沟通，对于沟通获得成功是非常关键的一步。

本章小结

本章主要介绍了沟通和商务沟通的基础，包括沟通和商务沟通的定义、目的，沟通的构成要素，商务沟通的分类，商务沟通和商务谈判的关系，以及商务沟通的内容、原则与流程等。

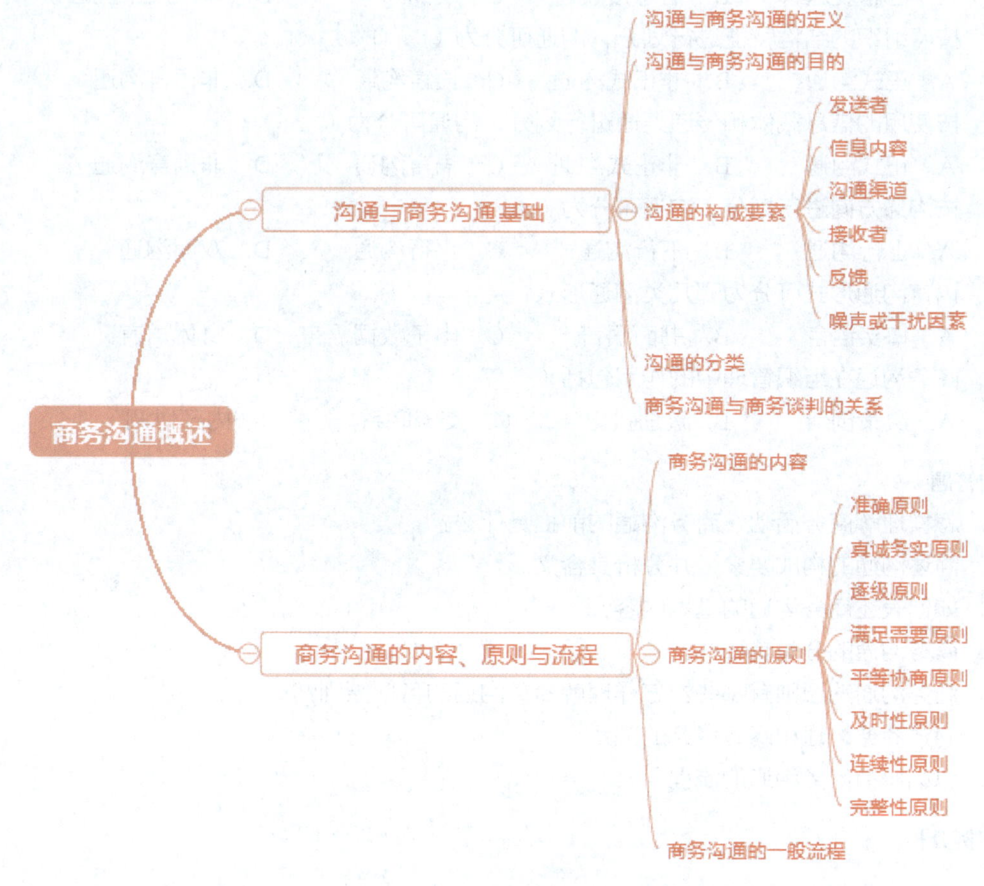

综合练习

一、单项选择题

1. 将信息内容转换为计算机语言的过程是（　　）。

A. 编码　　B. 译码　　C. 发送　　D. 接收

2. 商务沟通中，获得市场、竞争对手等各方面的信息，为企业提供了什么依据？（　　）

A. 交流联系　B. 决策创新　C. 内部协调　D. 信息交换

3. 点头、微笑属于什么沟通方式？（　　）

A. 口头沟通　B. 正式沟通　C. 非语言沟通　D. 上行沟通

4. 沟通信息在时间、渠道、内容上应遵守（　　）。

A. 及时原则　B. 准确原则　C. 逐级原则　D. 连续性原则

5. “你能尽快帮我将工作计划整理出来吗？”的沟通语言表达是（　　）。

A. 请求　B. 说服　C. 鼓励　D. 命令

二、多项选择题

1. 沟通的构成要素包括（　　）。

A. 信息发送者　B. 信息接收者　C. 反馈　D. 噪声及干扰因素

2. 按照组织的结构特征进行划分，沟通可分为（　　）。

A. 正式沟通　B. 非正式沟通　C. 语言沟通　D. 非语言沟通

3. 按使用的信息载体和传递渠道进行划分，沟通可分为（　　）。

A. 正式沟通　B. 非正式沟通　C. 语言沟通　D. 非语言沟通

4. 按沟通方向进行划分，沟通可分为（　　）。

A. 上行沟通　B. 下行沟通　C. 平行沟通　D. 双面沟通

5. 语言沟通形式可分为哪几类沟通形式？（　　）

A. 口头语言　B. 书面语言　C. 电子数据语言　D. 身体语言

6. 商务沟通在组织管理中的作用包括（　　）。

A. 决策创新　B. 激励强化　C. 交流联系　D. 内部协调

三、问答题

1. 怎样理解商务活动？商务沟通的前提是什么？
2. 简述沟通的构成要素，并分析其含义。
3. 如何表述商务沟通的基本内容？
4. 商务沟通的分类有哪些？
5. 商务沟通的原则有哪些？怎样理解商务沟通的各项原则？
6. 简述商务沟通和商务谈判的关系。
7. 总结概括商务沟通的流程。

四、案例分析

一位叫培洛的美国人，曾是IBM排名第一的推销员，创造过用17天完成全年销售任务的奇迹！

后来培洛决定自己创业，公司叫作EDS。当公司发展到几万员工后，他把这个公司以30亿美元的价格卖给了美国通用汽车公司。卖之前，美国通用汽车公司的总裁到了培洛的EDS总部，他看了之后很满意。这位总裁对培洛说：“你的公司管理得不错，我们应该有很多合作的空间和机会。”到了午餐时间，他问培洛：“贵公司主席用餐的餐厅在哪里?”培洛说：“我们公司没有啊！”总裁问：“那贵公司有没有高级主管用餐区?”培洛说：“对不起，总裁，我们公司没有。”总裁问：“那我们今天中午怎么吃饭啊?”培洛说：“就排队跟员工一起吃自助餐好了。”

美国通用汽车公司的总裁到了他即将收购的公司，连一个主管的餐厅都没有，还要排队吃自助餐？这位总裁觉得不可思议。排队取餐之后，他问培洛：“我们坐在哪里?”培洛说：“就跟员工一起坐呀！”于是那位总裁一边吃一边与员工聊天。吃到一半的时候，培洛说：“我们换一张桌子吧。”这位通用汽车的总裁觉得更不可思议了。吃完之后，通用汽车的总裁说：“培洛呀，虽然你这个公司没有什么高级主管餐厅，但你公司的菜是我吃过的自助餐里最好的。”原来培洛在企业里天天排队吃自助餐，是在监督厨房；而他每餐中间换一桌跟基层的员工聊天，是为了时刻了解公司的营业状况。

案例思考

1. 从不同角度分析案例中是什么类型的沟通方式。
2. 分析案例中沟通的构成要素。

扫一扫

第1章 案例思考解析

第1篇

沟通篇

第2章　商务沟通前的准备

【学习目标】

- ◆了解沟通外部和内部环境的影响
- ◆掌握自我沟通能力的提升技巧
- ◆掌握激发受众兴趣的方法
- ◆了解商务沟通障碍的分析方法

2.1 » 熟悉商务沟通环境

案例导入

林厂长的困惑

林厂长原来是上海一液压器厂的厂长，由于工作业绩出色，去年调到上海某油泵厂任厂长。这家油泵厂问题较多，不过林厂长倒是踌躇满志，希望能够大干一场。林厂长上任后不久，就决定从不合理的厂纪厂规着手启动改革。因为考虑到员工居住分散是迟到的客观原因，于是就决定取消对迟到扣款的处罚，同时，他认为早退纯属个人主观原因，于是加大对早退的处罚。新的规定一出，全厂哗然。不久，就因为女职工洗澡困难的客观原因导致7名女工提前下班洗澡，使林厂长陷入了处罚还是维护自己权威的两难境地。如果处罚这7名女职工，扣除她们半年奖金，一来不合人情，二来也违背了林厂长的初衷；如果不处罚，制度的严肃性以及厂长的权威何在？

【案例思考】

林厂长面对怎样的沟通环境，他在管理中的沟通是否有效，他该如何解决面临的棘手问题？

扫一扫

2.1 案例解析参考

商务沟通的环境是指沟通时周围的环境和条件，总体来讲，无论从事什么样的商务活动，沟通环境不外乎两种，分别是沟通的外部环境和内部环境，对应的是企业组织与外部环境的信息交换和企业组织内部的信息交换。

2.1.1 外部沟通环境的分析

从沟通环境的概念中可以理解，沟通环境实际上可看作沟通的干扰因素，周围的环境和条件会对沟通的效果产生直接或间接的影响。下面对分析外部沟通环境的意义、要素及其沟通策略进行介绍。

1．分析外部沟通环境的意义

组织的外部环境主要是从政治法律（Politics）、经济政策（Economy）、社会文化（Society）、技术进步和技术政策（Technology）、自然环境以及行业环境进行考察。

在全球化、现代化、信息化的时代，商务沟通越来越频繁，也更加复杂，跨区域沟通更加常见，相应地，企业组织更加重视外部环境的分析，从而制定相应的沟通策略。那么，分析外部沟通环境的意义何在？它主要体现在以下几个方面，如图2-1所示。

（1）有助于企业融入全球化商务活动

经过几十年的高速发展，我国经济实力明显增强，在许多领域已经具备了参与国际分工与竞争的能力。随着经济全球化进程的不断推进，不同国家之间的经济交往日益频繁，而国际商务活动中不可避免地因为文化的差异而导致文化冲突，在这个大的背景下，组织外部沟通环境的分析尤为重要，有助于企业或组织更好地融入全球化商务活动。

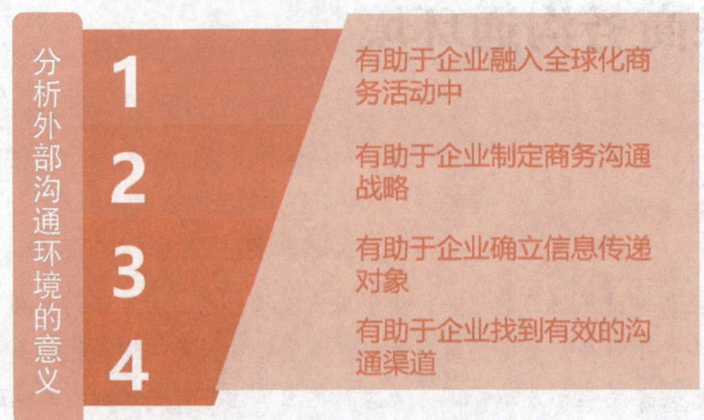

图 2-1 分析外部沟通环境的意义

大的方面，对外部环境的分析，需要了解其他国家的国情政策、经济政策和技术环境对商务活动的影响。另外，国际环境下的文化多样性，导致了不同国家的人群的个人行为、思维方式、社交活动的评价标准有所差别，因此，在实际的沟通中，应当遵循国际商务礼仪和交际礼节习俗，如有的国家，问候家人是一种礼貌的表现，而一些国家，则是一种严重的冒犯行为。

案例 2.1

秦武是中国驻美国的销售代表。他与别人约定见面时间后，对方总会准时赴约，但他有时却迟到。见面后，秦武也总是聊着自己的观光情况或询问对方的家庭状况。更糟糕的是，他们的会面常常受到干扰，秦武不断接听商务电话，甚至还会和其他人谈很长时间。客户为了节省时间，屡次提醒他想直接谈生意。秦武的沟通非常失败，第一份进展报告十分悲观，他还没有任何销售业绩。

【解析】

秦武沟通的失败源于文化差异和习惯。他的表现很糟糕，与人相约却迟到，这在国外是严重的失礼行为，欧美等国家注重效率，不喜欢闲聊，很显然秦武把国内的风俗带到了跨文化的区域，并且屡次打断谈话，非常不礼貌，他的表现在很多方面不尽如人意。

（2）有助于企业制定商务沟通战略

如果组织没有摸清外部环境条件，沟通便很难顺利进行，很显然，连沟通的对象是谁、沟通者的需求是什么都不知道，这种沟通是盲目的。相反，对组织外部环境进行客观分析，能够帮助企业管理者制定商务沟通战略，如外部环境是一个非常富裕的经济区域，销售企业产品时，在沟通中不用过多地阐述产品的价格如何昂贵或低廉，而应从产品的舒适度、能够带来什么不一样的享受进行表达，因为“有钱人不会在乎购买产品的价格是多少，更在乎的是购买产品后能够得到什么样的享受”。

（3）有助于企业确立信息传递对象

所谓确立信息的传递对象是指将沟通信息传递给谁，就好比企业做一份商业问卷调查，有意向购买或喜欢企业产品的对象主要是“谁”，是学生还是上班族，如果是上班族，那么，该产品的功能、价格等信息主要是传递给上班族，而不是盲目地将这些信息传递给学生或其他群体。

（4）有助于企业找到有效的沟通渠道

企业一般选择的沟通渠道有纸质媒介、网络媒介、电视广播等，外部沟通环境分析有助于企业在这些传递方式中找到最有效的沟通渠道，如网络遍布广泛的地区可使用网络传播沟通，反之，则可选择使用纸质媒介和电视广播传播沟通。如果消费人群是青年群体，网络沟通渠道是较好的选择方式；如果消费人群是老年群体，报纸、电视和广播则是更有效的沟通渠道。

知识点拨

美国著名未来学家奈斯比特指出："未来竞争是管理的竞争，竞争的焦点在于每个社会组织内部成员之间及其外部组织的有效沟通上。"

2．外部沟通环境因素分析与沟通策略

企业是生存在客户、供应商、经销商、政府、竞争对手、金融机构、社会公众团体共同组成的社会大环境中。因此，对外沟通通常发生在企业与竞争者之间、企业与供应商之间、企业与客户之间、企业与政府部门之间以及企业与社会团体之间。这些外部因素是企业的利益共同体或相关者，换言之，如果企业生产的产品或服务不能满足外部市场和顾客的需求，企业的生存就会产生危机。因此，企业必须与组织外部进行良好有效的沟通。对企业外部环境的分析就是为了通过剖析外界相关者的特点而采取相应的沟通策略。

（1）政府因素分析与沟通策略

政府是商业制度政策的制定者和监督者，也是企业资源的分配者，同时也是某些企业的顾客。其在外部沟通环境中占有不可或缺的地位，一方面，政府是企业赖以生存的重要条件；另一方面，企业是维护企业品牌的重要参与者。与政府建立良好的关系，企业才能获得政府必要的支持，才能影响商业规则的制定和修改。只有正确地认识了政府的地位和功能，企业在与政府进行沟通时，才能采取适当的沟通策略。通常，企业在与政府的沟通中都较为谨慎。

（2）商业群体因素分析与沟通策略

商业群体包括客户、供应商、经销商、竞争对手以及金融机构等。商业群体直接左右企业的生存、发展和效益，与它们的沟通是持续性的。这其中尤以与客户（包括终端客户和中间商）的沟通至关重要。客户是企业最重要的外部环境因素，分析客户因素，可以从如下几个方面进行。

- **充分认识客户的价值：**认识客户的价值能够帮助企业制定有效的传播策略。通过分析客户的长期潜在价值，可以确定传播的优先顺序，如高端客户、中端客户和低端客户的优先顺序。
- **掌握客户的需求特点和心理特点：**掌握客户的需求特点和心理特点是沟通的关键，即"想客户之所想，急客户之所急"，沟通过程中需要与客户多接触，仔细聆听客户的意见和想法，了解客户的需求，通过合适的渠道向客户传递和交流信息。
- **建立信息反馈机制：**信息反馈机制可以说是企业的必备条件和要求，便于企业与客户更好地实现沟通和持续沟通，也为企业提供了了解客户实际需求、改善意见以及未来期望的途径。

案例 2.2

肖军向一位客户销售电器，交易过程十分顺利。当客户正要掏钱付款时，另一位销售人员跟肖军谈起昨天的篮球赛，肖军一边跟同伴津津有味地说笑，一边伸手去接货款，不料客户却突然掉头而走，连电器也不买了。肖军苦思冥想了一天，不明白客户为什么对已经挑选好的电器突然放弃了。第二天早上，他终于忍不住给客户打了一个电话，询问客户突然改变主意的理由。客户不高兴地在电话中告诉他："昨天付款时，我同你谈到了我的儿子，他刚考上清华大学，是我们家的骄傲，可是你一点也没有听见，只顾跟你的同伴谈篮球赛。"

【解析】

这次生意失败的原因是销售人员没有认真倾听客户谈论令客户骄傲的儿子，其实，客户在谈自己的儿子考上清华大学的事情，是客户附加的心理需求，他需要销售人员及时地进行回应，或表示赞扬。

（3）社会公众团体因素分析与沟通策略

企业并非只是与顾客打交道，互相传达信息，还要与利益相关的社会公众团体进行沟通交流，如消费者协会、环保组织、行业协会等，这些社会公众群体的意见和态度会影响企业形象。例如，企业在经营管理过程当中，如果生产噪声、水污染、气体污染、垃圾处理等环保问题影响到一般公众利益，那么企业需要通过与利益相关团体进行沟通来达成理解和支持，如通过主动联系媒体，向公众传递企业信息、报道企业就相关问题的改善处理或企业对社会所做的贡献等；也可邀请社会公众团体实地考察、参观，了解企业的相关情况，以及企业承担的社会责任等。通过这些途径向公众社会树立良好的企业品牌形象，积极地与社会公众团体建立良好的沟通关系。

趣味阅读

春秋战国时期的范蠡（公元前536—448年）在中国是家喻户晓的人物，除了他的智慧、谋略被大众广泛知晓，同时，他也是古代传奇的商人，被大家尊称为"商圣"，在现代社会仍然备受推崇。

范蠡的一生富有传奇色彩，他出身低微，靠自己的努力奋发成为博学的王佐之才。范蠡辅佐勾践兴越灭吴，之后飘然而去，旅居五湖之地，经商聚天下之财。

司马迁在《史记》中精彩地描写了范蠡的从商经历。

范蠡辞官归隐后，带着家人泛舟五湖，飘然远引逃到有山有海、有林有田的齐国海畔。为避免身份暴露，他隐姓埋名，自称"鸱夷子皮"（古代用牛皮做的酒器，即"酒囊皮子"）。范蠡在当地购买了一些土地，还亲自饲养贩卖五畜。等有了一定的积蓄之后，就利用天时、地利之便雇人开盐田，搞渔业捕捞，还兼营杂粮等生意。范蠡开始经营当地核桃、木耳、山珍野味、肉类皮毛、粮食药材等土特产，他对收购来的山货开始分门别类进行放置，每种货物还分有等次。根据各地商贾的需求，他先将各类上等货用牲口运往各个要货的地点进行出售，收款后，他再购买食盐、葛麻布衣等各类日用杂货运回到镇上。这样，他不仅解决了当地人日用品缺乏的问题，自己也赚到了钱。范蠡善于捕捉市场信息。他经常跟雇工及当地的百姓、镇上的商贾在一起高谈养畜经，阔论市场行情。他对人温和友善，为人也慷慨大方，遇到天灾人祸时，他总是乐善好施，常开粥厂赈济灾民。灾民听说有这么一个大善人，千里之外都赶来投奔他，不久，"鸱夷子皮"就名扬四海了。

范蠡买卖公平，绝不会倒卖腐烂变质的货物，不坑害消费者，所以，他的生意能细水长流，他的名声能传遍四方。他就是以这样的行事风格，在齐地种养经商，勤勤恳恳，在与家人的齐心合力之下，很快就积累了高达数十万的财产。

【解析】

在这里，捕捉到两点信息，一是范蠡根据各地商贾的需求，他先将各类上等货用牲口运往各个要货的地点进行出售，即范蠡掌握了客户的需求特点；二是范蠡对人温和友善，为人慷慨大方，遇到天灾人祸时，总是乐善好施，常开粥场赈济灾民，这既是范蠡与社会公众的沟通策略，也树立了其乐善好施的人格魅力。

2.1.2 内部沟通环境的分析

除了分析组织外部的沟通环境，还需要分析组织内部环境，内部环境同样影响着沟通所采用的渠道和表达方式。

1. 内部沟通环境分析的意义与方向

对于一个现代企业，企业内部的组织结构越来越复杂，员工之间的利益越来越呈现出多元化的特征，要在瞬息万变的市场环境和激烈的竞争中生存和发展，内部沟通具有非常重要的意义。对组织内部沟通环境的分析可以从内部组织结构、组织（企业）文化、技术环境3个方面来考察。

（1）组织结构对内部沟通的影响

组织结构反映了组织的权力关系、信息沟通渠道和业务流程，权力关系的平衡直接影响信息沟通的顺畅和业务流程的优化，这就需要组织内部形成有效的沟通氛围。如果一个组织的结构过于繁杂，上级的决策信息，通过层层传递，就容易造成信息的缺失或失真，而下级的好的建议则不能顺利地到达上级决策者。

（2）企业文化对内部沟通的影响

组织文化环境至少有两个层面的内容，一是组织的制度文化，包括组织的工艺操作规程和工作流程、规章制度、考核奖励制度等；二是组织的精神文化，包括组织的价值观、组织信念、经营管理哲学以及组织的精神风貌等。组织文化在沟通中潜移默化地影响人们的思想和行为，因此，组织内部人员在沟通时，会因为不同的企业文化环境，采用不同的沟通方式，如一个企业强调“快、准、狠”，那么，沟通的语言表达会是简洁、快速的，它往往会影响沟通的效果。

（3）技术环境对内部沟通的影响

技术环境主要从沟通渠道上影响组织内部的沟通效果。如组织内部在没有搭建互联网时，内部人员的沟通主要是通过面对面商谈或电话沟通，相反，在互联网基础上，员工之间可以通过网络即时沟通，使信息沟通更加便捷。

知识点拨

美国著名学府普林斯顿大学曾经做过一个调查，对一万份人事档案进行分析，结果发现：智慧、专业技术和经验只占成功因素的25%，其余75%决定于良好的人际沟通。

2．内部信息控制策略

要实现组织内部沟通的有效环境，需要对沟通信息进行有效控制。

◆**信息收集过程控制：**提升信息人员素质和能力、建立和完善信息网络、保证信息的准确性。

◆**信息加工处理的控制：**保证信息的准确性、及时性和反馈性。

◆**信息传递过程的控制：**选择合适的信息传递对象；适当控制信息传递的数量；控制越级传递和非正式渠道沟通。

2.2 » 了解商务沟通对象

案例导入

沟通的疑惑

孙颖颖在公司里做市场部经理，年底公司为了奖励市场部的员工，制订了一项海南旅游计划，名额限定为10人。可是部门里的13名员工都想去，孙颖颖就去向上级申请，想再要3个名额。

她跟老总说："朱总，我们部门13个人都想去海南，可只有10个名额，剩余的3个人会有意见，能不能再给3个名额?"

朱总说："筛选一下不就完了吗?公司能拿出10个名额就花费不少了，你们怎么不多为公司考虑?你们呀，就是得寸进尺，不让你们去旅游就好了，谁也没意见。我看这样吧，你们3个做部门经理的，姿态高一点，明年再去，这不就解决了吗?"

2.2 案例解析参考

孙颖颖这次沟通失败了，可她还不知道自己错在哪里了。

【案例思考】

案例中的沟通主体和客体分别是谁？孙颖颖沟通失败的关键在什么地方？

商务沟通的对象不外乎沟通主体和沟通客体，这两者缺一不可，是组成商务沟通的环形连接。

2.2.1 沟通主体分析

沟通主体是指有目的地对沟通客体施加影响的个人和团体，沟通主体可以选择和决定沟通客体、沟通环境和沟通渠道，在沟通过程中往往处于主导地位。

1．沟通主体的自我认知与定位

沟通主体的分析首先需要明确两个基本问题，"我是谁？"及"我在什么位置？"，即自我认知（Self-cognition）和自我定位（Self-position），是制定和实施一切沟通策略的前提。

在自我认知和自我定位的过程中，主要是分析沟通者的可信度，所谓可信度，就是让大家感受到自己是值得信任的。可信度包含了初始可信度和后天可信度，而沟通者的可信度通常受到身份地位（rank）、良好意愿（good will）、专业知识（expertise）、外表形象（image）、共同价值观(shared values)的影响，影响可信度的因素和技巧如表2-1所示。

表 2-1　影响可信度的因素与技巧

<table>
<tr><th>因素</th><th>建立基础</th><th>对初始可信度的强调</th><th>对后天可信度的加强</th></tr>
<tr><td>身份地位</td><td>等级权力</td><td>强调你的头衔或地位</td><td>将你与地位很高的某人联系起来（如共同署名或进行介绍）</td></tr>
<tr><td rowspan="2">良好意愿</td><td rowspan="2">个人关系、“长期记录”等值得信赖</td><td>涉及关系或长期记录</td><td>通过指出受众利益来建立良好意愿</td></tr>
<tr><td colspan="2">承认利益上的冲突，做出合理的评估</td></tr>
<tr><td>专业知识</td><td>知识和能力</td><td>包括经历和简历</td><td>将你自己与受众是专家的人联系起来，或引用他人的话语</td></tr>
<tr><td>外表形象</td><td>吸引力，听众具有喜欢你的欲望</td><td>强调听众认为有吸引力的特质</td><td>通过认同你的受众利益来建立你的形象；运用受众认为活泼的非语言表达方式及语言表达方式</td></tr>
<tr><td>共同价值观</td><td>道德准则</td><td colspan="2">在沟通开始时就建立共同点和相似点，将信息与共同价值观结合起来</td></tr>
</table>

通过对影响可信度的因素的分析，可以提高初始可信度并增加后天可信度。

所谓初始可信度是指沟通发生之前受众对你的看法。通常可通过良好意愿和专业知识来不断提高初始可信度，沟通者在沟通过程中需要强调自身的初始可信度。在拥有很高初始可信度的场合下，即使你的决策或建议不受欢迎或不完全与对方的预先期望相一致，他们仍可能对你充满信任，但值得注意的是，在这种情况下，不应过度消耗自身的初始可信度，否则，久而久之将降低自身的初始可信度，使对方产生疑虑。

所谓后天可信度是指沟通之后受众对沟通者形成的看法和产生的可靠性影响。即使受众事先对自己毫无了解，但好主意或具有说服力的写作和演说技巧有助于赢得可信度。因此，后天可信度是可以逐步培养和建立的。

知识点拨

自我定位六问。

您清楚自己在组织中的地位吗？您清楚别人对您道德的评判吗？

您清楚自己所应扮演的角色吗？您清楚自己的实际能力水平吗？

您从社会伦理观看自己动机吗？您的行为与组织利益相统一吗？

案例 2.3

有个流传很广的现象级事例，一个人开普通的轿车去与人商谈生意，往往会受到拒绝，或商谈不顺利；而开着豪华轿车与同一个人商谈生意，过程则非常顺利。

【解析】

这实际上就是身份地位的象征带来的初始可信度的影响，促使其愿意和你交流，并达成意愿。

2．主体的沟通策略

在沟通过程中，沟通主体根据对内容信息的控制和对方的参与程度，可采取告知、说服、征询、参与这几种策略，其中告知策略和说服策略称为指导性策略，征询策略和参与策略称为咨询性策略。

◆**告知策略：**向对方叙述或解释信息或要求，要求对方接受信息，其特点是不需要对方发表意见，或不采纳意见，如上级领导向下属告知某件事情的经过或如何执行。

◆**说服策略：**向对方建议做或不做的利弊，以供对方决策时参考，如说服客户购买产品，但客户有权决定是否购买。

◆**征询策略：**通过商议来共同达到沟通目的，使执行方案得到受众认同，如同事之间征询某件事的某个过程具体由自己还是对方来完成。

◆**参与策略：**具有最大程度的合作性。沟通者最初没有形成有效建议，需要共同讨论去发现解决问题的方法，如集体讨论。

3．自我沟通

自我沟通也称内向沟通，是沟通主体与本身之间的沟通，即信息发送者和信息接收者为同一个行为主体，自行发出信息，自行传递，自我接收和理解。自我沟通是成功沟通的前提，“要说服他人，首先要说服自己”是对其重要性和必要性的现实概括。同时，开发与提升自我沟通技能是沟通者的重要素质。

（1）自我沟通的特点分析

个人自我认知和自我定位是通过持续的“自我沟通”实现的。自我沟通的目的是在取得自我认同的基础上，更有效地解决现实问题，从而使内在和外在得到统一。自我沟通的过程和特征相对于人际沟通过程，有自身的特殊性，主要表现在如下几个方面。

◆自我沟通的主体和客体都是“我”本身，“我”本身同时承担信息编码和信息解码功能。

◆沟通的目的在于说服自己，自我沟通常在面临自我原来认知和现实外部需求出现冲突时发生。

◆沟通过程中的反馈来自于“我”本身，信息输出、接受、反应和反馈几乎同时进行。

◆沟通渠道也通过“我”自身，可以是自言自语、日记、随感或心理暗示等。

（2）提高自我沟通的能力

自我沟通从某种意义上讲是每个人的本能，只不过不同的人通过不断的自我修炼、自我调节和自我完善，在自我沟通技能上存在差别。我们通过“自我”的不断学习和交流、不断思考和总结，使自身的沟通技能得到不断提高的过程，称为沟通技能的自我修炼。成功的自我沟通实际上是一个不断地认识自我、提升自我和超越自我的过程。在这个过程的每个阶段，都要从不同角度去提升自我沟通的技能和意识，从而适应新的内外环境，如图2-2所示。

认识自我	提升自我	超越自我
● 客观审视自己的动机： 客观地评价自我动机的社会性、纯正性和道德性。 ● 静心思考自我： 从内部动机和外部动机两个方面去审视自身的物质自我、社会自我和精神自我。	● 修炼自我意识： 自我价值定位、面临变革态度、人际需要判断。 ● 善于积极倾听： 从他人处倾听；从内心深处倾听；从自然界倾听。 ● 转换视角，开放心灵： 换位思考，约束自己的成见。	● 超越目标和愿景： 自我暗示，建立目标和目标引导下的愿景。 ● 以自我为目标： 建立良好的人际关系，以积极心态应对挑战。

图 2-2　提高自我沟通的阶段和技巧

趣味阅读

“望梅止渴”的典故相信大家并不陌生。据《世说新语·假谲》记载，东汉末年，曹操带兵去攻打宛城的张绣，一路行军，走得非常辛苦。时值盛夏，曹操的军队已经走了很多天了，十分疲乏。这一路上又都是荒山秃岭，没有人烟，方圆数十里都没有水源。每走几里路，就有人倒下中暑死去，就是身体强壮的士兵，也渐渐地快支持不住了。

曹操是个聪明的人，他在心里盘算道：这一下可糟糕了，找不到水，这么耗下去，不但会贻误战机，还会有不少的人马要损失在这里，想个什么办法来鼓舞士气，激励大家走出干旱地带呢？

曹操想了又想，突然灵机一动，脑子里蹦出个好点子。他站在山岗上，抽出令旗指向前方，大声喊道：“前面不远的地方有一大片梅林，结满了又大又酸又甜的梅子，大家再坚持一下，走到那里吃到梅子就能解渴了！”

战士们听了曹操的话，想起梅子的酸味，就好像真的吃到了梅子一样，口里顿时生出了不少口水，精神也振作起来，鼓足力气加紧向前赶去。就这样，曹操终于率领军队走到了有水的地方。

【解析】

曹操利用人们对梅子酸味的条件反射，提出暗示。士兵在接收信息后，进行自我暗示，随即建立目标意愿——“前方有梅子”。用对成功的渴望来激励自己，即自我沟通，最后有足够的勇气去战胜困难。

2.2.2 沟通客体分析

商务沟通的本质是沟通者能站在对方的立场思考问题，根据客体需要和特点组织信息、传递信息，实现有效沟通。因此，在明确沟通策略时，需要解决“他们是谁？”“他们了解什么？”“他们感受如何？”这几个问题，这也是沟通客体分析的一般步骤，然后采取相应策略激发客体的兴趣（如何激励或满足他们）。

1．沟通客体的特点分析

沟通客体的特点分析实质上是解决“他们是谁？”“他们了解什么？”“他们感受如何？”的问题。

（1）明确受众——他们是谁?

明确受众，分析“他们是谁？”的目的，关键在于解决“以谁为中心进行沟通”的问题。一般来说，沟通的受众分为表2-2所示的六类，六类受众中的某几类可以由一个人充当，如负责人常常既是初始受众又是守门人，有时初始受众也是主要受众。

表 2-2 沟通的六类受众及其接收和处理信息的特点

沟通的六类受众	接收和处理信息的特点
初始受众	有时要求你提供文件的就是初始受众，他们最先获得信息
守门人	他们是初始受众和最终受众信息传递的“桥梁”，他们有权阻止信息传递给其他对象，也有权决定信息是否能够传递给主要对象，判断守门人在于是否必须通过他们传递信息

续表

沟通的六类受众	接收和处理信息的特点
主要受众（直接受众）	指直接获得你的信息的人或团体，当信息传递到主要受众时才能达到预期效果。主要受众有权决定是否接受你的信息，是否按照你的建议执行
次要受众（间接受众）	次要受众范围比较广泛，他们是间接获得信息的，或通过道听途说，以及受到信息影响的人或团体。次要受众拥有对提议信息发表建议的权利，或在提议得到批准后负责具体实施
意见领袖	所谓意见领袖，即受众中有强大影响力的、非正式的人或团体。他们可能没有绝对的权力阻止信息传递，但他们的政治、社会地位和经济实力，可能对信息的实施产生巨大的影响
关键决策者	即最后且可能最重要的可以影响整个沟通结果的人或团体，如存在，则要依据他们的判断标准调整信息内容

案例 2.4

小武是一家广告公司的财务经理助理。他的老板让他起草一份关于客户新推出的一个产品市场营销策划书。那么，要成功起草这份营销策划，小武该如何考虑该报告的听众？

【解析】

为了成功起草这份报告，首先，应明确该报告的主要受众是客户公司的执行机构，因为由他们决定是否采用他的策划书。次要受众则是客户公司的市场营销人员，他们会提出建议，其他次要受众还包括广告策划艺术人员、文案写作者和发布广告的媒体，这些人会在方案获得批准后负责细节的落实。在他的策划书交给客户之前，他的老板先得批准，所以他的上司既是初始受众，又是守门人。

（2）分析受众——他们了解什么?

在明确受众后，就需要分析受众，即“他们了解什么？”，包括他们已经了解的内容和仍需了解的内容。受众的分析必须是客观的，是站在受众的角度和立场进行分析，才能比较出接近受众的意愿，有时也可借助市场调研等手段对受众进行分析。受众的分析主要可从以下几个方面入手。

◆**受众对背景资料的了解：**分析受众对背景资料的了解，重点是分析有多少背景资料是受众需要了解的，以及他们已经了解多少沟通的主题，能够理解多少相关专业术语。当受众对了解背景资料的需求较低时，通常就不需要花费时间在无关紧要的资料介绍和专业术语上；当受众对背景资料的需求较高时，就应该准确地解释术语，将新信息和受众已掌握的信息相结合，并给出非常清晰的结构。

◆**受众对新信息的需求：**即分析受众对于沟通的主题，需要了解什么新信息，以及他们还需要多少细节及例证。当受众对新信息的需求较低时，不要一味地提供沟通者所掌握的全部信息，要从受众需要多少新信息或关键信息出发；而对新信息需求高的受众，则应提供足够的例证、统计资料、数据及其他材料。总而言之，沟通者应考虑受众实际需要的信息，而不要只考虑能为他们提供什么信息。

◆**受众的期望和偏好：**受众的期望和偏好主要在于分析在沟通风格和渠道上，受众更偏向于哪一种。要分析受众在文化、组织和个人风格上是否有偏好，如正式或非正式、直接或婉转、互动性或非互动性交流形式；还要分析受众在沟通渠道选择上的偏好，如书面还是口头、纸面报告还是网络途径或个人交谈等。

（3）受众反应——他们感受如何?

解决“他们感受如何？”的问题实际上是分析受众接受信息的反应，具体表现在受众对信息的感兴趣程度如何与所要求的行动对受众而言是否容易做到。

- **受众对信息的感兴趣程度：**分析受众对信息的感兴趣程度时，对兴趣高的受众可直奔主题，不必花时间引起受众的兴趣；相反，则需唤起受众的兴趣，运用征询性策略，要求他们参与讨论，得到他们的支持，使信息尽可能明了，并对他们的意见及时做出反应。当受众表示赞成或中立，只需强调信息中的利益部分以加强他们的信念；如果受众表示反对，沟通者需先列出受众可能同意的几个观点，令他们同意问题确实存在，然后解决该问题。
- **要求的行动对受众而言是否容易做到：**分析沟通者要求的行动对受众而言是否容易做到时，如果受众对于要求的行动比较难做到，可以强化你所希望的行动对受众的利益和信念；当受众表示行动很难做到时，可将行动细化为更小的要求，尽可能简化步骤，并提供可遵循的程序和问题检验标准。

2．激发受众的兴趣

沟通者在激发受众的兴趣时，可采取明确受众利益激发兴趣、通过可信度激发兴趣以及通过信息结构激发兴趣这几种方式实现。

（1）明确受众利益激发兴趣

明确受众利益是激发受众兴趣最直接的手段，即“什么能打动他、满足他”，然后努力创造出高效的受众利益，达到双赢。受众的利益期望包括他们在接受你的产品、服务或信息后所能够得到的好处和收益。总体来说，受众的利益有两类：第一类是具体好处，即强调某一事物的价值或重要性（但不要夸张）；第二类是事业发展和完成任务过程中的利益。在这个过程中，沟通者需要恰当地传递受众取得利益的信息。

（2）通过可信度激发兴趣

当受众对主题的设计和关注度较小时，沟通者即可通过可信度激发受众兴趣。一是通过确立“共同价值观”的可信度，这往往是打动受众的关键。如果一开始就能和受众达成期望的一致，在以后的沟通中就更容易改变他们的观点。二是以传递良好意愿与互惠互赢激发受众兴趣，通过给予利益而得到自己的利益，通过己方让步换得对方让步。三是运用地位可信度激发受众兴趣。

（3）通过信息结构激发兴趣

通过信息结构激发兴趣，即巧妙地利用信息内容的开场白、主体和结尾等结构的合理安排来激发受众兴趣。其关键是增加信息的说服力，如采用循序渐进的方式引导受众兴趣，或通过双向比较，分析利与弊，阐述合情合理的客观信息。

案例 2.5

一位老太太每天去菜市场买菜、买水果，一天早晨，她来到菜市场，遇到第一个小贩，卖水果的小贩问：“你要不要买一些水果？”老太太问他有什么水果，小贩说：“我这里有李子、桃子、苹果、香蕉，你要买哪种呢？”老太太说：“我正要买李子。”小贩赶忙介绍：“这个李子，又红又甜又大，特好吃。”老太太仔细一看，果然如此。但老太太却摇摇头，没有买就走了。

老太太继续在菜市场转，遇到第二个小贩。这个小贩也像第一个一样，问老太太买什么水果，老太太说买李子。小贩接着问：“我这里有很多李子，有大的，有小的，有酸的，有甜的，你要什么样的呢？”老太太说要买酸李子，小贩说：“我这堆李子特别酸，你尝尝？”老太太一咬，果然很酸，满口的酸水。老太太受不了了，但越酸她越高兴，马上买了一斤李子。

但老太太没有回家，继续在市场转。遇到第三个小贩，同样问老太太买什么，老太太说买李子。小贩接着问：“你买什么李子？”老太太说要买酸李子。但他很好奇，又接着问，“别人都买又甜又大的李子，你为什么要买酸李子？”老太太说：“我儿媳妇怀孕了，想吃酸的。”小贩马上说：“老太太，你对儿媳妇真好！”小贩又问：“那你知道不知道这个孕妇最需要什么样的营养？”老太太说不知道。小贩说：“其实孕妇最需要的是维生素，因为她需要供给这个胎儿维生素。所以光吃酸的还不够，还要多补充维生素。水果之中，猕猴桃含维生素最丰富，所以你要是经常给儿媳妇买猕猴桃才行！这样的话，可以确保你儿媳妇生出一个漂亮健康的宝宝。”老太太一听很高兴啊，马上买了一斤猕猴桃。当老太太要离开的时候，小贩说：“我天天在这里摆摊，每天进的水果都是最新鲜的，下次来就到我这里来买，还能给你优惠。”从此以后，这个老太太每天在他这里买水果。

【解析】

在这个故事中，我们可以看到：第一个小贩急于推销自己的产品，根本没有探寻顾客的需求，自认为自己的产品多而全，结果什么也没有卖出去。

第二个小贩有两个地方比第一个小贩聪明，一是他第一个问题问得比第一个小贩高明，是促成式提问；二是当他探寻出客户的基本需求后，并没有马上推荐商品，而是进一步纵深挖掘客户需求。当明确了客户的需求后，他推荐了对口的商品，很自然地取得了成功。

第三个小贩是一个销售专家。他的销售过程非常专业，他首先探寻出客户深层次需求，然后再激发客户解决需求的欲望，最后推荐合适的商品满足客户需求。他的销售过程主要分为六步：第一步，探寻客户基本需求；第二步，通过纵深提问挖掘需求背后的原因；第三步，激发客户需求；第四步，引导客户解决问题；第五步，抛出解决方案；第六步，成交之后与客户建立客情关系。

2.3 » 分析商务沟通的障碍

案例导入

因沟通障碍造成的飞机失事悲剧

1990年1月15日晚7:40，阿维安卡（Avianca）51航班飞行在美国南新泽西海岸上空3.7万英尺的高空。机上的油量可以维持近两个小时的航程，在正常情况下飞机降落至纽约肯尼迪机场仅需不到半小时的时间，这一缓冲保护措施可以说是十分安全。然而，此后发生了一系列耽搁。首先，晚上8:00，肯尼迪机场航空交通管理员通知51航班的飞行员，由于严重的交通问题他们必须在机场上空盘旋待命。8:45，51航班的副驾驶员向肯尼迪机场报告他们的燃料快用完了。管理员收到了这一信息，但在9:14之前，飞机仍没有被批准降落。在此之后，阿维安卡机组成员再没有向肯尼迪机场传送任何情况十分危急的信息，但飞机座舱中的机组成员却相互紧张地通知他们的燃料供给出现了危机。

晚上9:14，51航班第一次试降失败。由于飞行高度太低及能见度太差，因而无法保证安全着陆，当肯尼迪机场指示51航班进行第二次试降时，机组乘员再次提到他们的燃料将要用尽，但飞行员却告诉管理员新分配的飞行跑道"可行"。9:31，飞机的两个引擎失灵，1分钟后，另外两个也停止了工作，耗尽了燃料的飞机于9:34坠毁于长岛，机上73名人员全部遇难。

当调查人员考察了飞机座舱中的磁带并与当时的机场管理员讨论之后，他们发现导致这场悲剧的原因是沟通的障碍。

2.3 案例解析参考

【案例思考】

为什么一个简单的信息既未被清楚地传递，又未被充分地接收呢？

所谓沟通障碍，是指信息在传递和交换过程中，由于信息意图受到干扰或误解，而导致沟通失真的现象。在人们沟通信息的过程中，常常会受到各种因素的影响和干扰，使沟通受到阻碍。沟通的障碍主要来自发送者的障碍、接受者的障碍、沟通信息障碍以及沟通渠道障碍。

2.3.1 发送者的障碍分析

发送者作为沟通信息的主体，在信息发送过程中，产生的关键障碍主要有语言障碍、表达障碍、文化障碍及心理障碍。

1．语言障碍

语言是最重要也是最难掌握的沟通工具。即使是讲同样的语言，不同的教养、职业、身份对语言的使用也有相当的差别。因此，沟通者需要使用对方听得懂的语言进行沟通，或使用书面语言交流等。

案例 2.6

案例视频中描述了一位来自四川的旅客使用方言与前台服务员对话，因为语言沟通的障碍，闹出了一系列令人啼笑皆非的笑话的故事。

案例视频：语言沟通障碍

【解析】

这个视频中，起初来自四川的旅客使用方言与前台服务员进行沟通造成了语言障碍，同样，前台服务员在发送信息时由于语速过快给旅客造成了障碍。

当陌生人处于生疏的环境中沟通就是一个重要问题，作为信息发送者和接收者都应该采用方便于理解的沟通方式来沟通，比如旅客应尽量讲普通话或者采用书面沟通，而接待员应该灵活应变，在与客人沟通时通过变慢语速来使客人接收到易于理解的信息。

2．表达障碍

当发送者发送信息的目的不明确或表达模糊时可能导致信息失真，从而形成沟通上的障碍。言语逻辑组织混乱、闪烁其词、模棱两可，都会使接收者无法了解发送信息的真实意图。

3．文化障碍

文化障碍是由于不同人有着不同的生活习惯、文化习俗和心理需求，如果不能适应对方的生活习惯、文化习俗和心理需求，就会产生文化障碍，影响沟通效果。

4．心理障碍

心理调节不好也会给沟通造成障碍。具体地讲，很多人在沟通时都是站在自己的立场考虑问题，希望别人能够理解自己，却忽略了别人内心的想法。在管理实践中，信息沟通的成败主要取决于上级与上级之间是否进行全面有效的合作。这些合作往往会因下属的恐惧心理以及沟通双方的个人心理品质而形成障碍。

2.3.2 接收者的障碍分析

接收者的障碍，即沟通客体产生的障碍，主要包括兴趣障碍、情绪障碍、知识与经验障碍、偏见障碍、记忆障碍和信任障碍。

1．兴趣障碍

兴趣障碍体现在无论接收者对谈论的主题过分关心或毫不在乎，都会产生相当严重的沟通障碍。当接收者对主题过分关心时，往往会急切地提出问题、发表评论，而不在乎发送者接下来要说什么。当接收者对沟通的主题毫不在乎时，就会不关心发送者要表达的内容。

2．情绪障碍

情绪障碍会直接导致接收者对信息处理的态度不同或对信息的理解偏差。当接收者的情绪低落时，对接收的信息可能表现出不在乎的态度或听不进信息内容，或者对信息的理解带有感情色彩，不能客观地对信息内容进行判断；当接收者情绪兴奋时，可能对所有的信息不经过筛选就全盘接收，这同样会失去判断力。

3．知识与经验障碍

知识与经验障碍是由于知识、经验水平的差距所导致的障碍。在信息沟通中，如果双方经验水平和知识水平差距过大，就会产生沟通障碍。在现实生活中，人们往往会凭经验办事，在与人沟通时，会不知不觉地用过去的经验过滤所收到的信息，其结果往往是接收者所获得的信息与发出者传递的信息的含义和意图大不相同，导致沟通无效。

4．偏见障碍

如果接收者对某人或某事带有偏见，那么，沟通就无法达成共识。例如，无法接受上司的能力比自己强，对女性的工作能力表示质疑等。

5．记忆障碍

接收者个体记忆不佳也会造成沟通的障碍。在管理中，信息沟通往往是依据组织系统分层次传递的，在按层次传递同一条信息时往往会受到个体记忆的影响，个体记忆不佳会降低信息沟通的效率。

6．信任障碍

有效的信息沟通要以相互信任为前提，才能使向上反映的情况得到重视，使向下传达的决策得到迅速实施。因此，沟通的信息必须是真实客观的，接收者在传递信息的时候，要有非常高的可信度。

趣味阅读

鲁国的国君鲁哀公问孔子："我听说夔这个人只有一只脚，这是真的吗？"孔子回答说："夔是个人，怎么会是一只脚？这个人没有什么不同的地方，就只是精通音律。尧说的'夔一而足矣'是指有夔一个人就足够了，不是说夔只有一只脚啊。"

【解析】

鲁哀公认为夔只有一只脚，可见一个人的知识的缺乏会导致传递的信息的含义被曲解。

2.3.3 沟通信息障碍分析

分析沟通信息的障碍，一方面是认知障碍，在沟通过程中，如果信息的内容是认知性的，比如知识类信息、思想类信息、情绪情感类信息和需要类信息，那么信息传播双方的受教育程度和生活背景、成长经历就不能相差太大，否则就会产生沟通障碍。人与人在交流时，都习惯性地倾向于根据自己的观点、意见对信息进行解释，这会影响信息的完整性和理解的准确性；另一方面是信息泛滥导致的沟通障碍，太多的信息导致无从判断，由于条件的限制无法有效筛选，从而无法有效沟通，因此，对信息的认知、识别和筛选尤为重要。

2.3.4 沟通渠道障碍分析

分析沟通渠道的障碍，可以从时间压力障碍、空间距离障碍、组织结构障碍以及噪声、环境障碍几方面考察。

1．时间压力障碍

时间压力障碍是一类常见的沟通障碍。指发送者或接收者的时间受到限制，在时间紧迫的压力下，很容易产生仓促的决定。

2．空间距离障碍

在不能与他人面对面沟通的情况下，距离也就成了一种阻隔沟通的主要障碍。如果需要进行口头沟通，那么距离的影响就会更大。如果信息接收者距离较远，就要考虑选择合适的沟通渠道。

3．组织结构障碍

组织结构障碍是指不合理的组织结构导致的沟通障碍。在信息传播过程中，如果经历的层级过多，那么经过层层过滤，信息就容易失真，从而形成沟通障碍。

4．噪声、环境障碍

一切对沟通形成干扰的声音都是噪声。沟通时，如果周围环境比较嘈杂，就会对沟通效果产生影响，因为噪声会让人心烦意乱，无法集中注意力倾听。安静的环境能让人排除各种杂念，身心放松，激发灵感和激情，有助于沟通的顺利进行。

知识点拨

克服沟通障碍的七大策略：

◆目的明确，准备充分，沟通内容确切；
◆沟通要有诚意；
◆平等沟通；
◆多使用肢体语言；
◆保持理性，避免情绪化行为；
◆换位思考，多考虑尊重对方的想法；
◆及时获取反馈、重视沟通技巧。

本章小结

本章主要对商务沟通前的准备工作进行了分析，包括对沟通环境的分析、沟通对象的分析以及沟通主要障碍的分析。

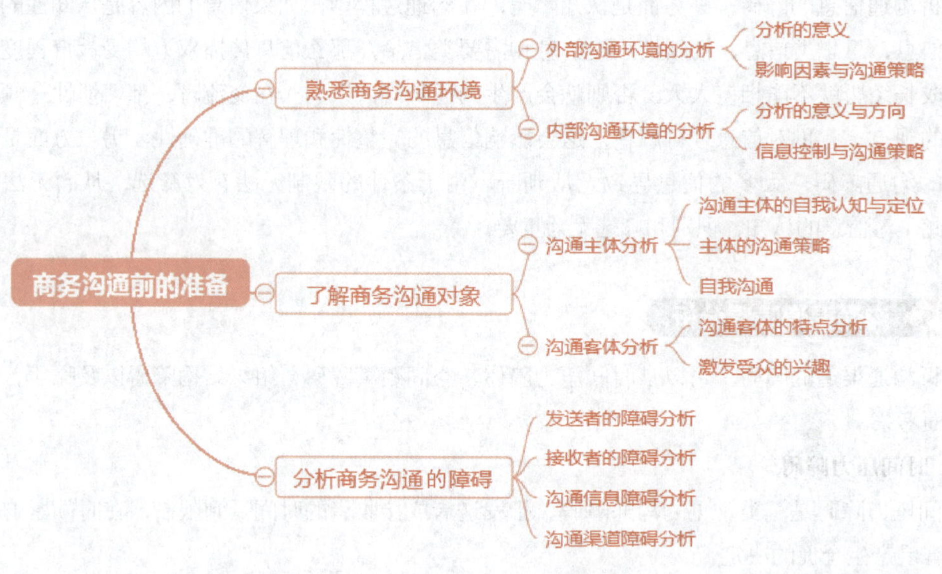

综合练习

一、单项选择题

1. 跨文化沟通属于什么的影响？（　　）

A. 外部环境　　B. 内部环境　　C. 主体　　D. 客体

2. 沟通者和最终受众的“桥梁”是（　　）。

A. 初始受众　　B. 最终受众　　C. 意见领袖　　D. 守门人

3. 明确受众的关键在于解决什么问题？（　　）

A. 以谁为中心进行沟通　　B. 他们了解什么

C. 他们感受如何　　D. 如何激发他们

4. 因为空间距离的阻隔造成的沟通障碍属于（　　）。

A. 信息障碍　　B. 接收者障碍　　C. 发送者障碍　　D. 渠道障碍

5. 因为地域方言造成的沟通障碍属于（　　）。

A. 心理障碍　　B. 语言障碍　　C. 兴趣障碍　　D. 情绪障碍

二、多项选择题

1. 沟通内容的信息识别一般包括（　　）。

A. 情感类信息　　B. 需要类信息　　C. 思想类信息　　D. 知识类信息

2. 外部沟通环境的影响因素主要有（　　）。

A. 政府因素　　B. 商业群体因素　　C. 社会团体因素　　D. 主观因素

3. 分析外部沟通环境的意义是（　　）。

A. 有助于更好地融入全球化商务活动中　　B. 有助于制定科学的商务沟通战略

C. 有助于确立正确的信息传递对象　　D. 有助于找到最有效的沟通渠道

4. 分析内部环境影响可以从哪几方面考察？（　　）

A. 组织结构　　B. 企业文化　　C. 技术环境　　D. 竞争对手

5. 主体的沟通策略中，称为指导性策略的是（　　）。

A. 告知策略　　B. 说服策略　　C. 征询策略　　D. 参与策略

6. 激发受众兴趣的方式有（　　）。

A. 明确受众利益　　B. 通过可信度　　C. 通过信息结构　　D. 通过受众反应

三、问答题

1. 简述外部环境的分析要素和意义。
2. 简述沟通受众的类型。
3. 简述沟通客体的分析步骤。
4. 谈谈如何提升自我沟通的能力。
5. 简述沟通障碍的表现有哪些。
6. 谈谈自己对商务沟通准备工作的理解。

四、案例分析

大军研究生一年级课程结束，为丰富自身的社会实践和阅历，经由校园招聘，被录入当地区文化广播和新闻出版局进行为期两个月的学习实践。

初来乍到，局领导根据大军的专业性质和学历水平，将他安排在了政策法规和行政审批科学习实践，协助赵科长宣传政策法规、净化群众文化环境并负责网络与文化经营许可证的审批与换发。而目前大军跟着赵科长做得最多的就是整个区内网吧文化经营许可证的换发工作。

经过一段时间的学习和实践，大军渐渐地熟悉了网络文化许可证审批与发放的整个流程，赵科长也放心地把这部分的工作交给大军去做。为了响应市里将全市所有网吧纳入连锁经营的政策要求，全区125家网吧加入了连锁公司以便统一管理，为此要对125家网吧的许可证进行重新换发的工作。

一日，赵科长把大军叫过来说："大军啊，有一个网吧的许可证在省厅那里打印出来了，你下午去把它领回来，我已经和省厅的小魏在QQ上联系过了，跟她说好了，你下午去了给她打个电话，找到她把证领回来就行了。"大军连连点头，收拾东西就赶去了省厅。

等到了省厅，大军见到了小魏，待表明了身份说明了来意，小魏说："赵科长跟我说过了，不过我们王主任说过了，你需要给赵科长打个电话，让赵科长给市局的陈主任打个电话，让陈主任再给我们王主任打个电话，我们王主任说可以打证了我才可以把证给你打印出来。"大军照小魏说的给赵科长打了个电话说明了情况，赵科长就说："我明白了，我给陈主任打电话。"过了一个小时，小魏说："我们王主任在开会，等他过来了再说吧。"大军又耐心地等了一个多小时，王主任来到了办公室，对大军说："你先回去吧，明天让陈主任过来一趟。"大军无奈地回去了。

第二天，赵科长对大军说："我和市局陈主任已经联系过了，你今天去市局找陈主任，然后你们两个一起去省厅一趟把证取回来。"大军点了下头又收拾东西去了市局。到了市局大军见了陈主任，陈主任对大军说："你昨天去省厅取证怎么不先给我通个气啊？"大军说："我们赵科长跟省厅那边联系好了，那个证的工商核名马上就到期了，所以让我抓紧去省厅取。"陈主任说："不管怎样，你们也要先给市局这边打个招呼，现在我们都不好跟省厅交代。"大军诺诺地点头，然后两人一起去了省厅。

到了省厅，见了王主任，互相寒暄几句后，陈主任为昨天的事情表达了歉意，大军在一旁也很尴尬，无所适从。王主任倒也热情，笑了一下，坐到了电脑前亲自把那个证给打了出来交给了陈主任。陈主任转身把证交到大军的手里说："我把证给你了，你回去交给赵科长，以后让他提前联系好，不要再出现这种情况了，我先回市局了。"

陈主任走后，王主任叫住大军说："大军啊！你看看，本来是很简单的一件事情让你们弄得这么复杂。你说你们赵科长也是，你们区里的怎么能直接来省厅拿证，就算你们给小魏联系好了她也没权给你们这个证啊，这个事情本来是该市局的人来做的，市局把证领走了，你们再去那里领，不能直接跨过市局直接来拿，我想这个道理你们赵科长应该懂吧？你以后要在单位工作，这些道理你慢慢就懂了，你看你们离这里这么远，事先不联系好，一天天地跑也是白跑，所以以后一定要注意，不要再出现这种情况了。"大军想说些什么，但想了一下还是忍住了，跟王主任点了点头就回去了。

案例思考

1. 是什么原因造成了大军的困境?
2. 大军沟通的障碍主要表现在哪里?

第2章 案例思考解析

第1篇

沟通篇

第3章　商务沟通的常用渠道

【学习目标】

- 了解面谈、电话沟通、网络沟通的优缺点
- 掌握不同沟通渠道的应用范围
- 掌握电话沟通的技巧
- 了解网络沟通的主要形式
- 了解演讲的特征和分类
- 掌握演讲的准备工作和技巧
- 学会会议的有效组织

3.1 » 面谈

案例导入

一次“奇葩”的面试

先来介绍一下自己吧，你为什么会选择我们公司？你的薪酬要求是怎样的……类似这些问题在面试场合我们经常都能遇到，而小王的这次面试，也着实让他记忆深刻。

“其实我的面试经历是很有限的，大学里参加的活动也不多。当时去面试的是一家外企。”小王回忆说。在数位面试官面前的小王显得有些紧张，这时考官发问了，“你觉得人为什么会紧张？”

“我压根儿没想到考官会问这样的问题。”小王说。沉思几秒钟后，小王回答道：“我觉得紧张有两种原因，一是不够自信，二是把自己当演员，总觉得别人都在看着自己，需要掩饰自己真实的一面而让自己变得不真实。”

“那你觉得你的紧张属于哪一种？”考官追问道。

“严格说我的紧张都不是因为这两种情况。我可能是太在乎这份工作了，所以显得格外慎重和认真，我从来不当演员，我就喜欢做真实的自己。”

待小王回答完这个问题后，面试官们会意地笑了，随后几个问题的交流也很顺利。“我们喜欢真诚的求职者，你明天就可以来报到了。”就这样，小王被这家外企录用了。

扫一扫

3.1 案例解析参考

【案例思考】

从案例中可以看出面谈具有什么样的特点？面谈有什么样的优势？面谈的缺点是什么？

沟通离不开一定的平台、媒介等沟通渠道，在沟通中人们会根据沟通对象及不同时期选择不同的沟通渠道，以达到沟通的目的。在科技不发达的时代，面谈是最常见的沟通方式，即使在科技发达的今天，面谈仍然是重要的沟通方式。

3.1.1 面谈的概念与特点

从古至今，在一切商业活动中，面谈可以说是出现频率最高的沟通交流方式，通常所说的面谈，是指两个人或更多人之间进行的、参与者中至少有一人是有目的的并且在进行过程中互有听和说的互动过程。

简单地讲，面谈就是双方面对面的即时沟通，主要目的是收集信息、传达命令、交换意见、商讨方案及解决问题等，它区别于平常的打招呼、闲聊、寒暄，是有明确目的、有计划和过程控制要求的，其特点主要体现在以下几个方面。

◆ **目的性：** 参与面谈的一方或双方有明确的目的。

- **计划性：**面谈区别于一般的寒暄式谈话，具有计划性，通常面谈参与者会预先计划好谈什么、在哪儿谈、何时谈、与谁谈以及怎样谈。
- **控制性：**一般面谈是由参加面谈的某个人或组织控制并实施，他在面谈过程中处于控制或主动地位，而面谈的另一方则处于被动地位。
- **双向性：**面谈是相互传递信息的方式。发送者要把他想表达的信息、思想和情感，通过语言发送给接收者。当接收者接收到信息、思想和情感以后，会给对方反馈一些问题，这就形成了一个完整的双向沟通的过程。
- **直接性：**参与面谈的双方通常通过语言或肢体语言发出和接收信息，中间没有任何中间媒介参与，双方可以通过观察和交谈判断对方的意图、态度等，也可以通过语言或肢体动作暗示等手段影响对方的判断和态度。
- **即时性：**面谈要求沟通双方即时对沟通信息做出反应。

根据以上的特点分析，可以了解到面谈成功的关键在于制订面谈计划，针对沟通对象的特点，即沟通客体分析，结合自身特点，即沟通主体分析，采用相应的信息编码策略和信息反馈策略。因为面谈是即时反应，面谈者受心理、环境的影响，导致面谈充满不确定性，这就要求面谈者根据面谈计划随机应变，能够快速完成对受众的分析，并灵活地对信息进行组织编排，做出不同应变。如巧妙化解尴尬，或将偏离主题的面谈拉回正题等。

由于面谈主要以口头语言沟通为主，因此，它围绕着“说、听、问”三种行为进行，并且这三者之间的比例要协调，这就需要面谈具有更高的技巧性，如果具备了这些，就会产生良好的沟通效果，关于沟通的“说、听、问”等技巧策略将在第4章详细介绍。

观点对比

卡耐基认为面谈是指面对面的正式会晤，不受主席的控制。面谈的双方必定是一方处于优势，而另一方处于劣势。如果双方力量对等那就变成了谈判。

3.1.2 面谈的优势与不足

俗话说“有什么误会当面讲清楚”，从这句话我们可以看出人们在事情发生时会首先想到选择面谈作为最有效的沟通方式，这在于面谈具有很大优势。当然，任何事物都有双面性，既有优势也有不足和局限。

1．面谈的优势

面谈的优势表现在以下几个方面。

- 面谈过程中能够充分地表达自己的想法和情感等，面谈双方能够随时观察到对方的表情、语速、肢体动作等反应，有利于判断对方的意图、态度、情感等。
- 面谈开展的条件较为简单，经济成本较低。
- 能获得包括事实、问题、面谈者的观点、态度等各种信息类型在内的广泛内容。
- 通过面谈，可以和涉众建立相互之间的友好关系。
- 通过参与面谈，面谈者会产生一种主动为项目做出贡献的感觉，提高涉众的项目参与热情。

2．面谈的缺点与局限

◆面谈比较耗时，时间成本较高。

◆在地理位置分散的情况下往往难以实现面谈。

◆面谈参与者的记忆和交流能力对结果影响较大，尤其是面谈的成功较高地依赖于需求方的人际交流能力。

◆交谈当中常见的模糊化表述、默认知识、潜在知识和态度偏见等各种问题在面谈中都不可避免，这会影响面谈的效果，导致产生不充分的、不相关的或者错误的数据。

3.1.3 面谈的应用范围

因为自身巨大的优势和特点，面谈是较传统、使用较广泛的沟通方式，选择面谈沟通方式，就应该充分发挥其优势。一般来说，下列情景可以选择面谈作为主要沟通方式。

1．企业管理中正式的会话

因为面谈具有面对面交谈的优势，能够更好地进行情感交流和分享，具有十足的感官色彩，能够拉近员工与员工之间、员工与领导之间的距离。在企业管理中一些较为正式的会话通常会选择面谈的方式进行沟通，如面试、离职、信息收集、绩效面谈等。

案例 3.1

一家著名的公司为了增进员工之间的相互信任和情感交流，规定在公司内部200米之内不允许用电话进行沟通，只允许面对面的沟通，结果产生了非常好的效果，公司员工之间的感情非常融洽。

【解析】

在电子化沟通方式日益普及的今天，人和人之间的了解、信任和感情已非常淡化。所以，不论作为沟通者或管理者，一定不要忘记使用面谈这种方式进行沟通。在商务沟通中，就有人概括过“可以打电话时，不要用电子邮件；可以面对面讲话时，不要用电话”。

2．解决具有针对性的重要问题

在人的潜意识中就认为重要的、紧急的大事只有面对面交谈才能很好地解决。在商务沟通行为中也不例外，不仅在于面谈过程中，面谈者能够充分地表达、解释、说服等，还在于解决问题的过程中可能会出现很多突发状况，只有面对面交流，才能及时、有效、全面地解决问题。

3．第一次建立合作关系

第一次建立合作关系具有非常重要的现实意义，无论是初次与代理商建立供销关系、与其他企业成为合作伙伴、与客户建立长期的买卖关系，为表示诚意，双方都会选择面谈作为主要的沟通方式，使双方取得良好的第一印象，从而建立合作关系，将合作的具体事宜分门别类地交代清楚。

4．大型商务谈判

在大型商务谈判时，双方的谈判代表都是面对面地在谈判桌前沟通，能够更好地解决商务活动的分歧，达成双赢。

3.2 » 电话沟通

案例导入

割草的男孩

一个替人割草的男孩出价5美元，请他的朋友为他打电话给一位老太太。电话拨通后，男孩的朋友问道："您需不需要割草?"老太太回答说："不需要了，我已经有了割草工。"男孩的朋友又说："我会帮您拔掉花丛中的杂草。"老太太回答："我的割草工已经做了。"男孩的朋友又说："我会帮您把草与走道的四周割齐。"老太太回答："我请的那个割草工也已经做了，他做得很好。谢谢你，我不需要新的割草工。"

男孩的朋友便挂了电话，接着不解地问割草的男孩说："你不是就在老太太那儿割草吗?为什么还要打这个电话?"割草男孩说："我只是想知道老太太对我工作的评价。"

扫一扫

3.2 案例解析参考

【案例思考】

案例中割草的男孩为什么会选择电话沟通方式?

现代社会，电话是我们传统而常见的一种沟通方式。下面来看看电话沟通的优缺点、电话沟通的技巧、电话沟通的礼仪以及电话沟通的应用范围。

3.2.1 电话沟通的优缺点

电话很好地解决了因为距离等问题难以实现面谈的问题，事实上，我们在日常的沟通活动中，借用得最多的沟通工具就是电话，电话使人们的联系更为方便快捷，但另一方面，电话沟通也有自身的缺陷。

1．电话沟通的优点

电话沟通的优点表现在以下几个方面。

◆**实时沟通：**随时可与对方进行通话联系，速度快，传递迅速，这是其他沟通方式无法相比的。

◆**简便经济：**电话非常普及和经济，操作十分简便。

◆**缓解压力：**在电话中基本可以忽略因身份差异造成的压力，当你未与对方谋面时通常会保持良好的心态，忽视双方身份的差异会给沟通带来诸多的好处。无论对方是资深高手还是行业专家，你都不会感到紧张和无措，可以比较从容地运用既定的谈判策略。

◆**控制信息流量：**电话沟通能够很好地对信息流量进行控制，当认为叙述的事情很清楚的时候，可以终止信息更多地流出，或者当接收到对方足够的信息后，可以终止谈话内容。

◆**避免语言尴尬：**说话可以直截了当，如果你对某件事当面说不出口，可以通过电话说，这样可以避免尴尬。

2．电话沟通的缺点

电话沟通的缺点表现在以下几个方面。

（1）难以判断对方的反应

沟通过程中往往伴随着参与者的许多肢体语言，每一个细微的动作都会反映出对方此刻的心理状况，双方能够通过察言观色来判断或修改对手及本方的谈判策略，从而建立对己方有利的局面。

而电话沟通只能了解对方的语气，仅凭这一点很难准确地分析出对方的真实意图，更何况善于沟通的人极可能会通过语音语调发出迷惑信息，从而加大你对他们底牌分析的难度。一些销售人员善于与人面对面打交道，观察能力非常强，但是通过电话沟通则手足无措。

（2）容易遭到对方拒绝

在商务沟通中，信任是沟通的基础，但是使用电话沟通，无法看到对方，信任度将大打折扣，很容易遭到对方拒绝。这种情况在销售活动中非常常见，现实中，面对面交谈，买卖双方或多或少都会顾及对方的情绪，即使沟通或交易破裂也会给对方留“面子”，在电话中买方则不会有太多的顾及，他们会直截了当地拒绝，当然并不一定是真实的否定，他们可能会通过否定来实现自己的目的。甚至，当销售人员致电买方介绍产品或服务时，假如对方对产品或服务确实毫无兴趣，他们通常不会继续与你交流，甚至会直接挂断电话，几乎没有回旋的余地。

（3）精力容易分散

买卖双方在面谈时通常会在谈判间或封闭的会议室里进行，不容易受到其他人员或事务的影响，双方均能专心致志地商谈。电话沟通则恰恰相反，无论是电话的哪一端都很容易受到周围其他人或事务的影响，双方的精力不容易集中，很可能会忽略一些重要的信息。

3.2.2 电话沟通的技巧

电话沟通具有很强的技巧性，通常，人们会因为忽略一些小细节而导致沟通失败。电话沟通的技巧主要包含打接电话过程中的技巧和礼貌问题，以及电话沟通中应对特殊事件的处理技巧等。

1．打接电话的技巧和礼貌问题

打接电话具有很强的灵活性，不仅在于选择在什么时机打接电话，在打接电话前，我们要有充足的准备，预计讲些什么内容，打接电话过程中，有时还需要做好信息内容的记录，等等。

（1）接电话的时机

一般认为，在电话铃声响3声之内，应接听电话。当电话铃声一响就立刻接听，会显得急促，反而让对方感到惊慌。电话铃声响太长时间，仍无人接电话，通常人们会认为人不在，或者感到焦急和烦躁。如果在电话铃声响3声之后接听电话，那么，说一声“对不起，让您久等了”之类的抱歉话语，会留给对方非常好的印象，也让对方急躁或愤怒的心情得到缓解。

（2）自报姓名的技巧

无论打接电话，都要学会自报姓名。接电话时，可以快速地问候，并说明自己是“谁”、属于哪家公司，如“您好，这是某某公司。”；打电话时则可说：“我是某公司某处的某某。”双方都应将第一句话的声调、措辞调整到最佳状态，而不是一个机械的过程。如果自报姓名的过程连贯自然，会令打或接电话的对方感到身心愉快，从而放心地讲话。

（3）接电话时做好电话内容的记录

经统计，即使是人们用心去记事，经过9小时，遗忘率也会高达70%，日常琐事遗忘得更快。因此，不要太相信自己的记忆力，重要事项可采取做记录的措施予以弥补。在电话机旁时常准备好记录本、笔，当他人打来电话时，就可立刻记录主要事项。如不预先备妥纸笔，到时候措手不及，不仅会耽误双方的沟通时间，把自己搞得狼狈不堪，甚至会让对方失去耐心，提早结束通话。

（4）打电话的时机

给别人打电话时，要讲究打电话的时机，也就是要选择恰当的时间、地点、场合。一般休息时间尽量不打工作方面的电话叨扰对方；打电话时，要选择安静的地方，这样便于双方都能够听清楚通话内容，另外，不要不分场合地打电话，如明知道对方正在参加重要的会议，还不断地打电话。

（5）打电话时提前整理电话内容

给别人打电话时，如果想到什么就讲什么，往往会丢三落四，忘却了主要事项还毫无觉察，等对方挂断了电话才恍然大悟。因此，应事先把想讲的事逐条逐项地整理记录下来，然后再拨打电话，边讲边看记录，随时检查是否有遗漏。

（6）打电话时应言简意赅

在打电话时要言简意赅，突出通话的重点，长话短说，并且在通话完成后主动挂电话。因为，在实际沟通中，对方不知道你是否将事情叙述完整，不知道你要讲几件事情，一般情况下，他不会贸然挂掉电话，因此，这就要求打电话的一方根据通话情况挂掉电话。

（7）通话过程中态度友好

有人认为，电波只是传播声音，打电话时完全可以不注意姿势、表情，这种看法是错误的。因为，双方的诚实恳切，都会流露在说话声中。若声调不准就不易听清楚，甚至还会听错。因此，讲话时必须抬头挺胸，伸直脊背。所谓“言为心声”，态度的好坏，都会表现在语言之中。如果道歉时不低下头，歉意便不能伴随言语传达给对方，同样，表情也包含在声音中。如果通话过程中表情麻木，声音也冷冰冰，对方肯定不会感到舒服，沟通必然不会顺利。

（8）通话过程注意语速和语调

急性子的人听慢话，会觉得断断续续、有气无力，颇为难受；慢吞吞的人听快语，会感到焦躁心烦；年龄高的长者，听快言快语，难以充分理解其意。因此，讲话速度并无定论，应视对方情况，灵活掌握语速，随机应变。人们在看不到对方的情况下，大多凭第一听觉形成初步印象，打电话时，适当地提高声调显得富有朝气、明快清脆。

（9）不要使用简略语、专用语

使用企业内部习惯用语，第三者往往无法理解。同样，专用语也仅限于行业内使用，普通顾客不一定知道。有的人不以为然，得意扬扬地乱用简称、术语，不仅不能正确表达自己的思想，甚至还会发生误会，这无疑是自找麻烦，给对方留下不友善的印象。

（10）养成复述习惯

为防止听错电话内容，一定要当场复述。特别是同音不同义的词语及日期、时间、电话号码等数字内容，务必养成听后立刻复述、予以确认的良好习惯。文字不同，一看便知，但读音相同或极其相近的词语，通电话时却常常容易搞错，因此，对容易混淆、难以分辨的词语要加倍注意，放慢速度，逐字清晰地发音。如1和7、11和17等，为了避免发生音同字不同或义不同的错误，听到与数字有关的内容后，请务必马上复述，予以确认。当说到日期时，不妨加上星期几，以保证准确无误。

（11）挂电话前的礼貌

要结束电话交谈时，一般应当由打电话的一方提出，然后彼此客气地道别，应有明确的结束语，说一声“谢谢”“再见”，再轻轻挂上电话，不可只管自己讲完就挂断电话。

趣味阅读

20世纪80年代，有一对两地分居的夫妇，丈夫留学美国，妻子在国内上班。当时的电话费非常贵，每分钟要二三十元钱，这对夫妇沟通的成本很高。后来他们想了一个既省钱又能保证每天都能沟通的办法。他们约定：当电话响一声就挂断的话，含义是：我很好，不要挂念；当电话铃响两声挂断的话，含义是：你的回信我收到了，请放心；当电话铃响三声挂断，含义是：我的信件寄出，请注意查收；铃响三声以后还不挂断，代表我确实有话要说，请接电话。

【解析】

故事中的夫妇巧妙利用打电话的约定，将沟通模式化、标准化、技巧化，于是大大节省了例行沟通的成本。当然，随着科技的发展，解决这个问题的途径很多，成本也很小，但故事中设法降低沟通成本的思想有借鉴价值。

2．电话沟通中应对特殊事件的处理技巧

电话沟通中，有时会面临一些特殊事件，如因为电话信号弱听不清楚对方的语音信息，面对这种情况，我们需要使用应对技巧，以避免突发状况影响沟通。下面列出一些常见电话沟通中出现特殊事件的处理技巧。

（1）听不清对方的话语

当对方讲话听不清楚时，进行反问并不失礼，但必须方法得当。如果怀疑地回答：“什么?”对方定会觉得无端地招人怀疑、不被信任，从而非常愤怒，连带对你印象不佳。但如果客客气气地反问：“对不起，刚才没有听清楚，请再说一遍好吗?”对方定会耐心地重复一遍，丝毫不会责怪。

（2）接到打错了的电话

有一些职员接到打错了的电话时，常常冷冰冰地说：“打错了。”最好能这样告诉对方：“这是××公司，你找哪儿?”如果自己知道对方所找公司的电话号码，不妨告诉他，也许对方正是本公司潜在的顾客。即使不是，你热情友好地处理打错的电话，也可使对方对公司抱有初步好感，说不定就会成为本公司的客户，甚至成为公司的忠诚支持者。

（3）遇到自己不知道的事

电话沟通中，遇到自己不知道的事，有的人常常会感到很恐慌，一心企盼着有人能尽快来接电话，将自己救出困境。遇到这种情况，应尽快理清头绪，了解对方真实意图，避免被动。如果不在自己的职权范围之内，或自己无法解释，应快速反应，实事求是，不知道就是不知道，不能硬着头皮进行不必要的沟通，可以告知对方自己感到抱歉，不清楚此事，此事由某人负责，让某人接电话尽心解释沟通，这样即使不能解答对方的问题，也能够获得对方的理解。

案例 3.2

小魏刚从事金融行业，一般的事情能够顺利处理，但一次一位客户打电话咨询一笔大型业务，是小魏从未接触的，小魏急于表现，不懂装懂，传递给客户似是而非的信息，回答起来支支吾吾，模棱两可。虽然主管就在旁边，小魏也没有让主管接电话进行沟通解释，致使公司错过一位重要的客户。

【解析】

在使用电话沟通时，切记不能不懂装懂，如果对方知道相关的部分行情，那么，你的回答不能使客户满意，反之，会让客户怀疑你的专业知识，从而对你所在公司的专业资质产生怀疑。案例中，小魏只顾着表现自己的能力，而忽略了问题本身，在不懂的情况下，应使用一些技巧，用真诚的态度告知客户自己刚来公司，很多流程不是十分清楚，让其主管来接待该客户。

（4）接到顾客的索赔电话

索赔的客户也许会态度强硬，甚至暴跳如雷，作为被索赔方如果缺少理智，像对方一样感情用事，不理智地回击客户，不但于事无补，反而会使矛盾升级。此时，应该让客户诉说不满，并耐心等待客户心静气消，不能一味地解释，应一边肯定客户话中的合理成分，一边认真琢磨对方发火的缘由，找到正确的解决方法，用真诚的态度打动客户，从而，化干戈为玉帛，取得客户的谅解。在结束通话时，也不应匆匆挂掉电话，仍需礼貌地挂断电话，如谢谢对方的宝贵意见，并确认这样的事情今后不再发生等，这样，不仅能稳定对方情绪，而且还能让其对公司产生好感。

知识点拨

当你与他人意见相左时，应以你的表情、耐心、所言所行向他证明你是真的关切他。

——[美]保罗·道格拉斯

3.2.3 电话沟通的应用范围

尽管电话沟通省时省力、方便快捷，但是它仅仅依靠语音进行沟通交流，存在一些局限性，遇到重大问题、复杂问题或大型的商务沟通谈判活动就无法满足需要。通常，以下的几种情境可以采用电话沟通的方式进行。

1．与新对象的前期沟通

与新对象建立联系，前期沟通往往选择电话沟通方式。最显著的代表就是电话销售，寻找新的客源，或者与新的联系人沟通，在面谈之前，首先使用电话沟通进行简单的事务交流，建立情感交流，让沟通的双方先熟悉起来，为后面的面谈建立基础。

2．日常事务咨询与解答

使用电话沟通方式对日常事务的咨询和解答非常便利。它能够节省时间成本，沟通主体不用专门到固定地点对相关事情进行询问和解答。如客户咨询产品的价格、售卖时间、售后服务等事情，或销售人员主动打电话就相关事情对新老客户进行解释。

3．突发事件即时沟通

当发生突发事件需要沟通和提出临时的解决方案时，使用电话沟通是不二选择，因为电话沟通所具备的优势，沟通者可在发生突发事件的第一时间通过电话与当事者取得联系，并进行初步的沟通，提出临时的应对方案。

3.3 » 网络沟通

案例导入

一个“苍蝇馆子”的微信营销之路

一家家庭经营的小店，专门卖盖饭、炒饭和面食。主要客户群就是附近写字楼里的上班族，以及附近菜市场的小贩们。店面很小，一共只摆了八张小桌，每张小桌只能坐四个人。基本没有装修，饭桌也是街边小店最常见不过的、非常油腻的那种木桌，属于标准的“苍蝇馆子”。

小店的价格实惠，十一元钱，就能吃一份大份的肉丝盖饭。由于店主的儿子小张在公司主要负责微信项目，天天与微信为伴。在初期粉丝量不多的时候，他养成了一个习惯，喜欢晚上回家后利用一切空闲时间，用公众号助手与粉丝互动。因为客户所在行业的特殊性，微信上的沟通效果非常不错，互动率很高。

逐渐地，他所负责的客户微信账号已经开始成型，粉丝数也越来越多，已经不需要再编发推送内容，直接导致没有更多的余地让他发挥。于是，他决定帮他父母的苍蝇馆子“洋气”一把：开始“苍蝇馆子”的微信营销。

小店的老板娘非常“潮”，在2011年就已经拥有自己的微信账号，并且对自己儿子的想法非常支持。然后他开始注册公众账号、做一些简单的接口、设计店铺形象……经过简单的准备后，这家“苍蝇馆子”开始了其微信营销之旅！

在刚开始那段时间，小店老板娘尤为积极，每一个顾客进来，她都会主动向别人推荐微信。别说，这一招很管用，在写字楼上班的年轻人，对传统行业和最新互联网产品的集合总是充满新鲜感，在最初的一个礼拜，粉丝数就已经接近200。这个数字可能对于大部分品牌商而言，小到可以忽略不计，但是对于这样一个只有八张小木桌的“苍蝇馆子”而言，已经是挺大的一个数字。

2013年2月下旬，微信账号的粉丝已经有接近400个，也许是觉得微信粉丝足够多了，也许是顾客的增多导致店里太忙，小店老板娘一度没有再向顾客推荐微信，直接导致在这十来天里微信的粉丝数增加不到20个。小张意识到这个问题后，劝他的母亲再聘用一个服务员，她继续做“客户服务”，让线上与线下进行无缝对接，之后粉丝数的增长又恢复到了正常速度。当然，除了年轻人的新鲜感之外，小店的饭菜特色也起了不小的作用。

小张事后总结，对餐饮、休闲娱乐等本地生活服务而言，做社会化营销线上沟通十分重要，应与线下体验交易相结合，不要把线上的网络沟通仅仅当作形式，而应作为基因，融入企业，做出人情味。

【案例思考】

微信网络沟通方式有哪些优势？除了微信，目前，网络沟通的主要形式还有哪些？

3.3 案例解析参考

步入信息时代后，网络沟通就越来越强烈地介入我们的日常生活和商务活动中。网络沟通是以互联网为载体进行的沟通方式，网络沟通的主要工具则是电脑和手机，而随着移动设备技术的发展，使用手机进行网络沟通已经远远超过使用电脑端进行网络沟通的占比。

3.3.1 网络沟通的优缺点

与传统的面谈和电话沟通方式相比，虽然现在随时随地都可以利用网络进行沟通，大事小事在“玩笑之间”即可轻松搞定，但目前网络沟通也存在不可忽视的弊端。

1．网络沟通的优点

网络沟通最大的特点是信息几乎实现同步传输，沟通主体和沟通客体能够同时共享文字、声音、文件等资料。网络沟通的优势显而易见，主要体现在如下几个方面。

- **极大地降低了沟通成本：**相对于传统的面对面沟通的交通成本和时间成本，以及电话沟通的话费成本，使用网络沟通除了第一次购买电脑、手机和网络连接设备会花费一笔稍大的款项外，以后花费的成本就相对低了很多。
- **不受时间、地域限制：**不受地域限制是网络沟通的一个显著特征，由于采用移动终端进行商务活动，不受时间、地点等因素的影响，可以随时随地进行商务活动。且由于移动终端一般体积较小，便于携带，可以随着用户的移动而变化，只要电脑或手机在联网的状态下，我们就可以与拥有互联网的任意一个角落产生联系，在很大程度上拉近了人与人沟通空间上的距离。
- **沟通范围和信息覆盖广：**网络沟通的范围和信息覆盖广，包括两方面的内容。一方面，网路沟通几乎能够实现面对面沟通和电话沟通的所有功能，如在网络中我们可以实现文字信息沟通、语音通话以及视频通话等。另一方面，通过网络可以同时与多人甚至成百上千的人一起对话，一起就某个事件、某次活动，或者一篇文章、一部电影等进行评论，并且相互之间可进行会话。
- **沟通形式多样化：**沟通形式多样化是基于网络软件多样化实现的，我们可以选择使用电子邮件、社交网络或即时通信工具与对方取得联系并进行沟通，或进行商务活动与交易。
- **免于信息遗漏：**使用面谈、电话沟通的方式，会因为自身的记忆力等情况，遗漏或忘记沟通信息，而网络沟通则可以很好地避免信息遗漏。这是因为，沟通的一方通过网络工具发送信息后，即使另一方没有及时查看或因为其他事情耽搁了查看，发送的信息仍然保存在沟通软件工具上。
- **新兴的推销工具：**网络沟通由于沟通范围和信息覆盖广，成了重要的推销工具。推销人员可以通过网络向不同人群或特定人群（如青年群体）等推送广告信息，具有代表性的就是“微商”这类群体，他们不仅可将推销信息推送到朋友圈，还可以推送到附近的人群或陌生人群。

2．网络沟通的缺点

网络沟通因其便捷性、形式多样化、沟通范围广，深受商务人士的青睐，但是随着人们越来越多地使用网络沟通，网络沟通的弊端就越发地凸显出来，它的缺点主要体现在如下几个方面。

- **信任危机：**信任危机是网络沟通最令人诟病的弊端，网络沟通建立信任较难，除非特别熟知的人，否则都会存有疑心，因为网络中的信息真假难辨，特别是通过网络推送的一些广告信息。

◆**网络信号的限制：** 网络沟通主要立足于移动电子设备和移动互联网，虽然目前无线网和4G网络已经普及，但是网络速度和无线信号的稳定性依旧会对沟通产生一些局限，如一些信号基站无法覆盖的区域，信号就比较弱。另外，电子移动设备的屏幕小、储存空间有限等问题也对实时沟通产生了一定影响。不过随着技术革新，网络信号的限制问题在未来会得到妥善解决。

◆**纵向沟通弱化，横向沟通扩张：** 纵向沟通弱化？横向沟通扩张的问题如今已经引人深思。横向沟通是指沟通的"范围和长度"，所谓沟通的"范围和长度"，就是通过网络人们可以无限扩大人际关系网，让更多的人认识你，但是，因为精力有限，横向的沟通较为粗浅，可能只是与人寒暄，简单的交流和分享信息。这样，就忽视了纵向沟通，即沟通的"深度和厚度"，我们无法进一步对思想和情感进行交流，达到精神层面的沟通交流。

◆**隐私和网络安全问题：** 随着技术发展，现阶段的网络安全问题得到一定的缓解，用户的隐私问题却成了商务活动的一个弊端。这也是消费群体十分关注的问题，因为在网络中完成商业活动和沟通，往往需要定位用户具体位置或要求用户实名注册等，这个过程中就有可能泄露用户隐私。

案例 3.3

据中国电子商务投诉与维权公共服务平台2013年3月27日晚网友爆料，支付宝出现重大漏洞，称使用谷歌、360可以搜索出大量的支付宝交易记录，包括付款账户、收款账户、姓名、日期，甚至邮箱和手机号等，并附带上了Google搜索的截图和多个详情页的截图。该消息27日被大量转发后，引起广大消费者的关注，随后，支付宝官方于27日晚在微博中做了回应，并称此次有付款结果页面被收录可能是因为有极少量用户主动将自己的付款结果页面分享到了公共区域，当时支付宝官方的解释遭到广大网友质疑，并引发了热烈的议论。

【解析】

个人信息泄露不局限在支付宝平台，在目前的网络商务活动中，个人信息或隐私泄露是一个很严重的现象。要避免这种情况发生，一个是来自相关部门的监管力度，另一个则是在进行商务活动时（如网络购物），或在商务平台沟通交流时，选择正规的大型官方网站，保护好自己的账号信息，不轻易输入账号。另外，可借助一些安全防护软件实现个人信息和隐私的保护。

3.3.2 网络沟通的主要形式

网络沟通的形式丰富多样，在商务活动中，网络沟通的主要形式包括即时通信工具、电子邮件和社交网络。

1．即时通信工具

即时通信工具在商务沟通中使用最为频繁，因为它能实现实时沟通，并且功能丰富，不仅能够传递文字信息，还能够传递图片、语音和视频信息。在国内，QQ和微信具有霸主地位，其用户量均达到8亿人左右，而国际贸易中Skype通信软件使用非常广泛。

（1）QQ

QQ在微信没有面世之前无疑是影响力最大的即时通信工具，多数商务活动或工作中的事宜都能通过QQ沟通。与微信相比，QQ不仅能传递文字信息、语音、图片和视频，还能传送商务文件，如合同文档、计划方案文档、合作协议文档等。

（2）微信

微信基于用户数量众多、影响范围广泛，而成了商务活动中沟通的重要途径，与QQ一样，微信也能实现文字、语音、图片和视频的传递分享，在实际的商务活动中，微信的支付功能非常便利。微信还提供了朋友圈和微信公众平台等功能，用于分享信息，用户通过“摇一摇”“搜索号码”“附近的人”“扫二维码”等方式添加好友，拓展人际关系。

（3）Skype

Skype是国际上最受欢迎的网络电话之一，支持PC版和Android手机版，是目前从事跨境电商行业口头沟通的首选即时通信软件，具备IM所需的功能，如视频聊天、多人语音会议、多人聊天、传送文件、文字聊天等功能。它可以高清晰与其他用户语音对话，也可以拨打国内国际电话，并且可以实现呼叫转移、短信发送等功能。

2．电子邮件

电子邮件是一种用电子手段提供信息交换的通信方式，是互联网应用较广的服务。目前，在商务活动中被广泛应用于业务联系，它的特点是不受地域和时间的限制，通信成本低，且易于操作，可随时进行邮件收发，并能上载图片、链接、各类格式文件（如PDF）等。虽然电子邮件近年受到各类即时通信工具软件的冲击，但在商务沟通中仍然占有重要的位置。

3．社交网络

社交网络（social network site，SNS)是指社交服务的平台，旨在建立人与人之间的社交网络或社交关系的连接。国外影响较大的有Facebook（脸书）和Twiter（推特），国内受欢迎的主流社交网络有微博、QQ空间等。其中，Facebook类似于QQ空间，Twiter类似于微博。

微博（Weibo），即微型博客（MicroBlog）的简称，是一种通过关注机制分享简短实时信息的广播式的社交网络平台。用户可以通过Web、Wap等各种客户端组建个人社区，以文字更新信息，并实现信息即时分享，个人或企业可通过微博平台扩大品牌影响力。QQ空间更加注重“熟人”间的联络，用户之间通过各种方式进行互动，如发送照片、分享日志、留言等。

3.3.3 网络沟通的应用范围

因为互联网技术的快速发展，网络沟通成了商务活动中重要的沟通方式，它最大的特点是不受地域的限制，因此，它在跨区域沟通领域应用十分广泛。以下几种情景常采用网络沟通方式。

1．组织内部的日常事务沟通和文件传送

组织内部最为频繁使用的沟通方式是网络沟通。用于日常事务的信息传递交流和工作文件的传输。一些工作上的琐碎事务，工作人员不用跑上跑下，通过网络即可完成日常沟通，可以说，网络沟通是组织内部完成沟通的常用的沟通方式。

2．网络在线交易

网络在线交易往往伴随着网络在线沟通，进行在线交易的同时，买卖双方会通过网络不停地往返沟通，买家会咨询产品相关信息，如产品质量、发货时间等，而卖家可迅速收到信息，并及时进行回复。

3．远程通信与电子会议

工作中，即使工作人员相距较远，也可使用网络实现远程通信进行信息传递、工作汇报等。而电子会议，能够让因为距离等原因无法到场的工作人员感受到真实的会议场景，创造出一种接近自然的交流方式，参会者能够与身处不同地域的同事、客户以及合作伙伴实时沟通，给人一种面对面的沟通体验。

4．跨境电子商务

跨境电子商务是不同国家之间进行的商务活动，频繁的面谈是不切实际的，费时费力费资本，通过网络沟通就能有效解决问题。

3.4 » 演讲

案例导入

一段精彩的开场白对于演讲的意义

一段精彩的开场白，不仅能吸引听众的注意力，激发听众的好奇心；还能概述演讲的主要内容，并向听众阐明演讲的必要性。

例如，有这样一个关于演讲的小故事。

三位公司主管试图给“名声”这个词下定义。

第一个说：“名声就是白宫邀请你去与总统会面。”

第二个说：“名声就是白宫给你发出邀请，当你在那儿时，电话响了，但是总统却不接。”

第三个主管说：“你们俩说的都不对。名声就是你被邀请到白宫与总统会面，这时总统的热线电话响了，他接过来，听了听，然后说：‘找你的！’”。

上面的演讲者以风趣幽默的方式作开场白，既展现了演讲者的睿智、幽默，也有助于缓和现场气氛，使听众愿意继续听他演讲。

幽默如果运用恰当，演讲将事半功倍。当然，除了使用幽默手法来叙述一段精彩的开场白外，还有建立信任、制造悬念、语出惊人、讲述故事等进行演讲开场白的技巧。

【案例思考】

什么样的演讲才算成功?一篇完整的演讲稿的语言结构是怎样的?

演讲又叫讲演或演说，是指在公众场所，以有声语言为主要手段，以体态语言为辅助手段，针对某个具体问题，鲜明、完整地发表自己的见解和主张，阐明事理或抒发情感，进行宣传鼓动的一种语言交际活动。

3.4.1 演讲的特征

要想在短时间内向很多人传递大量信息，演讲是最有效的交流方式之一。弄清楚演讲的特征，有助于达到预期的演讲目的，演讲具有如下特征。

- **现实性：** 从演讲的性质看，演讲属于现实活动范畴，不属于艺术活动范畴。商务活动领域的演讲，直接向广大听众公开陈述自己的主张和看法，具有引申、阐释或演绎的性质。
- **艺术性：** 演讲的艺术性是现实活动的艺术。它的艺术性是演讲的辅助手段，是演讲的技巧。一些好的演讲者，他们在讲台上旁征博引，有时插入一些令人捧腹的俏皮话，讲到激情处，又斗志昂扬，或通过举手投足加深演讲的情感投入，从而激起听众热烈的反响。演讲不能只有客观的叙述，而没有自己的喜怒哀乐。演讲如果缺乏自己独特的观点与感受，没有鲜明的个性，也就缺少了感染力和号召力。
- **工具性：** 演讲是一门学问，更是一个工具，是人们沟通交流思想、情感的工具。任何思想、任何学识，或者任何产品，都可以借助演讲这个工具来传播。
- **鼓动性：** 没有鼓动性，就不成为演讲，无论是商务演讲、学术演讲还是政治演讲，都必须具备强烈的鼓动性。这是因为演讲者以自己炽烈的感情去引发听众的感情之火，容易达到影响听众的目的；演讲者的形象、语言、情感、态势以及演讲词的结构、节奏、情节等均能抓住听众；演讲的直观性使其与听众直接交流，极易感染和打动听众，可以说，是否具有鼓动性是演讲成功与否的一个标志。

3.4.2 演讲的分类

从演讲内容看，演讲包括政治演讲、法律演讲、学术演讲、教育演讲、外交演讲等类别，我们这里将站在商务活动的角度，将演讲按演讲者与听众的关系进行划分并按演讲的目的进行划分。

1．按演讲者与听众的关系划分

如果按演讲者与听众的关系划分，演讲类型主要包括单向式的演讲和互动式的演讲。

（1）单向式的演讲

单向式的演讲适用大型场合，而在小型场合，会使受众感到自己受到了忽视。单向式演讲的特点是演讲过程中不会被人打断，演讲者进行信息阐述、传递，通过受众接受信息后的面部表情、肢体动作来分析受众的反应。

（2）互动式的演讲

互动式的演讲与单向式的演讲相对，它在表达形式上仍然采用演讲者站着说而听众坐着听的形式，只是在演讲过程中演讲者和受众可产生互动，如受众就某个问题产生怀疑进行提问等，给人的感觉像在进行一对多的对话。

2．按演讲目的划分

如果按演讲的目的划分，演讲类型主要可分为传授性演讲、说服性演讲、鼓动性演讲以及娱乐性演讲。

（1）传授性演讲

演讲者只是把自己所掌握的知识传授给别人或把某些消息传播给听众，而一般不与听众发生什么争辩的演讲，如商务活动中的职业培训、管理培训等。

（2）说服性演讲

演讲者要使听众明辨事理、认可自己阐述的信息和观点的演讲。如说服受众接受自己的商务方案，或者在产品销售中说服顾客信任自己的产品等。

（3）鼓动性演讲

用热情的语言把听众的情绪鼓动起来，使之向着既定的目标奋斗的演讲。该类演讲常用于上级领导鼓励员工的工作热情、动员员工的工作积极性等。

（4）娱乐性演讲

在公司庆祝和纪念活动中，演讲者为了让听众能够心情愉快所做的幽默风趣的演讲。

观点对比

一人之辩，重于九鼎之宝；三寸之舌，强于百万之师。

——《战国策》

演讲，不仅是一种职业，而且是一种事业，一种伟大的事业。演讲，不仅是一种科学，而且是一种艺术，一种卓越的艺术。

——李燕杰

如果让我重进大学，我将修好两门课：演讲和说服。

——尼克松

3.4.3 演讲的准备

一次精彩的、成功的演讲离不开演讲前的准备。演讲如果没有做好充分的准备工作，相当于不带子弹上战场，这时的情况紧急及压力不言而喻。前期的充分准备可以使演讲者克服紧张感，使其更加自信、自如、轻松地驾驭现场，因此演讲前做好充分准备是必不可少的。

1. 分析听众

演讲首先需要考虑听众想听什么，再以此考虑自己要说什么以及怎么说。具体分析，即是此次演讲有多少人听、听众的年龄分布怎样、聚焦听众是以哪部分人群为主体，以及在什么样的氛围中实现演讲。

2. 选题立意

成功的演讲，离不开好的话题，好的话题应该首选自己熟悉的内容，这样才能拥有大量的素材，才能有切身的体会，也才能讲得真切深入。选题立意就是选择演讲所要阐述的主要问题，即“讲什么”，同时选题是建立在分析听众之上的。要把论题选好，要遵循需要性原则和适合性原则。

每准备一次演讲，都要从客观实际出发，认真考虑选择的论题是否符合现实需要，是否属于听众亟待得到解答而又有意义的问题。如果论题本身毫无价值，客观上又不需要，那么，这样的选题毫无意义。

3. 心理准备

演讲者的心理准备也相当重要，如果心理准备没有做好，演讲的其他准备工作都是白费。心理准备一方面是演讲者要适应陌生的演讲环境，或者主动安排演讲的环境，如让听众的座位离演讲者更近，布置适合演讲主题的灯光和舞台；另一方面是演讲者的心理素质，要求演讲者克服怯场的心理，情绪饱满地登台演讲，学会与听众互动沟通。

4．资料搜集

搜集和添加的资料根据演讲内容而定，材料的多样性会增加演讲的趣味性。一般情况下，资料可通过查阅书籍、杂志获得，也可通过网络筛选，当查看到合适的素材时要学会提炼、记录和备份，素材的内容可以是商业成功的案例或一些幽默笑话，当然也可以整理身边发生的有趣的、有益的事，或是事实的数据、图表或权威人士的观点和经典的理论。

5．谋篇布局

谋篇布局是对演讲稿的结构进行规划整理，演讲稿的结构包括标题和正文两个部分。标题多用形象性的、对演讲主题高度概括的语句来充当。正文包括开头、主体、结尾3个部分，别出心裁的开场、清晰的主体加上耐人寻味的结尾形成完美的演讲，从而使演讲在听众中形成共鸣，实现演讲目的。

（1）别出心裁的开场

演讲稿的开头部分，也叫开场白，它需要实现演讲的两个主要目的：一是建立说者与听者的同感，引起共鸣；二是打开局面，引入正题。演讲的开头在演讲的结构中处于显要的地位，好的演讲稿，一开头就应该用最简洁的语言、最经济的时间，把听众的注意力和兴奋点吸引过来，这样，才能达到出奇制胜的效果。

别出心裁的开场可以用几句诚恳的话与听众建立个人间的关系，获得听众的好感和信任；可以通过提问激发听众思考问题，把听众的注意力集中到演讲中来；也可以陈述一件惊人的事实，引人注目。

（2）清晰的主体

正文的主体是演讲的主要部分，要求结构清晰，并处理好层次、节奏和衔接等几个问题。

- **主体的层次：** 层次是演讲思想内容的表现次序，它体现演讲者思路展开的步骤，也反映了演讲者对客观事物的认识过程。演讲者在演讲中反复设问，并根据设问阐述自己的观点，就能在结构上环环相扣，层层深入。
- **主体的节奏：** 节奏是指演讲内容在结构安排上表现出的张弛起伏。演讲结构的节奏，主要是通过演讲内容的变换来实现的。演讲内容的变换，是在主题思想统领的内容中，适当地插入幽默、诗文、逸事等内容，以便听众的注意力既保持高度集中又不因为高度集中而产生兴奋性抑制。
- **主体的衔接：** 衔接是指把演讲中的各个内容层次联结起来，使之具有浑然一体的整体感。由于演讲的节奏需要适时地变换演讲内容，因而也就容易使演讲稿的结构显得零散。衔接是对结构松紧、疏密的一种弥补，使演讲稿富于整体感，有助于演讲主题的深入人心。演讲稿结构衔接的方法主要是在具有段落、层次联系的地方运用过渡段或过渡句。

（3）耐人寻味的结尾

演讲的结束语要求自然，言简意赅、耐人寻味的结尾能使听众精神振奋，并促使听众不断地思考和回味；而松散疲沓、枯燥无味的结尾则只能使听众感到疲乏，并随着时过境迁而将演讲内容彻底忘记。演讲的结尾没有固定的格式，或对演讲全文要点进行简明扼要的小结，或以号召性、鼓动性的话结束，也可以以诗文名言以及幽默俏皮的话结尾。但是不论何种结尾，不能在演讲的高潮处断然收尾，有头无尾的演讲不能给听众留下深刻的印象。

3.4.4 演讲的技巧

演讲是一门技术，更是一门艺术，需要掌握一定的技巧性才能使演讲更加成功，在听众中产生更大的影响和共鸣。现实中，一个人的演讲水平可以代表他的能力，口才好的人容易被人尊敬，足以说明演讲技巧在商务沟通中的重要地位。除了演讲稿的好坏，演讲的技巧可以归纳为如下几个方面。

1．讲究非语言沟通技巧

演讲要取得良好的效果就必须注重非语言沟通，非语言是指用来配合有声语言以表达思想、丰富感情的眼神、表情、姿态和动作。如果不在乎非语言沟通，或者非语言沟通的技巧生硬，就会使演讲变得无趣。

一般情况下，我们可以通过录像来观看自己演讲过程中的表现，这是提高姿势语言的有效方法——因为录像是不会撒谎的，它会显示你意识不到的一些动作、手势和面部表情等，让你明白哪里是需要改正的地方。

2．选取材料的技巧

要实现演讲的目的，关键在于演讲者和听众产生共鸣，为了达到这一目的，采用生动的例子或者就地取材，往往可以使听众觉得你说的是身边的事，就会不由自主地投入进来。演讲者在开始的时候就能使用涉及听众自身利益的话语，那听众就会竖起耳朵倾听。

3．掌控说话的语速和节奏

演讲都具有郑重性，语速和节奏使用适当才能使语言中肯有力、语调和谐自然。在演讲过程中需要强调某件事或某句话甚至是某个字，这就需要巧妙地运用停顿、重音等表现形式及时传达出其含义，吸引听众的注意力。如果讲的过快就会使重要的信息流失，不能更好地传达给听众，一味地抢速度，只能使对方感到你的轻浮，进而对你提供的信息产生怀疑。这样即使你提供的信息丰富，也不能为人们所接受，演讲也就毫无意义了。

3.5 » 会议

案例导入

一次出色的会议工作

佳运公司要召开2017年度总结大会，作为大会工作人员的小吴主要负责会议文件材料工作。会前小吴进行会议筹备有关信息的搜集，为会议议题的确定及会议材料的形成做好准备。年度大会的工作报告非常重要，包括一定时期的工作总结、体会或者经验，对目前情况的分析和下一步工作的思路、要求及具体措施等内容。为此，小吴有针对性地广泛搜集一段时间以来各方面工作的进展情况。

会议期间小吴认真做好会议记录，力求会议记录准确、完整，忠实发言人的原意，并进行会议发言录音和录像。为了使会议信息尽快传递给与会者，她及时编写会议简报，使会议达到良好的效果。会后小吴认真编写会议纪要，作为与会代表贯彻执行的依据，推动会议精神的贯彻落实，她还搜集会议期间所有文件材料，及时整理有关会议文件，为会议文件的归档打下基础。小吴在大会期间的表现赢得了大家的一致好评。

3.5 案例解析参考

【案例思考】

案例中，小吴在会议期间做了哪些事情让他受到了大家的褒奖？组织一次有效会议需要做哪些准备工作？

会议是群体或组织中相互交流意见的一种形式，它是一种常见的群体活动。会议是多人参与的，不是一个人或两个人的活动。另外，“会议沟通”是一种成本较高的沟通方式，沟通的时间一般比较长，常用于解决较重大、较复杂的问题。

3.5.1 会议的目的

根据不同的目的和要求，既可以将会议看作一个集思广益的过程，也可以当作一种信息传递的方式。会议也是向上沟通意见的途径之一，管理者可以借开会之机听取下属或员工的意见和建议。会议的目的可以概括为以下几个方面。

1．传达重要信息

传达重要信息是会议最基本的目的，与一般沟通中的信息传递不同，会议用于传达重要、重大的信息，如公司总结活动、重要报告等，或者公司管理者向下属传达政策和指示，同时管理者可以及时获得他们的反馈信息。部门与部门之间也可以横向沟通，实现资源和信息共享。

2．统一思想或行动

通过会议上的沟通交流、讨论，集思广益、取长补短，最终达到思想统一、信念一致，如项目建设思路的讨论、项目计划的讨论等。

3．解决重大问题

通过会议讨论沟通可以解决重大问题，如针对复杂的技术问题，讨论已收集到的解决方案、生产和销售的难点、公司的持续发展等。

4．澄清谣言

一些谣言的传播对公司有很大的负面影响，需要通过正式的会议从根本上解除误会、澄清谣言，因为当面解除误会、澄清谣言是最有效的方法。

5．工作动员

工作动员需要通过会议落实到每个工作参与者，激励员工的斗志和激情。如当公司接到大的订单，领导层通过会议激励员工的工作投入热情。

3.5.2 会议的组织

一个完整的会议包括会前、会中和会后3个阶段。相对应地，一次有效会议的组织需要做好会前准备工作、会议过程控制和会后的善后工作。

1．会前准备

会议的成功与否，与会议开展前的准备工作是否充分有很大的关系。会前准备的详细情况如下。

（1）确定会议的目标

一般，企业常见的会议主题有两类：一是解决工作中出现的问题；二是分析将来工作中可能会遇的问题。一旦明确了会议的主题，就应当设置一个具体的目标。

（2）组织与会成员，明确工作职责

要保证会议的质量，需要根据会议主题选择具有丰富经验的相关人员，并明确相关人员的工作职责，才能使会议顺利进行，商讨出有效的解决方案。

（3）发出会议通知

会议通知包含会议名称、内容、会期、时间、地点、与会人员范围。

（4）印制会议日程

组织会议需要印制会议日程，编排好会议程序，制定注意事项。一次会议讨论的问题不宜太多，讨论的时间也不宜太长。

（5）准备会议文件，分发预览资料

会前应就会议议题收集和整理相关资料，并在会前分发给与会者，使大家事先有准备。

（6）会场布置

会场布置要充分体现会议气氛。详细内容包括：悬挂会标、徽记、旗帜；设置主席台，落实主席台领导，安排座次，设置发言席；确定会议桌摆放形式，明确划分会场区域；保证照明、通风、录音、录像、空调设备齐全有效等。

（7）后勤服务工作

大型会议要对与会人员的食宿、用车、医疗保健、文化娱乐、安全保卫等做出细致安排。同时，要做好会议发言、投票、发奖、集体照相等方面的准备工作。

知识点拨

一些大型会议、特殊会议还要求印制会议凭证。如出席证、列席证、工作证、就餐证、请柬等。

2．会议过程的控制

会议是一件耗时耗力的事情，能否顺利进行会议，在很大程度上取决于主持人对会议的节奏和方向的把握。

具体来看，可按以下步骤来控制会议进程：宣布会议的主题和目的；根据会议议程顺序提出议题，然后征求与会者的意见；给予每个人阐述观点的机会；控制讨论进程，如果发生与议题无关或深入到不必要的细节时，应该及时引导到议题本身。

3．会后工作

会议的完成并不意味着会议工作的结束。为了贯彻会议精神，执行会议决议，应下发会议记录或会议简报，并要求会议记录准确无误，决议要突出任务责任人姓名、时间及验收标准，同时对执行工作进行监督和检查。

3.5.3 会议成效的影响因素

会议沟通是群体沟通的一种主要方式，影响群体沟通绩效的因素也决定着会议的成效，就会议本身而言，影响会议效果的因素可归纳为以下几点。

- **时间不当：**会议的时间安排不合理，导致准备不充分，或是与多数会议参与者的工作时间冲突。
- **会议目的不明确：**与会者不清楚会议议题，导致讨论不着边际，或是会议持续太久，本该一小时完成的会议，却花费两个小时，导致与会者过于疲劳，并产生厌烦情绪。
- **简单问题复杂化：**简单的问题复杂化是会议最为忌讳的，本来三言两语就能解决问题，却要与参会者反复讨论，不仅费时间，而且使问题更复杂，引出很多不必要的矛盾或冲突。
- **发言者过于健谈：**所谓物极必反，一场会议没有人积极发言，那么会议无法取得成功。相反，一些发言者过于积极，一有机会就滔滔不绝，甚至东拉西扯，不仅会导致会议南辕北辙，也会使其他与会者产生不良情绪。

3.5.4 有效会议的策略

根据会议沟通的特点和影响会议的因素，我们可以采取相应的策略来克服会议的影响因素，使会议顺利开展，达到会议目的并落实会议成果等。有效会议的策略可以概括为如下几点。

- **避免形式主义：**会议切记不能走形式，只有在需要多方协商、有较多信息需要在一定范围内迅速传达或是解决重大的问题的情况下才召开会议，不能好大喜功，三天两头地召开会议，讨论一些琐碎事务耽误大家的时间。
- **明确会议的目的和目标：**明确会议的目的和目标是会议沟通中再三强调的，可以用书面的形式将会议的目的和目标记录下来，或者在会议召开之前，以备忘录的形式提前通知与会者，以便他们有充足的准备时间。
- **选择合适的与会者：**会议的每个参与者都会对会议效果产生影响，也都有责任保证会议顺利完成，此时，会议就需要邀请能够起到积极作用的相关人员，避免邀请缺乏主见、优柔寡断的相关者。
- **控制好会议进程：**控制好会议进程是保证会议成效的重要手段，要严格按照议事日程上的安排按时召开和结束会议。
- **分发会议简报：**分发会议简报是重要的会后工作，务必在会议结束的一天之内将会议简报分发下去。会议简报需列出所做出的决策、要求采取的主要措施以及实施的具体日期和具体负责人。

本章小结

本章主要介绍了常用的沟通渠道，如面谈、电话沟通、网络沟通、演讲和会议等沟通方式，包括各种沟通方式的优缺点、应用范围、沟通准备工作和沟通中的技巧以及注意事项等内容。

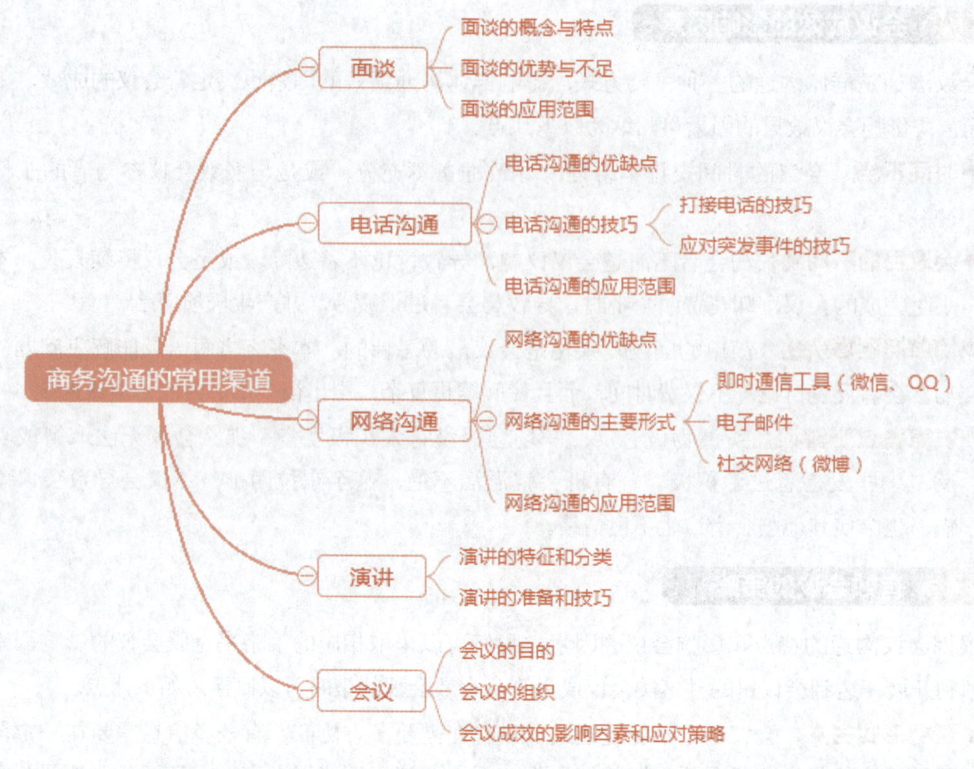

综合练习

一、单项选择题

1. 一般来讲，人们使用的和有效的主要沟通方式是（　　）。

A. 电话　　B. 演讲　　C. 面谈　　D. 会议

2. 一般来讲，哪种情形下最适宜取下听筒接电话？（　　）

A. 响铃开始　　B. 响铃 2 声后　　C. 响铃 5 声后　　D. 响铃 10 秒后

3. 通过微信进行信息传递属于（　　）。

A. 面谈　　B. 电话沟通　　C. 网络沟通　　D. 会议沟通

4. 下列哪一项不是演讲语言结构中的内容？（　　）

A. 开场　　B. 主体　　C. 结尾　　D. 屏幕

二、多项选择题

1. 电话沟通的优势包括（　　）。

A. 控制信息流量　　B. 避免语言尴尬　　C. 实时沟通　　D. 简便经济

2. 网络沟通的优势包括（　　）。

A. 形式多样化　　B. 不受时间、地域限制

C. 免于信息遗漏　　D. 范围广

3. 下面哪些情景适宜面谈？（　　）

A. 企业管理中正式的会话　　B. 有针对性地解决重大问题

C. 第一次建立合作关系　　D. 大型商务谈判

4. 按演讲的目的划分，演讲可以分为（　　）。

A. 传授性演讲　　B. 说服性演讲　　C. 鼓动性演讲　　D. 娱乐性演讲

5. 影响会议成效的主要因素包括（　　）。

A. 时间不当　　B. 目的不明确

C. 简单问题复杂化　　D. 发言者过于健谈

三、问答题

1. 比较面谈、电话沟通和网络沟通的优缺点。
2. 比较面谈、电话沟通和网络沟通的适用情景。
3. 简述电话沟通打接电话的技巧。
4. 简述演讲具有哪些特征。
5. 简述演讲的准备工作。
6. 简述如何展开会议组织工作。

四、案例分析

研发部梁经理才进公司不到一年，工作表现颇受主管赞赏，不管是专业能力还是管理绩效，都获得了大家的肯定。在他的缜密规划之下，研发部一些拖延已久的项目，都在积极的推行当中。

上级领导李副总发现，梁经理到研发部以来，几乎每天加班。他经常第二天来看到梁经理电子邮件的发送时间是前一天晚上10点多，接着甚至又看到当天早上7点多发送的另一封邮件。这个部门下班总是梁经理最晚离开，上班第一个到。但是，即使在工作量吃紧的时候，其他同人似乎都准时走，很少跟着他留下来。平常也难得见到梁经理和他的部属或是同级主管进行沟通。

李副总对梁经理怎么和其他同事、部属沟通工作觉得好奇，开始观察他的沟通方式。原来，梁经理部是以电子邮件交代部署工作。他的属下除非必要，也都是以电子邮件回复工作进度及提出问题。很少找他当面报告或讨论。对其他同事也是如此，电子邮件似乎被梁经理当作和同人们合作的最佳沟通工具。

但是，最近大家似乎开始对梁经理这样的沟通方式反应不佳。李副总发觉，梁经理逐渐失去了向心力，部属除了不配合加班，还只执行交办的工作，不太主动提出企划或问题。而其他各主管也不会像梁经理刚到研发部时，主动到他房间聊聊，大家见了面，只是客气地点个头。开会时的讨论，也都是公事公办的味道居多。

这天，李副总刚好经过梁经理房间门口，听到他打电话，讨论内容似乎和陈经理业务范围有关。他走到公司另一个部门的陈经理房间外，刚好陈经理也在说电话。李副总听谈话内容，确定是两位经理在谈话。之后，他找了陈经理，问他这是怎么一回事。明明两个主管的办公房间就在隔壁，为什么不直接走过去说说就好了，竟然是用电话谈。

陈经理笑答，这个电话是梁经理打来的，梁经理似乎比较希望用电话讨论工作，而不是当面沟通。陈经理曾试着要在梁经理房间谈，而不是电话沟通，梁经理不是在最短的时间内结束谈话，就是眼睛还一直盯着计算机屏幕，让他不得不赶紧离开。陈经理说：几次以后，他也宁愿用电话的方式沟通，免得让别人觉得自己过于热情。

了解这些情形后，李副总找梁经理聊了聊，梁经理觉得：效率应该是最需要追求的目标。所以他希望用最节省时间的方式，达到工作要求。李副总以过来人的经验告诉梁经理，工作效率重要，但良好的沟通绝对会让工作顺畅许多。

案例思考

1. 案例中主要涉及了几种沟通方式？

2. 梁经理使用电子邮件与公司同事沟通，前期效果明显，但是一段时间后却出现了负面作用，是什么原因导致了这种情况的发生？

第3章 案例思考解析

第1篇 沟通篇

第4章 商务沟通的表达方式与技巧

【学习目标】

- ◆学会运用口头表达的语言艺术
- ◆掌握口头表达常见的问题与解决方法
- ◆了解倾听的主要障碍
- ◆掌握有效提高倾听效果的方法
- ◆掌握人体语言使用技巧
- ◆掌握文化差异的应对策略
- ◆了解各国商务礼俗与禁忌

4.1 » 口头表达

案例导入

热心办“坏事”

顾客上午买了一条裤子，回家后发现尺码不合适，于是下午拿到当时购买的柜台前要求更换。在她跟该柜台的促销员说明情况后，该促销员还未来得及答复，隔壁柜台一位促销员听到后马上说道：“不行，公司规定没有质量问题的是不能退换货的。”听到这话后，顾客大动肝火，大声说：“我今天非要退不可！”柜台的促销员看到顾客生气了，马上一边耐心地向顾客解释，一边给顾客换了货。可换了货后，顾客还是觉得不解气，一直大声吵嚷着，害得该柜台的促销员左右不是。事后那位促销员一脸委屈地说：“这个顾客刚走进来我就知道她有事，因为我的对班跟我交代过，所以我就很热情耐心地接待了她，但一听到旁边的促销员帮腔，她就火了。”

扫一扫

4.1 案例解析参考

【案例思考】

本来能够轻易解决的事情，为什么反而让矛盾升级？

口头表达是指用口头语言来表达自己的思想、情感，以达到与人交流的目的的一种沟通方式，其核心是语言的描述和表达。面谈也好，电话沟通也罢，无论使用什么样的沟通渠道，都离不开口头表达。要想实现沟通的目的，达到完美的沟通效果，首先需要具备有效的口头表达的能力。

4.1.1 口头表达的基本要求

管理大师德鲁克曾经说过：“沟通不是你在说什么，而是别人理解你说什么。”即沟通不在乎你说的是什么，而是你说的内容是否容易让对方理解，由此可知，让对方理解是沟通交流的前提，在商务沟通中，进行口头表达就要求信息发送者的语言表达准确、清晰、简洁和生动。

- **准确：**语言表达准确主要是指遣词造句不要模棱两可，词不达意。如果发送的信息有误，就会有误导之嫌，让对方产生警觉，甚至可能产生相反的行动；如果提供的信息不够充分，就会导致对方暂时搁置或不会产生你期待的回应，使你的愿望落空。
- **清晰：**清晰的表达是沟通必不可少的条件，即使语言表达准确，逻辑不清晰，对方也无法进行准确理解，因此，信息发送者在沟通时思路应该清晰，确保有效地组织语言顺序。
- **简洁：**每个人的时间、精力是有限的，没有人喜欢不必要的、烦琐的沟通，因此要求沟通者在进行口头表达时，语言简洁、言简意赅。但是简洁不等于简单，要在清晰的基础上追求简洁，追求以少量的话传递大量的信息。更不能在内容上省略重要信息，而应该字字珠玑，每个字、每个句子都说到关键点，把事务中最本质的东西提炼出来进行表达。
- **生动：**事实证明，语言越生动，越能让人记住，同时也越能增加说服力和感染力。为了使语言生动，一方面，沟通者可以入乡随俗，使用当地语言，添加幽默、风趣的表达方式；另一方面，可以通过语气和语调进行调节，如使用感叹词，注意语言间隙的停顿，掌握语速的快慢，并赋予声音感情色彩。

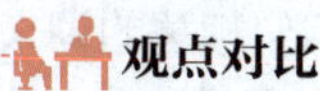观点对比

言行在于美，不在于多。

——梁元帝

说话周到比雄辩好，措辞适当比恭维好。

——培根

语言本身蕴含着巨大的能量，是可以帮助解决情感表达问题的。

——雅科布松

声调运用所以具有意义，不是为了嘹亮地唱歌，漂亮地谈吐，而是为了准确、生动、有力地表达自己的思想感情。

——马卡连柯

4.1.2 口头表达的语言艺术

无论是日常的人际交流，还是在商务活动中，语言艺术都渗透到每次沟通的参与环节。沟通过程中，遇到一些矛盾，处于顾此失彼、难以两全的境况，语言表达的艺术性在这里将会淋漓尽致地体现出来。例如，既想拒绝对方的要求，又不想伤害他的自尊心；既不想说违心之言，又不想直接顶撞对方……，这些情景下，必然需要沟通者使用艺术性的语言表达来“化险为夷”。

艺术性的语言表达方式实际上体现了语言表达的技巧性，它能帮助沟通者在各种情形下，使用不同的语言表达艺术缓解各类矛盾。举一个生活中的小例子，一对夫妻，平常妻子做饭，丈夫洗碗，当丈夫不愿意洗碗时，他不是直接告诉妻子，而是对妻子说：“你做饭太辛苦了，我们出去吃吧。”这就是对语言艺术性最生动形象的注解。

语言艺术看似与准确、清晰的基本表达要求相悖，实际上它是准确和清晰的延伸和发散，如同样是表达拒绝的信息，可以是直截了当的拒绝，也可以是委婉含蓄的拒绝。当然，语言艺术的应用因人、因事、因时、因地而异，没有绝对适用任何情况的方法。这里介绍一些常用的语言艺术方法，帮助大家举一反三、发散思维，应用到具体的沟通事宜中。

1．量体裁衣——语言应用合乎身份、场合

俗话说：“对什么人说什么话。”这是语言艺术最初级的体现，即在沟通时需要看准沟通的对象，掌握说话的分寸。因为，通常在沟通中，交流是双向的，既有说的一方，也有听的一方。因此，说的人就不能一厢情愿、任意妄为地想说什么就说什么，而要从对象的身份、地位、年龄、职业、思想、性格等不同特点出发，说恰当的话。

沟通的场合主要指沟通的氛围，如喜庆、哀伤，或庄重、轻松，等等。在这种情况下，语言表达要与环境气氛相协调。在喜庆的场合谈令人伤感的话，在庄重的氛围中讲笑话，都是不得体的表现。在特定的沟通氛围中，能说什么，不能说什么；说什么好，说什么不好，一定要区分好。

2．委婉表达语意

委婉表达可以理解为与直接语或禁忌语相对应所使用的语言表达方式。在沟通中，往往存在一些不便、不忍或不雅等原因而不能直说的事和物，或对方存在接受正确意见的情感障碍，迫使表达者不直说本意，而选用具有与直接语所指或含义相同的“说法”来替换表达，使自己的意见被接受。下面列举一些常见的情形。

◆**用相似相关的语言取代本意：**有些事物或现象，人们从不便、不愿直说，习惯上必须用婉言。如人们避讳说“死亡”，常用“老了”“逝世”“离开了”等其他相似相关的词来替代本意。

◆**用象征手法表达本意：**如对于某些疾病、生理缺陷等，可借用象征手法表达或暗示本意。如对跛子讲客气，说“你腿不方便，请先走！”；某人长得胖，可以用“发福”“富态”来形容。

◆**用婉言表示谦虚：**人们在沟通交际中说到自己，常用婉言表示谦虚。如把自己的意见说成“不成熟的意见”，把自己突出的成绩说成“我做得还不够”，等等。

◆**用祈使句表示商量：**要求别人做某事，常用祈使句表示商量的语气。如向别人借某物，可以说：“请把它借给我用一下，行吗？”

◆**用婉言表示批评：**批评别人，害怕伤害他的自尊心，常用婉言表示批评，缓和语气，以免对方产生抵触或失落情绪。如“你处理这件事情的方法有些欠妥，我认为你应该认识到其中的错误了。”

◆**用语气词软化语气：**用语气词软化语气能够使情景产生巨大反差，如“你不要讲理由！”“你不要讲理由嘛！”“我们一起去！”“我们一起去吧！”，显然后者的表达更加能让人接受。

◆**用推托之词行拒绝之实：**当别人要你干你所不愿意干的事时，你可以用别的理由婉言推辞。如别人请你去吃饭，你不想去，可以说：“对不起，我今天很忙，改天去吧。”，或别人请求你的事情你无法办到，可以说：“目前，这件事情比较难办，我留意着，今后再说吧。”，委婉的拒绝，能够避免让对方产生不快。

◆**用个人感受取代直接的否定：**如把“我认为你这种做法不对”用“我不认为你这种做法是对的”，把“我觉得你这样说不好”用“我不认为你这样说好”来取代。

3．语言行为中的幽默艺术

幽默是思想、学识、品质、智慧和机敏在语言中综合运用的成果。幽默语言是运用意味深长的诙谐语言抒发情感、传递信息，以引起听众的快慰和兴趣，从而感化听众、启迪听众的一种艺术手法，可以使激化的矛盾变得缓和，是创造融洽气氛、反击无理提问和开展善意批评的有效手段，同时还有自我解嘲的功用。

幽默手法丰富多样，没有固定的规律可循，它只是沟通的一种手段，来实现化解尴尬、缓解矛盾等作用。在运用幽默手法时，不必过分强求，运用必须自然。下面列举一些常见的幽默语言的运用方法和情形。

◆**借题发挥法：**借题发挥就是借用别人的话题进行发挥，以表达自己的意思。如，一个小孩看到一个陌生人的眼睛很小，马上大叫：“小眼睛”，小孩的父母感到很难为情。陌生人自嘲地说：“就叫我小眼睛叔叔吧！”大家都能由此一笑了之，陌生人巧妙地化解了尴尬。

◆**反语法：**正话反说，或反话正说，是用与词语本义恰恰相反的话来表达词语本义的一种方法。其特点是，说话时表面是一种意思，而实际所要表达的却是相反的意思。如，一位顾客买了一份盒饭，盒饭中沙子很多，店家歉意地问：“尽是沙子吧？”客人大度地回答：“不，其中也有米饭。”既批评了店家，也免除了矛盾升级。

◆**倒置法：**把事物的正常关系在特定条件下倒置过来，从而造成滑稽可笑的效果。倒置的表现形式是多样的，在一定的情景下有角色的倒置、事理的倒置、语言的倒置等等。一个人在公园歇息，脚边的背包被人踩到，对方连声道歉。这个人风趣地说："不，是我的背包放错了地方。"事情发生了，对方没有故意行为，也没有造成损失，双方便一笑了之。

◆**双关法：**双关，同一个词也可以表示不同的意义，利用这种词的同音或多义的条件，使一句话同时带有字面意思和字外意思。谐音双关和语义双关都是一语关顾表里两层含意，其中蕴含着的不直接说出来的含意是表意所在，既要含而不露，又要使人体会得到、寻味得出，不能造成误会或歧义。如诗句中"东边日出西边雨，道是无晴却有晴（情）"。

◆**寓庄于谐：**用诙谐幽默的语言来说明事理，使人在轻松和愉悦中感受其深刻的含义，这就是人们常说的寓庄于谐。使用幽默语言，可以在轻松的气氛下进行严厉的批评。例如，某商店主管在职工大会上说："要端正经营作风，加强劳动纪律，公私分明，特别是那些'甜蜜的事业'——糖衣柜台。"

趣味阅读

纪晓岚是历史上大名鼎鼎的人物，因为《铁齿铜牙纪晓岚》电视剧的热播，纪晓岚与和珅之间发生的故事可谓家喻户晓，在大家之间流传着这样一则笑话。

和珅：纪侍郎，纪大人，这是何物？是狼（侍郎）是狗？

纪晓岚：和尚书，和大人，这好办，看尾巴尖呀，下垂是狼，上竖（尚书）是狗，记住了，尚书是狗。

一旁的御史帮衬和珅：巧言舌辩！狼吃肉，狗吃屎，它吃肉，是狼（侍郎）是狗毫无疑问！

纪晓岚：狼性固然吃肉，狗也不是不吃，它是遇肉吃肉，遇屎（御史）吃屎，御史吃屎！

【解析】

纪晓岚通过词语的谐音，幽默地进行反击，让一旁的和珅和御史有苦难言。

4．模糊的语言表达技巧

模糊的语言表达技巧就是使输出的信息"模糊化"，以不精确的语言描述事物，使语言具有回转的余地和弹性。比如，一个人问你"A公司的产品好还是B公司的产品好？"，在不完全确知的情况下，可以回答："他们的产品不分伯仲"或"他们的产品各有特色"。又比如，别人问道："这份设计文案什么时候能够完成？"回答说："我想花费不多的时间便可完成。"用"不多"这一有伸缩性的概念取代精确的时间长短描述，既直接回避了尖锐的问题，也未失去真实性。

案例 4.1

售货员费尔南多在星期五傍晚抵达一座小镇。他没钱吃饭，更住不起旅馆，只好到教会室找执事，请他介绍一个能够提供食宿的家庭。

执事打开笔记本，查了一下，对他说："这个星期五，经过本镇的穷人特别多，每家都安排了客人，唯有开金银珠宝的西梅尔家例外。"

"他会接纳我的。"费尔南多十分自信地说，一会儿就来到西梅尔家。西梅尔一开门，费尔南多神秘兮兮地把他拉到一旁，从大衣口袋里取出一个砖头大小的沉甸甸的小包，小声说："砖头大小的黄金能卖多少钱呢？"

珠宝店老板眼睛一亮，可是，现在这个时候不能谈生意了。但老板又舍不得让这送上门的大交易落入别人的手中，便连忙挽留费尔南多在他家住宿，到明天日落后再谈。

于是，在整个安息日，费尔南多受到盛情的款待。到星期六夜晚可以做生意时，西梅尔满面笑容地催促费尔南多把"货"拿出来看看。

"我哪有什么金子?"费尔南多故作惊讶地说，"我不过想知道一下，砖头大小的黄金值多少钱而已。

【案例思考】

案例中费尔南多利用语境的模糊性实现了自己的目的。"砖头大小的黄金能卖多少钱呢？"，不是一定指"我这里有砖头大小的黄金，它能卖多少钱？"，可以是询问对方砖头大小的黄金值多少钱。

5．人性化的语言表达

语言人性化的最大特点是语言富有人情味，更加易于受众接受。如某运输公司的主管对驾驶员说："严禁违章驾驶，违者重罚。""希望大家遵守规章，平平安安上班，高高兴兴回家！"，第一句语言生硬，驾驶员听到后心里容易感到别扭，甚至抵触和反感。而第二句表达效果明显好于前一句，原因是语言表达委婉、富有人情味、易于接受。

4.1.3 口头表达的常见问题与解决方法

因为一些客观问题，或不良表达习惯，口头表达容易出现问题，而无论是客观或主观的原因导致口头表达出现问题，都可以找到相应的对策解决和克服问题。

1．口头表达的常见问题

口头表达的常见问题包括语速失调、语音不清、语言阻滞、话语干枯、语调沉闷、语态呆板等情形。

（1）语速失调

语速失调主要表现在如下几个方面。

- **口头表达中讲话过快：**造成口头表达中讲话过快的现象，一方面是受方言发音习惯的不良影响；另一方面则是当事人表达时紧张，连珠炮似的讲话令人不知所云。
- **讲话拖沓：**有的人在口头表达时，由于缺乏深思熟虑，边讲边想，说话断断续续。或思维与语速不搭，在句末习惯性地重复，如"今天我们召开工作总结会议，嗯，总结会议……"。

（2）语音不清

语音不清是指说话的声音被弱化、虚化，如最后一个字的字音消失；发音器官运动不到位造成的语音含混。

（3）语言阻滞

语言阻滞是指讲话不顺畅，吞吞吐吐，时常出现卡壳现象。有时是忘词了，讲了上句，不知下句；有时则是思维停滞，不知道接下来讲什么。

（4）语言干枯

话语干枯往往与沟通者掌握的词汇量有关，在口头表达中总是重复使用相同的词语翻来覆去地说，无法运用好同义词。

（5）语调沉闷

语调沉闷表现在沟通者进行口头表达时，讲话一成不变地使用一个声调或节奏，给人照本宣科读稿子的感觉，不能激发对方继续沟通的兴趣，无法引起对方的注意。

（6）语态呆板

人们在沟通的过程中，是非常注重情感交流的，如果在表达时只看稿子，面无表情，与听众没有眼神交流，只管自己唱独角戏，缺乏有效互动，或者没有手势语或手势单一，老是重复同一动作，是无法取得好的沟通效果的。

2．口头表达常见问题的解决对策

要解决和克服口头表达中出现的常见问题，主要是通过学习和训练实现。口头表达常见问题的解决对策可以总结为“读、写、看”。

- **读：** 读，是指阅读和朗读，通过阅读书籍、报刊等充实自己的词汇量，避免语言干枯，能够使用不同的词汇表达内容；朗读时要字正腔圆、字音到位，多进行朗读训练，可以克服说话不流畅的习惯，同时，在朗读练习的过程中，要投入自己的感情，控制好语速和节奏，讲究抑扬顿挫，使声音更富有吸引力，口齿清楚。
- **写：** 这里的写主要是指记录，具备充分的词汇量，在讲话前养成记录的习惯，开口前认真准备，避免语意不清造成话语重复的毛病。
- **看：** 看，包括观察自己和观察别人，观察别人可以学习别人在讲话过程中使用什么样的表情和肢体语言与听众交流；观察自己则是在朗读练习时，可以通过照镜子，看自己的面部表情和肢体语言有哪些不足，从而加以纠正或提升。

知识点拨

《论语·季氏》中，孔子讲了这样一句话：“侍于君子有三愆：言未及之而言谓之躁，言及之而不言谓之隐，未见颜色而言谓之瞽。”

意思是：“侍奉在君子旁边陪他说话，要注意避免犯三种过失：还没有轮到你说话的时候就说话，这是犯了急躁的毛病；该你说的时候你却不说，藏着掖着，这叫隐瞒；不揣摩君子的语言，观察君子的脸色而贸然说话，这叫作昏聩，睁眼瞎。”

4.2 » 倾听

霍尼韦尔的销售情商

以自动化控制系统、特种材料及交通和动力系统等产品闻名的世界500强企业霍尼韦尔（Honeywell）有一名杰出的销售经理。一次，他把目标锁定在了同为世界500强的荷兰帝斯曼

（DSM）化工，参与其工程项目的招投标。竞争异常激烈，客户方的负责人是一位资深留法化学博士，专业背景极其深厚，对供应商的挑选也十分谨慎、苛刻。几家候选供应商中，霍尼韦尔因其价格偏高，获胜机会已不大。

在客户的工作餐上，那位留法化学博士无意中说起了一件事：最近女儿一直缠着他要麦当劳的儿童玩具，而想得到这种外面买不到的玩具，顾客就必须在麦当劳点一份儿童套餐，但每天配额有限，先到先得。博士说自己因为工作忙脱不开身，没法满足女儿的心愿。

一段寻常的家事在霍尼韦尔的销售经理听来，却绝非寻常。当晚回到住所，他给自己团队的所有成员打电话，要他们明日一早到就近的各处麦当劳店排队，买儿童套餐，拿玩具（当时促销活动已近尾声，不是每家店都有玩具赠送）。人员不够，还专门雇人排队。

仅隔一天，霍尼韦尔的销售经理再次来到帝斯曼公司，亲手将排队得来的麦当劳玩具送到了前台转交，并没有惊动那位博士。几天后，当这位销售经理有机会再次与客户见面时，博士主动走上前来，拍了拍他的肩膀，微笑地说了一句：“谢谢你的玩具。”

结果，霍尼韦尔拿到了这笔订单。

4.2 案例解析参考

【案例思考】

案例中，为什么霍尼韦尔在竞争激烈的供应商中脱颖而出，成功拿到订单？

沟通中有“说话”的一方，就必然存在“倾听”的一方，因此倾听在沟通中占有重要的地位。但“倾听”不是单纯的“听”的行为，倾听是一种情感活动，也是一种能力，更是一种艺术。

4.2.1 倾听的概念与作用

倾听与听是两个互相联系而又存在区别的概念。听是人体听觉器官对声音的接受和捕捉，是人对声音的生理反应，是人的本能，带有被动的特征。而倾听是以听为基础，主动参与的一种情感活动，它不仅仅是耳朵能听到相应的声音，还需要通过面部表情、肢体语言和口头语言来回应对方，传递给对方一种你很想听他说话的感觉，因此我们说倾听是一种情感活动，在倾听时应该给对方充分的尊重、情感的关注和积极的回应。那么，倾听在沟通中具有什么作用？一般来讲，倾听的主要作用包括下面几个方面。

- **体现对别人的尊重：**一个人可以耐心地听别人说话，可以给对方满足感，激发对方的表达欲望。当一个人滔滔不绝的时候，一定是感觉很棒的时候，对方甚至可以把你当成值得信任的朋友。
- **充分地获取信息：**倾听可以获取更多的信息量。每个人表达信息的方式是不一样的，有的人喜欢开门见山，有的人则半天也说不到正题。如，经常有客户向我们提出各种问题、各种抱怨，但客户只是想找个对象倾诉和发泄一下，并没有具体目的。或者是由于个人在生活中心情不好，看什么都不顺眼，抓到什么就拿什么来说事。这些情况都需要我们用心地去倾听，只有这样我们才能掌握更多的信息，以便处理和解决问题。另外，倾听可以让说话者感到自己的话有价值，他们会乐意说出更多有用的信息，好的倾听者会促使对方更加灵活敏捷，产生更深入的见解。这往往会使双方都受益。

- **有助于反馈信息：** 倾听是获取信息的最基本手段，沟通中的大量信息需要通过倾听对方的叙述、说明来获得。而倾听的行为也可以向对方传递一定的信息。认真地听可以表明你对他的说明十分感兴趣，也能够充分理解他所表达的意思，同时，我们可以通过点头、微笑等非语言方式来辅助听的行为。

知识点拨

倾听包含倾听事实和倾听情感两个层面，倾听事实意味着能听清楚对方说什么。要做到这一点，就要求倾听者必须有良好的听力。与听事实相比，更重要的是听情感。在听清对方说事实时，还应该考虑对方的感受是什么，需不需要给予回应。

4.2.2 倾听的主要障碍

在倾听的过程中，如果人们不能集中自己的注意力，真实地接受信息，主动地进行理解，就会产生倾听障碍。但是，要完整而准确地理解对方的含义和意图并不容易，在沟通中，人们面临多种倾听的障碍，造成信息失真。一般而言，影响倾听效率的障碍来自环境、信息发送者和倾听者本身。

1．环境障碍

环境对人的听觉与心理活动有重要影响，环境中的声音、气味、光线以及色彩、布局，都会影响人的注意力与感知。布局杂乱、声音嘈杂的环境将会导致信息接收的缺损。

环境障碍主要表现在两方面：一方面是干扰信息的传递过程，造成信息信号消减或歪曲；另一方面是影响倾听者的心境。有一个常见的现象，通常在会议上领导者不能真实地获取下属的意见和感受，但是，在饭桌上，员工往往能畅所欲言，随心所欲地谈自己切身的想法和感受，因为在饭桌上的环境更加舒适随意，而不像会议室给人逼迫、拘束的感觉。

2．信息发送者障碍

信息发送者障碍主要是因为发送者本身传递的信息质量不高。双方在试图说服、影响对方时，并不一定总能发出有效信息，有时会有一些过激的言辞、过度的抱怨，甚至出现对抗性的态度。现实中我们经常遇到满怀抱怨的顾客、心怀不满的员工、剑拔弩张的争论者，在这种场合，信息发出者受自身情绪的影响，很难发出有效的信息，从而影响倾听的效率。

信息低下的另一个原因是，信息发出者不善于表达或缺乏表达的愿望。例如，当人们面对比自己优越或地位高的人时，害怕“言多必失”以致留下坏印象，因此不愿意发表自己的意见，或尽量少说。

3．倾听者主观障碍

由于倾听者的理解能力和态度的不同，会对倾听行为产生障碍，主要表现为以下几方面。

- **个人偏见：** 即使是思想最无偏见的人也不免心存偏见。比如，有的人以貌取人，对自己不喜欢的人心存偏见，不信任对方，就不会认真倾听；有的人则会对不同性别、不同地区、不同人群心存偏见，对他们的能力、知识等产生怀疑。因此，沟通中的背景多样化时，倾听者的最大障碍就在于自己对信息传播者的偏见，而无法获得准确的信息。
- **先入为主：** 先入为主在行为学中被称为“首因效应”，它是指在进行社会知觉的过程中，对象最先给人留下的印象，对以后的社会知觉发生重大影响。也就是我们常说的，第一印象往往决定了将来。人们在倾听过程中，对对方最先提出的观点印象最深刻，如果对方最先提出的观点与倾听者的观点大相径庭，倾听者可能会产生抵触的情绪，而不愿意继续认真倾听下去。

- **以自我为中心：**人们习惯于关注自我，总认为自己的观点、思想才是对的。在倾听过程中，过于注意自己的观点，喜欢听与自己观点一致或相近的意见，对不同的意见往往置若罔闻，这样无疑错过了聆听他人观点的机会。

案例 4.2

美国著名主持人林克莱特一天访问一名小朋友，问他：“你长大了想当什么呀？”小朋友天真地回答：“我要当飞机驾驶员！”林克莱特接着问：“如果有一天，你的飞机飞到太平洋上空，所有引擎都熄火了，你会怎么办？”小朋友想了想说：“我先告诉飞机上的人绑好安全带，然后我挂上我的降落伞，先跳下去。”当现场的观众笑得东倒西歪时，林克莱特继续注视着这个孩子，没想到，接着孩子的两行热泪夺眶而出，这才使林克莱特发觉这孩子的悲悯之情远非笔墨所能形容。于是林克莱特问他：“为什么要这么做？”小孩子的回答透露出一个孩子的真挚想法：“我要去拿燃料，我还要回来！我还要回来！”主持人与众不同之处，在于他能够让孩子把话说完，并且在现场观众笑得东倒西歪时，仍保持着倾听者应该具有的亲切、平和及耐心，让林克莱特听到了这名小朋友最善良、最纯真、最清澈的心语。

【解析】

案例中，当听到孩子说“我先告诉飞机上的人绑好安全带，然后我挂上我的降落伞，先跳下去”，现场的观众认为这个孩子很自私，只管自己，他们用所谓的经验和意识来判断孩子那份天真无邪善良的心，而主持人林克莱特耐心倾听、不轻易下结论，“为什么要这么做”一句简单的反问，让孩子有机会道出内心真实的想法和最真挚的感情，可见，学会倾听是多么的重要。

4.2.3 有效提高倾听的效果

为了克服倾听的障碍，提高倾听的效果，获得高质量的信息，需要掌握倾听的常用方法和技巧。

- **创造有利的倾听环境：**尽量选择安静的环境，使传递者处于身心放松的状态。
- **专心地听：**关注中心问题，不要使你的思维迷乱。通过非语言行为，如眼睛接触、某个放松的姿势、某种友好的脸部表情和宜人的语调，建立起一种积极倾听的氛围。如果你表现得留意、专心和放松，对方会感受到重要性和安全感。
- **以关心的态度倾听：**以关心的态度倾听像一块共鸣板，让说话者能够试探你的意见和情感，同时觉得你是以一种非裁决的、非评判的姿态出现的。不要马上就问许多问题，不停地提问给人的印象像是受到“拷问”。
- **不宜过早做出结论或判断：**人们往往容易立即得出结论，当你心中对某事已做了判断时，就不会再倾听他人的意见，沟通就会被迫停止。保留对他人的判断，直到事情清楚、证据确凿，臆测几乎总是会引导你远离你的真正目标。要保持倾听的耐心，让对方讲述完整，不要打断他的谈话，并且抑制争论的念头。注意你们只是在交流信息，而非辩论，争论对沟通没有好处，只会引起不必要的冲突。

- **避免先入为主**：避免先入为主，不要以自我为中心。以个人态度投入一个问题时往往导致自己有意地筛选信息，无法获得完整和客观的实际信息，或者使你过早地下结论，显得武断。在沟通中，要把注意力集中在对方身上，才能够进行倾听，不太注意别人，这容易造成倾听过程的混乱和矛盾。
- **积极反馈**：反馈你认为对方当时正在考虑的内容。总结说话者的内容以确认你完全理解了他所说的话。
- **善于使用口语**：使用简单的语句，如“呃”“噢”“我明白”“是的”或者“有意思”等，来认同对方的陈述。通过说“说来听听”“我们讨论讨论”“我想听听你的想法”或者“我对你所说的很感兴趣”等，来鼓励说话者谈论更多内容。
- **学会做笔记**：做笔记不但有助于聆听，而且有集中话题和取悦对方的优点。如果有人重视你所说的话并做笔记，会给人受宠若惊的感受。

4.3 » 非语言沟通的有效表达

案例导入

不被理睬的老李

小王是新上任的经理助理，平时工作主动积极，且效率高，很受上司的器重。那天早晨小王刚上班，电话铃就响了。为了抓紧时间，她边接电话，边整理有关文件。这时，有位姓李的员工来找小王。他看见小王正忙着，就站在桌前等着。只见小王一个电话接着一个电话。最后，他终于等到可以与她说话了。小王头也不抬地问他有什么事，并且一脸的严肃。然而，当他正要回答时，小王又突然想到什么事，与同室的小张交代了几句。这时的老李已是忍无可忍了，他发怒道：“难道你们这些领导就是这样对待下属的吗？”说完，他愤然离去。

4.3 案例解析参考

【案例思考】

案例中，问题主要出在谁的身上？如何改进其非语言沟通技巧？

按照使用的信息载体和传递渠道进行区分，沟通可分为语言沟通和非语言沟通。因此，人与人之间的交流和沟通，并非仅仅只局限于通过语言和文字这种单一的沟通方式来进行，而是更多地利用大量非语言文字的形式来进行信息文化之间的交流、沟通、传播。

所谓非语言沟通就是指通过非言论、文字、符号的形式进行交流的一种沟通方式。非语言行为则包括表情、眼神、手势、身体移动、姿势、衣着以及肢体接触和时间观念等。

4.3.1 非语言沟通的作用

人们在日常生活、工作、交流、学习中，往往会发现，在某些时候，非语言沟通这种交流方式是可以起到普通语言文字所无法达到的效果和作用的。一个人的动作、表情、语调、眼神等都可以起到说话或传情达意的作用，所以说，非语言沟通不仅是利用语言及文字进行信息交流沟通的一种补充形式，也是一种人与人之间的心理沟通方式，更是人类情绪和情感的表达。总体来讲，非语言沟通的作用可以归纳为如下几个方面。

- **重复或加深印象：** 使用非语言沟通符号可重复语言所表达的意思或加深印象。如人们使用自己的语言沟通时，附带有相应的表情和其他非语言符号。比如，我们在称赞某人的同时，点头或露出赞许的目光以示肯定。在完成提问后，我们往往会停顿下来，并使用询问的表情进行暗示。
- **替代语言：** 在某些特定环境下，通过非语言符号能够起到替代有声语言的作用，如当某人向你借东西时，可以通过点头表示许可；当别人询问你他处理事情的方法是否正确时，可以竖起大拇指，表示认可、称赞。
- **辅助语言：** 非语言符号作为语言沟通的辅助工具，使语言表达得更准确、有力、生动、具体。这种情况，在跨语言沟通时表现得非常具体，如遇到无法用对方的语言表述某些事物时，用肢体语言进行辅助表达。
- **表达超语言意义：** 在许多场合非语言要比语言更具有雄辩力。高兴的时候开怀大笑，悲伤的时候失声痛哭，当认同对方时深深地点头，都要比语言沟通更能表达当事人的心情。这就是足球、篮球等赛场上比赛选手通过夸张的动作表达自己的激情或不满情绪的原因。

4.3.2 人体语言使用技巧

在沟通中，应该具备丰富的无声语言知识。在沟通过程中，掌握非语言沟通的技巧，不仅能够帮助自己更充分地表达观点，没有障碍地与对方交流思想、情感，还能够洞察对方的心理活动，捕捉对方的内心世界。在进行沟通的过程中人体语言总是伴随着有声语言出现，它包括手势语言、姿态语言、面部表情、肢体接触等形式。

1．手势语言

手势在人类的非语言沟通中起着重要作用，它是人们相互沟通的有效手段之一。在沟通中常见的手势语言有如下几种情形。

- **手掌语：** 常见的掌语有两种，分别是掌心向上和掌心向下。前者表示诚实、谦逊和屈从，不带任何威胁性；后者则是压制、指示的表示，带有强制性，容易使人产生抵触情绪。
- **背手：** 有地位的人都有手握手的背手习惯，显然，这是一种表示至高无上、自信甚至狂妄态度的动作语言。背手还可以起到“镇定”作用，双手背在身后，表现出自己的“胆略”。若双手背在身后，不是手握手，而是一手握另一手的腕、肘、臂，则成为一种表示沮丧不安并竭力自行控制的动作语言，暗示了当事者心绪不宁的被动状态。并且，握的部位越高，沮丧的程度也越高。
- **搓手：** 搓手，正如成语“摩拳擦掌”所形容的跃跃欲试的心态，是人们表示对某一事情结局的一种急切期待的心情。运动员起跑前搓搓手掌，就是期待胜利的表现。
- **挠头：** 沟通中出现挠头的情形，说明对方犹豫不决，感到为难。
- **食指伸出：** 食指伸出，其余手指紧握，呈指点状，表示训斥、镇压，带有极大威胁性，这种情形容易让人生厌。

2．姿态语言

姿态语言是指姿态动作传递出的暗示信息。常见的姿态语言有如下几种情形。

◆**点头：**点头可以表示多种含义，有表示赞成、肯定的意思；有表示理解的意思；有表示承认的意思；还有表示事先约定好的特定暗号；等等。在某些场合，点头还表示礼貌、问候，是一种优雅的社交动作语言。

◆**摇头：**摇头一般表示拒绝、否定的意思。在一些特定背景环境下，轻微摇头还有沉思的含义或不可以、不行的暗示。

◆**双手搂头：**将双手交叉，十指并拢，搂在脑后，这是一种典型的高傲动作，表示他有权威、占优势或对某事抱有信心。这种动作也是一种暗示所有权的手势，表明当事者对某地某物的所有权。如若双手（或单手）支撑着脑袋，或是双手握拳支撑在太阳穴部位，双眼凝视，这是常见的正在思考的姿态。

◆**耸肩：**耸肩的动作在国外使用较普遍。由于受到惊吓，一个人会紧张得耸肩膀，这是一种生理上的动作。另外，耸肩膀还有随你便、无可奈何、不理解等含义。

◆**抖脚和跺脚：**抖脚表明轻松、愉快；跺脚表明焦躁或愤怒，但在兴奋时也会跺脚。

◆**并腿和分腿：**交谈中，经常保持并腿直立或前倾的姿势，这意味着谦恭、尊敬，自觉地位低下；双膝分开，并不时上身后仰，表示充满信心，自觉地位优越。

◆**综合体态：**这种体态不仅有手、臂、腿的动作，还伴随其他道具的使用动作，如吸烟、戴眼镜、服饰等。例如，有些人在某种场合摘下眼镜，很快或有意强调地把眼镜抛在桌子上，这充分表达了他难以抑制的不满情绪；点上烟后很少抽，说明戒备心重，一根接一根地抽则说明内心紧张、不安。

3．面部表情

沟通中，面部表情是十分丰富的，表达的含义也是多种多样的。面部表情语言主要包括眼、嘴、眉、脸等部位在沟通时所表示的特定含义。

◆**注视：**眼睛是心灵的窗口，它可以传神地表达出一个人的内心感情。只有相互注视到对方的眼睛时，彼此的沟通才能有效建立。洽谈业务、磋商交易和贸易谈判时，眼睛应看着对方额上的三角地区（以双眼为底线，上角顶到前额）。注视这个部位，显得严肃认真、有诚意。在交谈中，如果目光总是落在这个三角部位，能够把握谈话的主动权和控制权。

◆**瞥视：**轻轻一瞥用来表达兴趣或敌意。若加上轻轻地扬起眉毛或笑容，就表示兴趣；若加上皱眉或压低嘴角，就表示疑虑、敌意或批评的态度。

◆**眨眼：**在一秒钟之内连眨几次眼，是神情活跃、对某物感兴趣的表示，有时也可以理解为由于怯懦羞涩、不敢正眼直视而不停眨眼；时间超过一秒钟的闭眼则表示厌恶、不感兴趣，或表示自己比对方优越，有蔑视或藐视的意思。这种把别人扫出视野之外的做法很容易使人厌恶，难以实现有效沟通。

◆**嘴：**嘴在说话时，扮演着重要的角色。但在做出身体语言时，嘴的表情是通过口型变化来体现的，鄙视时嘴巴一撇；惊愕时张口结舌；忍耐时紧咬下唇；微笑时嘴角上翘；气急时嘴唇发抖等。

◆**眉：** 虽然眉目在交流的过程中容易被忽略，但在沟通过程中也扮演着重要的角色，如果眯起双眼，眉毛稍稍向下，那就表示已陷入沉思之中；当眉目扬起时，可能是一种怀疑的表情，也可以表示心情兴奋。

◆**脸：** 人们在认真地对待某事时，会微蹙额头；如果脸部肌肉放松，则表明遇到了令人高兴的事情。

4．肢体接触

肢体接触是指沟通双方通过身体某一部分的接触来传达或交流信息的行为。它使用的形式多样，并且富有强烈的感情色彩及文化特色，最常见和典型的应用是握手、拍肩膀和拥抱等。由于肢体接触行为亲密，容易产生敏感的反应，特别在不同的文化背景中，肢体接触行为有其不同的含义，因此，在沟通中要谨慎地对待。如，外国人通过拥抱表示礼貌、好感，而中国人是不能接受的；在国内，拍肩膀表示亲密、友好，而在有些国家，拍肩膀是一种不礼貌的行为。

4.4 » 多样性文化的沟通事宜

案例导入

不愿正面回答的员工

飞利浦照明公司某区人力资源的一名美国籍副总裁与一位被认为具有发展潜力的中国员工交谈。他很想听听这位员工对自己今后五年的职业发展规划以及期望达到的位置。员工并没有正面回答问题，而是开始谈论起公司未来的发展方向、公司的晋升体系，以及目前他本人在组织中的位置等，说了半天也没有正面回答副总裁的问题。副总裁有些疑惑不解，没等他说完已经不耐烦了。同样的事情之前已经发生了好几次。谈话结束后，副总裁忍不住向人力资源总监抱怨道："我不过是想知道这位员工对于自己未来五年发展的打算，想要在飞利浦做到什么样的职位而已，可为什么就不能得到明确的回答呢？""这位老外总裁怎么这样咄咄逼人？"谈话中受到压力的员工也向人力资源总监诉苦。

4.4 案例解析参考

【案例思考】

案例中，员工并没有正面回答问题的原因是什么？

多样性文化沟通，即跨文化沟通，通常指国际间不同文化背景的人之间发生的沟通行为。跨文化沟通主要包含3个要素：跨文化沟通发生的前提是文化差异，跨文化沟通过程是跨文化信息的传递，跨文化沟通的结果是获取对方的理解。

4.4.1 文化差异的障碍

众所周知，使用同一种语言、生活在同一种文化背景的人们在交际时，障碍很少，容易沟通，因为他们都具有相同的文化模式，相似的信仰、价值观和行为准则。而跨文化沟通中，文化的差异性成了影响沟通的关键因素。来自不同文化背景的人把各自不同的感知、价值观、规范、信仰和心态带入沟通过程，从一种文化中传来的信息，总是按照自己的文化背景以及由这种文化背景所决定的方式加以理解。因此，由于文化的差异性，不同文化背景的人在沟通时，必然造成跨文化沟通的障碍。阻碍跨文化沟通的主要因素有语言因素、思维方式、价值观念、人际关系和行为规范等。

1．语言因素

不同的文化背景，可能使用不同的语言，而每种语言都有其独特的文化内涵。在跨文化沟通中，沟通的主要障碍就是由于语言的多样性与复杂性所造成的。如，国内一家生产白象牌电池的企业在进军国际市场时，虽然质量一流，但由于缺乏跨文化沟通，简单地将其商标“白象”译为“white Elephant”，致使其产品在国际市场上无人问津。因为“White Elephant”在英文中意指大而无用的东西。可见，语言规则不同将产生不必要的误会和矛盾。因此，只有准确地理解对方的语言，才能顺利消除企业中的跨文化沟通障碍。

2．思维方式

不同文化背景的人群对外界的认知模式存在明显的差异，因此，其思维模式也必然有所不同。东方人的思维模式以直觉、整体、中庸为特征；而西方人的思维模式则以逻辑、分析、线性为特点。中国人说话习惯于绕弯子，有一个从次要到主要，从相关信息到话题的发展过程。西方人则喜欢开门见山，谈话、写文章往往把话题放在最前面。在跨文化沟通中，不注意西方人的思维习惯，仍用汉语思维习惯，不正面阐明谈话的目的和要求，则会引起西方人不耐烦，甚至误解，导致沟通失败。

3．价值观念

价值观代表人们最基本的信仰，不同文化背景的人具有不同的价值观，即使在同一文化内，人的价值观也不尽相同。因此，不了解对方的价值观，势必造成跨文化沟通障碍。在中国文化中，人们推崇谦虚知礼，温良恭俭让被视为坚定的信条。而争强好胜，自我表现，个人突出则不被人理解，甚至受到不公正的对待。而在西方文化中，则是以个人奋斗为核心的“个人主义”为价值观的核心。一个人达不到自己的目的，则被看作缺乏进取精神的表现，是懒惰、无能的同义语，为人所不可取。有的价值观常常伴随着种族中心主义，即认为只有自己民族文化的存在是正确的，很难考虑别人的价值观念和思想感受。

4．人际关系

中国社会的人际关系偏向于“人情社会”，习惯于感情用事，甚至将人情当作交易的手段；而西方社会的人际关系则偏向于工具型，人际交往中他们很少顾及人情、面子，习惯公事公办，不讲情面。他们的交往原则是利己、对抗、竞争、平等、独立、注重隐私等。这种关系习惯以公平原则，按法则办事，即使是亲朋好友也要人和事两清，公私分明。

5．行为规范

在跨文化沟通中识别行为规范，并能对不同社会行为规范进行对比，是保证跨文化沟通的重要因素。应该指出的是，在一种文化中某一行为是合乎规范的，在另一文化中可能就是被禁止的。在行为规范系统中，禁忌系统是很重要的组成部分。禁忌是指违反社会期望的行为，包括言语和行为。禁忌的内容因民族不同而不同。在某一文化中被高度赞赏的，在另一文化中可能是应回避的，这在宗教和习俗方面尤为突出，其解决办法就是遵循入乡随俗的原则。

4.4.2 文化差异的应对策略

在跨文化沟通中，为了使双方能够相互理解，减少或消除跨文化沟通的障碍，首先需要正确认识文化差异性，然后在差异中求同存异，最后有意识、有目的地培养跨文化的理解能力。

1．正确认识文化差异性

在跨文化沟通中，不同国家、不同民族一定会存在文化的差异，这是我们进行跨文化沟通的前提。为了有效地进行跨文化沟通，避免无谓的价值冲突、无效沟通或沟通误会，正确对待文化差异是一种基本要求，尽量使不同的文化相融合，才能促进双方的沟通和协作。其次，要正确认识自己，消除优越感和种族中心主义的偏见，设身处地地站在他人的角度去理解文化现象，排除对异域文化的各种成见的干扰，只有客观、公正、全面地认识和理解文化差异，才能消除跨文化沟通过程中的种种文化因素障碍。

2．求同存异

求同存异是解决跨文化沟通障碍的不二法宝。求同存异，首先，要准确地诊断文化冲突产生的原因；其次，要洞悉文化差异及文化多样性带来的冲突的表现状态；再次，在明晰冲突源、个人偏好和环境的前提下，必须能够选择合适的跨文化沟通方法和途径。具体地讲，在沟通实施前，沟通双方至少应当了解双方的文化差异，并做好相关的心理准备，而且了解得越多、越详细越好。在沟通过程中，应尽可能地采取灵活的沟通措施，要能够准确地找出沟通障碍，并且要尽可能地把原则性和灵活性结合起来。

3．培养跨文化的理解能力

克服文化差异的沟通障碍，离不开跨文化理解能力的培养和提升。跨文化沟通在了解对方的文化背景和风俗习惯后，要做到“入乡随俗”，主动迎合沟通所在地的文化习惯。可以有选择地在饮食、着装、礼仪等方面考虑迎合对方文化。但又不完全放弃本土文化，力求在本土文化和对方文化之间找到平衡点，过度迎合或坚持本土文化，都会给跨文化沟通造成障碍。

同时，企业还应培训管理人员以及相关员工，使他们学会运用对方的思维方式认知问题，这有利于双方的交流合作。总的来讲，克服由于文化差异形成的沟通障碍，需要在清楚认知的基础上，通过训练语言和非语言的沟通技巧，掌握不同的沟通风格，消除文化成见，最终实现跨文化沟通的文化整合，从而提高沟通的有效性。

案例 4.3

案例视频是某集团收购西班牙大厦遭受挫折的多个新闻报道，报道指出到国外投资需要了解当地的法律和文化，学会融合文化，文化融合解决了，投资才能真正成功。

【解析】

在这个案例中当地市民也没有完全拒绝来自这个集团的投资，只是当地市民对文化保护的观念与中国不同，在欧洲很多城市建筑保留上百年，除了维护，几乎一点没变样，因而市民不接受古迹被拆除。西班牙法

案例视频：某集团收购西班牙大厦受阻

律规定，西班牙大厦的产权可以买卖，但外形不能随意改动。新上任的市长也不是对该集团的投资抱有成见而是顺从民意。

该集团在西班牙项目遭受挫折，也给赴海外投资的企业一些启示：到哪个国家就要了解当地的法律和文化、学会融合文化，文化融合解决了，投资才能真正成功。

4.4.3 各国商务礼俗与禁忌

不同的国家有不同的民俗习惯和禁忌，在与不同国家、不同民族沟通时，需要了解它的文化特色，避免触犯禁忌，如此，在与他们处理事情时，才能相处融洽，获得他们的好感，更利于沟通交流，更容易达到我们的目标。

1．美国商务礼俗与禁忌

美国人一般性情开朗、乐于交际、不拘礼节。第一次见面行握手礼，握手的时候习惯握得紧，眼要正视对方，微弓身，认为这样才算是礼貌的举止。需要注意的是，美国人对握手时目视其他地方很反感，认为这是傲慢和不礼貌的表现。他们一般乐于在家里宴请客人，而不习惯在餐馆请客。不喜欢人在自己的餐碟里剩食物，认为这是不礼貌的。喜爱中国的苏菜、川菜、粤菜。

在美国，如果要登门拜访，要记得先打电话预约；名片一般不送给别人，只有在双方想保持联系时才送；当着美国人的面想抽烟，必须问对方是否介意，不能随心所欲。和美国人做生意大可放手讨价还价，但在磋商中要注意策略，立足事实，不辱对方，若不同意对方的某些论点，可用美国人自己的逻辑进行驳斥，往往能收到很好的效果。美国人十分欣赏那些富于进取精神、善于施展策略、精于讨价还价而获取经济利益的人，尤其爱在“棋逢对手”的情况下和对方开展谈判和交易。

美国人忌讳问个人收入和财产情况，忌讳问妇女婚否、年龄以及服饰价格等私事，特别忌讳赠送带有公司标志的礼物，因为这有打广告的嫌疑。

2．加拿大商务礼俗与禁忌

加拿大大部分人是英法等国家移民的后裔。土著人占5%、华裔占1.2%。加拿大是和美国相邻的一个大国，但在礼俗上与美国人存在区别。因为受欧洲移民的影响，他们的礼貌礼节和英法两国差不多。公务时间，加拿大人很注意个人仪表和卫生。所以，他们希望客人也能这样。加拿大人会邀请客人到家做客，以示好感，但切记，不要送白色的百合花，加拿大人认为百合花是与葬礼联系在一起的。

与加拿大人进行公关交往时，赴约要准时，切忌失约。最重要的是切勿将加拿大与美国相比较，这是加拿大人的一大忌讳。

3．英国商务礼俗与禁忌

众所周知，英国人讲究文明礼貌，注重修养，同时也要求别人对自己有礼貌。注意衣着打扮，什么场合穿什么服饰都有一定惯例，人们交往时常用“请”“对不起”“谢谢”等礼貌用语。见面时对尊长、上级和不熟悉的人用尊称，并在对方姓名前面加上职称、衔称或先生、女士、夫人、小姐等称呼，初次相识的人相互握手，并且不能问女士的年龄。英国人非常不喜欢谈论男人的工资，甚至他家里的家具值多少钱，也是不该问的。

和英国人坐着谈话忌讳两腿张得过宽，更不能跷起二郎腿。如果站着谈话，不能把手插入衣袋。忌讳当着他们的面耳语和拍打肩背，忌讳有人用手捂着嘴看着他们笑，认为这是在嘲笑人。

4．澳大利亚商务礼俗与禁忌

澳大利亚95%的居民是英国和其他欧洲国家移民的后裔。

澳大利亚人的主要商务习俗：一是奉行“人人平等”的信条，遵从“女士优先”的社交原则；二是谦恭随和，遵时守约；三是喜欢在酒店进行商务交谈，且边吃边谈，效率极高。

澳大利亚人有“周日做礼拜”的习惯。所以要避免在这天和他们邀约。

5．法国商务礼俗与禁忌

和法国人约会必须事先约定时间，准时赴约是有礼貌的表现，但不要提前。在商务交往中，法国人常用的见面礼是握手。至于吻手礼，则主要限于男士在室内象征性地吻一下已婚妇女的手背，但少女的手不能吻。法国人爱花，礼品可以送花，但是忌讳送黄色的花，他们认为黄色的花寓意不忠诚；不送香水或化妆品给恋人、亲属之外的女人，因为他们认为这样象征着过分亲热或是图谋不轨。

在公关交往中，法国商人有一个十分独特的地方，就是坚持要求使用法语。在商务活动中，法国人若发现跟自己交谈的人会说法语，却使用了英语，他肯定会生气。但也忌讳别人讲蹩脚的法语，认为这是对其祖国语言的亵渎，若对法语不纯熟，最好讲英语或借助翻译。

6．德国商务礼俗与禁忌

德国人讲究效率，崇尚理性思维，时间观念强。在商务活动中，德国人重视称呼，对德国人称呼不当，通常会令对方大为不快。一般情况下，切勿直呼德国人的名字，可以称其全称或仅称其姓。和德国人交谈时，切勿疏忽对“您”与“你”这两种人称代词的使用。在德国，称“您”表示尊重，称“你”则表示地位平等、关系密切。

给德国人赠送礼品，务须谨慎，应尽量选择有民族特色、带文化味的东西。不要给德国女士送玫瑰、香水和内衣。因为它们都包含“爱”的意思。也不能用西餐餐具送人，德国人认为有“断交”之嫌，在服饰和其他商品包装上也不喜欢有类似符号。

7．俄罗斯商务礼俗与禁忌

俄罗斯人性格开朗、豪放、集体观念强。十分注重仪容仪表，衣扣要扣得完整，总习惯衣冠楚楚。男子外出活动时，一定要把胡子刮净，赴约要准时。在社交场合，处处尊重女性。他们重视文化教育，喜欢艺术品和艺术欣赏。所以，和他们谈论艺术是个很受欢迎的话题。

和俄罗斯人说话，要坦诚相见，不能在背后议论其他人，更不能说他们小气；对妇女要十分尊重，忌讳问年龄和服饰价格等。

8．日本商务礼俗与禁忌

在社交活动中，日本人爱用自谦语言，如“请多关照”“粗茶淡饭、照顾不周”等，谈话时也常使用谦语。在与日本人交谈时，不要边说边指手画脚，别人讲话时切忌插话打断。他们不喜欢针锋相对的言行与急躁的风格，把善于控制自己的举动看作一种美德，主张低姿态待人，说话时避免凝视对方。

在交谈中，不要打听日本人的年龄、婚姻状况、工资收入等私事。对年事高的男子和妇女不要用“年迈”“老人”等字样，年事越高的人越忌讳。日本商人还忌讳“2月”“8月”，因为这是营业淡季。但是，他们对中国的绍兴酒和茅台酒非常感兴趣，书法作品和精美的印章也是日本人非常喜欢的馈赠物品。

本章小结

本章主要介绍了沟通和商务沟通的基础，包括沟通和商务沟通的定义、目的、作用，沟通的构成要素，商务沟通的分类、内容、原则以及商务沟通和商务谈判的关系。

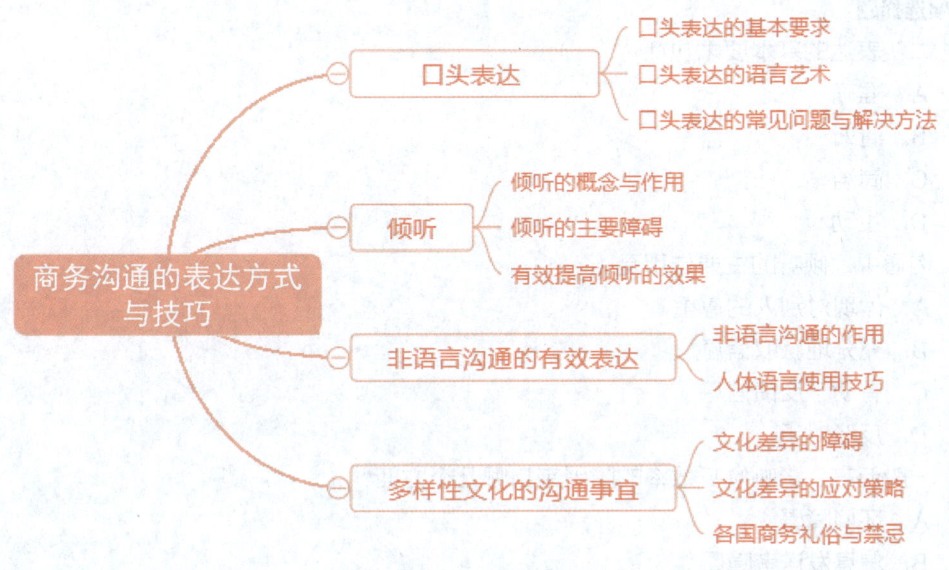

综合练习

一、单项选择题

1. “你不要过分强调理由嘛！”这是运用了什么样的语言艺术？（　　）

   A. 委婉表达

   B. 模糊表达

   C. 人性化表达

   D. 幽默表达

2. 倾听中，声音、气味、光线以及色彩、布局等因素属于（　　）。

   A. 环境障碍

   B. 信息障碍

   C. 发送者障碍

   D. 接收者障碍

3. 一般而言，掌心向上表示（　　）。

   A. 诚实、谦逊

   B. 威胁性

   C. 压制

D. 强制性

4. 一般而言，交谈中，经常保持并腿直立或前倾的姿势，表示（　　）。

A. 傲慢、无礼

B. 谦恭、尊敬

C. 自以为是

D. 紧张

二、多项选择题

1. 口头表达的基本要求包括（　　）。

A. 准确

B. 清晰

C. 简洁

D. 生动

2. 沟通中，倾听的主要作用是（　　）。

A. 体现对别人的尊重

B. 充分地获取信息

C. 有助于反馈信息

D. 反驳对手

3. 一般而言，影响倾听效率的障碍来自哪几个方面？（　　）

A. 环境障碍

B. 信息发送者障碍

C. 倾听者主观障碍

D. 心理障碍

4. 非语言沟通的主要作用是（　　）。

A. 重复或加深印象

B. 替代言语

C. 表达超语言意义

D. 辅助言语

5. 跨文化沟通中，文化差异的障碍主要来自（　　）。

A. 思维方式

B. 行为规范

C. 人际关系

D. 语言因素

三、问答题

1. 浅谈沟通中口头表达的语言艺术。

2. 简述口头表达的常见问题和解决策略。

3. 简述如何有效地提高倾听的效果。

4. 简述人体语言的使用技巧。

5. 简述沟通中文化差异的障碍因素及克服障碍的办法。

四、案例分析

一天，某顾客到某商场送修一台传真机，服务台接待员接过维修单据后，例行公事地让顾客留下姓名、电话，并给顾客一联取机单，说："修好后我们会打电话通知您，凭这张单过来取机就可以了。"顾客又问："这传真机我急需要用，什么时候能修好啊？"这时接待员不耐烦地说："时间不能确定，我们要拿到厂家维修，修好给你打电话就可以了。"顾客一听，马上来火了："你这什么态度，修个十天半个月的，我还要不要用啊！你知不知道一天不用，我的损失有多大？你们到底有没有为顾客着想，叫你们经理来！"这时，另一名接待员闻声便过来安抚顾客："不好意思，我们进里面谈好吗？"边说边把顾客请进了里间的维修室。"对不起，刚才的事真的不好意思，由于传真机是技术参数较高的高科技产品，我们必须送到专业技术部检测，具体修好时间我们现在不能答复您。不过您放心，今天送去，明天结果会出来，根据故障的大小，我们明天答复您维修的大致时间，行吗？"顾客一听，语气也缓和了："其实我只是让你给个大概的时间，我也好安排我的事。""好，您放心，我们会以最快的速度维修。明天了解情况后，一定给您打电话"，"好！那麻烦你了"，"不客气，您慢走！"。

第4章 案例思考解析

案例思考

1. 第一位接待员为什么让顾客如此生气？
2. 第二位接待员为什么很好地解决了问题？

第2篇

谈判篇

第5章　商务谈判概述

【学习目标】

- ◆了解商务谈判的定义、构成要素和特征
- ◆掌握商务谈判的分类
- ◆理解商务谈判的评判标准
- ◆了解商务谈判的原则问题
- ◆了解商务谈判的前提——冲突
- ◆掌握说服的技巧

5.1 » 商务谈判的基本概念

案例导入

化肥公司的贷款利率谈判

某化肥公司准备建新产品线因而向银行融资，双方代表已接触过几次，这次在化肥公司的会议室进行最后洽谈。

化肥公司代表说："为了引进设备，我们以公司大厦作为抵押，要求以5%的利息贷款1亿元，3年后一次性清偿本息。"

"根据我方估价，这个大楼不足以抵押贷款1亿元。"银行代表提出。

"我公司是你们的老客户，一向信誉好，前几次贷款不都如期归还了吗？"公司代表解释说，"这一次是因为要引进设备，资金不足，还请你能给予照顾。"

银行代表不再坚持地说："只是这次贷款利率太低、时间太长，是否每年还一次，分3次还清，利率按7%计算。"

公司代表说："就按3次偿还，但是利率折中，按6%计算，好吗？"

又经过了一番讨论，双方基本达成协议。

5.1 案例解析参考

【案例思考】

什么是商务谈判？案例中体现了商务谈判的哪些特征？

商务谈判是人类交际活动的重要形式之一，是一种常见的社会现象，每天我们都能从电视、网络或杂志报纸中听到或看到重大的商务谈判报道和信息。

5.1.1 商务谈判的定义

商务谈判主要指经济领域中，具有法人资格的双方或具有利益相关的当事人，为了协调改善彼此的经济关系，满足交易的需求，围绕双方的交易条件，彼此交流磋商达到交易目的的行为过程，是买卖双方为实现某种商品的交易而就交易条件进行的"讨价还价"活动。谈判双方是在利益上既相互依存又相互对立的关系，反映了商务谈判的实质所在，即相互调整利益，减少分歧，并最终确立共同利益。

理解商务谈判，应着重把握以下内涵。

- 商务谈判的主体是相互独立的利益主体。
- 谈判的目的是为了获得经济利益。
- 谈判的核心议题是价格。
- 商务谈判的主要评价指标是经济利益。

观点对比

在中文中“谈”是指“谈论，彼此对话”；“判”则可解释为“评断”。所以谈判实际上包含“谈”和“判”两个紧密联系的环节。

关于“谈判”，有许多观点：

美国谈判学会会长杰勒德·L·尼尔伦伯格认为：只要人们是为了改变相互关系而交换观点，只要人们是为了取得一致而磋商协议，他们便在进行谈判。

英国谈判学家比尔·斯科特在《贸易谈判技巧》一书中将谈判解释为“双方面对面地会谈的一种形式，旨在通过双方共同努力，寻求互惠互利的最佳结果”。

刘必荣教授认为：“谈判是解决冲突、维持关系或建立合作架构的一种方式，是一种技巧，也是一种思考方式。”

谈判概念表述多种多样，其含义大多相同或相近，都有几个要点：谈判动机出于双方需要和利益；参与谈判的双方都与利益有关；谈判方式一定是自愿的、平等的。

5.1.2 商务谈判的特征

商务谈判实质上是谈判多方进行相互说服的沟通活动。作为特殊的一类谈判活动，商务谈判具有以下的特征。

- **多样性：**商务谈判的多样性不仅指谈判内容的多样性，也指谈判当事人是多种多样的。既有企业或其他经济组织之间的各种商务谈判，也有个人之间进行的谈判，还有各层次之间相互交叉进行的商务谈判。就商品的买卖而言，买者可以货比三家，同商品质量好、价格合理的卖者建立谈判关系和买卖关系；同样，卖者可以面向若干买家，同结算方式简便、信用良好的客户或经销商建立协作关系。
- **妥协性：**商务谈判是一个妥协的过程。谈判既是“不平等”的，又是“公平的”。这是由于谈判各方拥有的地位、实力与技巧的差别，导致谈判结果难以达到完全平等，各方取得的利益也不完全相同，那么就需要一方妥协。但是，只要参与谈判的各方对读判的结果都能接受，且对谈判结果具有否决权，那么，无论结果多么不平等，该谈判都是公平的。
- **“合作”与“冲突”的对立与统一：**商务谈判包括“合作”与“冲突”两种成分。参与谈判的各方，为达成协议他们之间具备一定程度的合作性，但为了满足自身的利益最大化，又势必处于利益冲突的对抗状态。这时各方会通过协商寻找一个解决方案，以解决冲突。
- **以经济利益为谈判目的：**商务谈判的目的十分明确，谈判者以获取经济利益为基本目的，在满足经济利益的前提下才涉及其他非经济利益。虽然，在商务谈判过程中，谈判者可以调动和运用各种因素，而各种非经济利益的因素，也会影响谈判的结果，但其最终目标仍是经济利益。
- **以价格为谈判核心：**商务谈判所涉及的因素众多。谈判者的需求和利益表现在多方面，价格则几乎是所有商务谈判的核心内容，在商务谈判中占据重要地位。因为双方经过谈判达成的利益划分，可直接通过价格表现出来。谈判各方在其他利益因素上的得与失、拥有的多与少，也可折算为一定的价格。因此，在商务谈判中，我们一方面要以价格为中心，坚持自己的利益；另一方面也不能局限于价格的考量，可以拓展思路，从其他因素上争取利益。
- **科学与艺术的结合：**一方面，谈判是为了协调彼此间的利益关系，人们必须理性分析商务谈判中涉及的问题，并根据一定的规律、规则制定出谈判方式和策略。整个谈判活动，涉及如贸易、金融、市场营销等专业知识，同时又涉及社会学、心理学、语言学等广泛的知识领域，这就是商务谈判的科学性。另一方面，谈判是人们的一种直接交流活动。谈判人员的精力、能力、心理状态、感情等对谈判过程和结果都将产生极大影响，正因如此，谈判结果有很大的不确定性，这是商务谈判艺术性的体现。

案例 5.1

案例视频为《与全世界做生意》片段，介绍了渝新欧铁路协调人与各个铁路节点的协调谈判工作。

案例视频：渝新欧铁路协调谈判工作

【解析】

谈判是现代社会无处不在、随时发生的活动。人们之间要相互交往、改善关系、协商问题，就要进行谈判。案例中的铁路国际协调人所做的工作就是与各个铁路沿线节点协商，从某种意义而言他们也是谈判人。谈判学是一门综合性较强的应用性交叉学科，有关谈判的研究是建立在诸多相关学科的基础上的。谈判学被认为是行为科学、社会科学、经济学、法学和技术科学的交叉产物。从另一角度来说，对谈判活动的科学性或规律的分析可以借鉴许多学科的研究成果。谈判既是一门复杂的艺术，又是一种复杂的、需要运用多种技能与方法的专项活动，有人称之为艺术并不为过。首先，谈判的艺术性表现在要求谈判人员具有较高的素质。其次，谈判也是沟通的艺术。最后，谈判的沟通艺术还表现在谈判者的语言运用上。

成功谈判者的心理素质包括意志力、自制力、应变力、感受力、信念和诚意。铁路国际协调人正是具备成功谈判者所具备的心理素质，才能承担起打通重庆到欧洲的这条铁路沿线的各个节点的工作。

5.1.3 商务谈判的构成要素

商务谈判的要素是构成商务谈判活动的必要因素。一般来说，商务谈判由谈判主体、谈判客体、谈判行为和谈判环境构成。

1．商务谈判主体

商务谈判主体也就是谈判的当事人，是指主持谈判、参与谈判以及与交易利益相关的人员。谈判主体可以是个体或团队，也可以是一个组织。正式的和规模较大的商务谈判，谈判人员通常分为前台人员和后台人员。前台人员是直接在谈判桌前进行谈判的人员，后台人员不直接参与谈判，会帮助己方收集资料和出谋划策。在商务谈判中，谈判主体占有至关重要的位置，将很大程度上影响谈判的局势。

2．商务谈判客体

商务谈判活动要有谈判的标的和议题，即谈判客体。谈判标的是指谈判的事物，任何可以买卖的有形、无形产品都可以作为谈判标的，如商品、资金或技术等。谈判议题是指谈判的具体内容或交易条件，如价格、数量、质量、付款方式等。

3．商务谈判行为

商务谈判行为主要指围绕谈判事项进行的信息交流和观点的磋商。有谈判主体和谈判客体，而没有谈判行为，谈判则只是构想，商务谈判活动就是通过双方的谈判行为进行的，包括谈判主体的言行举止、谈判策略以及谈判方式和技巧等。

4．商务谈判环境

商务谈判是在特定的环境下进行的。外部环境如国家政策、经济、文化、市场等，谈判内部环境，如时间、地点、场所、交往空间以及管理水平和技术水平等。由于环境的制约，商务谈判的最终结果也将受到影响。

5.1.4 商务谈判的分类

商务谈判按照谈判的范围、地点、方式、性质等因素可以划分为不同的类型，下面进行具体介绍。

1．按商务谈判范围划分

按谈判的范围划分，商务谈判包括国内商务谈判和国际商务谈判。

（1）国内商务谈判

国内商务谈判是指国内的各种经济组织或个人之间进行的商务谈判活动。因为文化差异不大，所以，主要问题在于怎样协调双方的不同利益，寻找更多的共同点。

（2）国际商务谈判

国际商务谈判也称进出口贸易谈判或涉外谈判，是指不同国家的利益主体，为了达成某项交易，而就交易的各项条件进行协商的商务谈判。与国内商务谈判相比，因为国情、政治、语言、价值观念等不同，国际商务谈判更加复杂。

2．按商务谈判地点划分

根据谈判地点的不同，可将商务谈判分为主场商务谈判、客场商务谈判和中立地商务谈判。

（1）主场商务谈判

主场商务谈判是在己方所在地进行的谈判。主场谈判会给己方带来诸多便利和优势。

◆谈判者在熟悉的环境中没有心理障碍，容易在心理上形成一种安全感和优越感。

◆没有旅途疲劳带来的不利影响。

◆在通信、联络、信息等方面占据优势。

◆由东道主身份所带来的谈判空间环境的主动权，便于主动掌握谈判进程。

（2）客场商务谈判

客场商务谈判是在谈判对手所在地组织的商务谈判。客场谈判有“远征”的感觉，是商务谈判中难度较大的一种谈判。因为身处异地，客观上带来的困难会很多，如语言、人力、通信、生活习惯等方面均会产生问题，容易分散精力，增加工作量。但客场谈判更有利于谈判人员在企业和领导的授权范围内，发挥主观能动性，并且在客场可以全身心地投入到谈判中去，不受主场接待等其他事宜的影响。

客场谈判与主场谈判相比，必须注意以下几点。

◆**客随主便，争取主动：**由于身处异地，彼此生疏，容易形成一道认识的屏障，所以在谈判初始阶段往往采用“客随主便”的策略，以观察对方的虚实。与此同时，要积极进行调查研究，以免贸然行事而使自己陷入被动，随着谈判的逐步展开，对环境及对方情况逐步加深了解后，要争取谈判的主动权。

◆**审时度势，灵活应对：**常见的审时度势的方法有分析市场、分析东道主谈判代表及其他谈判成员的地位、心理变化等。灵活应对则表现在谈判态度的灵活转换上，有希望成交则坚持立场，无成功希望则要果断结束谈判；对方有签约诚意则灵活调整可提供的让步条件，若无诚意则不必随便降低己方已提出的条件。

（3）中立地商务谈判

中立地商务谈判也称为第三方所在地的商务谈判，是指谈判地点设在谈判双方之外的其他地方的商务谈判。中立地谈判通常为相互关系不融洽、信任程度不高的谈判双方所选用。不利于双方实地考察、了解对方。

3．按商务谈判方式划分

按谈判的方式划分，商务谈判分为纵向商务谈判和横向商务谈判。

（1）纵向商务谈判

纵向商务谈判是指在确定商务谈判的主要问题后，逐个讨论每一问题和条款，即逐个讨论和解决问题，一直到谈判结束。这种商务谈判方式的优点是具有程序化，使复杂的问题简单化，单个问题的讨论和彻底解决，能够有效避免多头牵制。但是，这种方式的不足在于议程确定太死板，不利于双方沟通。谈判人员也不能充分发挥想象力和创造力，不能灵活地处理商务谈判的问题。

（2）横向商务谈判

横向商务谈判是指在确定谈判所涉及的主要问题后，灵活地、周而复始地谈论所有相关的问题。

横向商务谈判的优点是灵活性更强，谈判人员能够全面、多维思考问题，更大程度发挥想象力和创造力。它的缺点在于易使商务谈判纠缠在枝节问题上，而忽略了主要问题。

4．按商务谈判性质划分

按谈判的性质划分，商务谈判分为实质性商务谈判和非实质性商务谈判。

（1）实质性商务谈判

实质性商务谈判是指谈判内容与谈判目标直接相关的谈判，谈判氛围较严谨。如谈判双方就贸易、技术、资本等商务活动的相关事宜进行实质性的磋商洽谈。一般来说，通过实质性商务谈判达成一致意见，签订的协议具有法律效力，受法律约束。

（2）非实质性商务谈判

非实质性商务谈判，是指为实质性谈判而进行的事务性谈判。双方就贸易、技术、资本等商务活动的相关事宜进行广泛的意见交流。非实质性商务谈判有更多的随意性，可以谈论其他话题，如公司内部的规章制度，或是生活中的某件事情。

5．按商务谈判方所持态度划分

按谈判方所持态度划分，商务谈判包括软式商务谈判、硬式商务谈判和原则性商务谈判。

（1）软式商务谈判

软式商务谈判，也被称作让步型商务谈判。它是指以妥协、让步为手段，希望避免冲突，为此随时准备以牺牲己方利益换取协议与合作的谈判方式。软式商务谈判所强调的是建立和维持双方的关系，这种谈判的过程较有效率，尤其是在产生谈判结果上有效率。

软式商务谈判适用于总体利益和长远利益大于一次具体谈判所涉及的局部利益、近期利益的情况。

（2）硬式商务谈判

硬式商务谈判，又称立场型商务谈判，是指以意志力的较量为手段，坚守己方的强硬立场，并以要求对方牺牲其利益取得自己胜利为目的的谈判方式。硬式商务谈判方式的指导思想不是“双方都是赢家”，而是“不谈则罢，要谈必胜”的强权哲学。硬式商务谈判方式的指向往往是利益目标较明确，甚至是简单意义上的利益分割。由于指向明确，往往就会出现你赢我输的谈判格局。

硬式商务谈判适用于一次性交往，双方实力相差悬殊的情况。但由于硬式商务谈判较为强势，导致人际关系难以维持，难以达成谈判目标。

（3）原则性商务谈判

与软式商务谈判相比，原则性商务谈判也注意与对方保持良好的关系，但是并不是像软式商务谈判那样只强调双方的关系而忽视利益的公平。与硬式商务谈判相比，原则性商务谈判主张注重调和双方的利益，而不是在立场上纠缠不清。因此，原则性商务谈判介于软式商务谈判与硬式商务谈判两者之间。

原则性商务谈判方式是根据理性来达成协议的，当双方的利益发生冲突时，则坚持公平的标准来做决定，而不是双方意志力的较量。谈判的核心是谈判所涉及的标的物，即谈判所涉及的有关双方利益的事务，如价格、成本等，而不是谈判者。原则性商务谈判的效率往往不高。

6．按商务谈判参与人数划分

根据谈判的参与人数划分，商务谈判可分为一对一商务谈判和小组商务谈判。

（1）一对一商务谈判

一对一商务谈判指谈判双方各由一位代表出面谈判的方式。一般适合规模小的谈判、谈判者能够全权代表相关事宜。一对一商务谈判方式灵活性强，同时利于谈判事宜的保密。

（2）小组商务谈判

小组商务谈判指每一方都是由两个以上的人员参加协商的谈判形式。小组商务谈判能够充分发挥集体的智慧，协作性更强。

7．按商务谈判参与方数量划分

按商务谈判参与方的数量划分，商务谈判分为双方商务谈判和多方商务谈判。双方商务谈判，也叫双边商务谈判，是指谈判只有两个当事方参与的商务谈判。多方商务谈判，也叫多边商务谈判，是指有3个及3个以上的当事方参与的商务谈判。

8．按商务谈判内容的透明度划分

根据谈判内容的透明度划分，商务谈判分为公开商务谈判和秘密商务谈判。公开商务谈判是指谈判的人员、议题、时间和地点等向外界公开的商务谈判；秘密商务谈判则是指不对外界公开谈判的人员、议题、时间和地点等。

秘密商务谈判不是指有秘密的商务谈判，它是指在时机不成熟时，为了避免环境等因素对商务谈判产生影响而进行的秘密谈判。但秘密谈判与公开谈判有时交叉进行，如前期进行秘密谈判，解决关键问题，待时机成熟后，向外界公开谈判的相关事宜，再进行公开商务谈判。

9．按商务谈判内容划分

根据商务谈判的内容划分，商务谈判可分为如下几种类型。

（1）商品交易商务谈判

商品交易商务谈判即指一般商品的买卖商务谈判，在贸易谈判中占很大比例，也是商务谈判中最常见的一种方式。谈判的内容包括商品的价格、质量、规格和型号、预付款和最终付款、原材料和生产工艺、包装和运输方式、保险、交货日期等。

（2）资金商务谈判

资金商务谈判包括资金借贷商务谈判和投资项目商务谈判两大类。资金借贷商务谈判的主要内容包括货币、利率、贷款期限、保证条件、宽限期、违约责任等。投资项目商务谈判是指谈判双方就双方共同出资开发、建设、经营和管理的某个项目，对投资项目所涉及的投资方向、投资形式、投资内容与条件，以及投资方各自在投资项目中的权利、义务、责任及相互之间的关系所进行的商务谈判。

（3）工程项目商务谈判

工程项目商务谈判中，买方是工程的使用单位，卖方是工程的承建单位，购买物品是承建工程。

工程项目商务谈判是最复杂的商务谈判之一。因为谈判的内容涉及广泛，并且谈判常常是多方谈判。如使用一方、设计一方、承包一方，而承包方往往又分为分包商、施工单位等。工程项目商务谈判的主要内容包括人工成本、材料成本、保险范围和责任范围、进度报告以及承包公司的服务范围等。

（4）技术贸易商务谈判

技术贸易是指有偿的技术转让，即技术的买卖行为。技术贸易不同于一般的商品贸易，它以知识的形态存在着，不可计量，无法直接检验质量。技术贸易商务谈判的关键点是技术的预期收益。技术交易过程是一个复杂的过程，从谈判签约到转让技术到投产收益往往要延续较长的一段时间。

技术贸易商务谈判的主要内容包括转让技术的范围、相关的技术数据和技术资料、转让技术的所有权问题、技术服务、培训问题、安装和考核验收问题、合同有效期技术的改进和发展问题、价格与支付问题、销售问题、不可抗问题等。

（5）劳务合作商务谈判

劳务合作商务谈判是劳务关系双方就劳务提供的形式、内容、时间，劳务的价格、计算的方法及劳务费的支付方式等有关买卖双方的权利、责任和义务关系所进行的商务谈判。由于劳务本身不是某种物质商品，而是通过人的劳动，制造或组装某种物资，满足企业需求的劳动过程，因此，劳务合作商务谈判与货物买卖商务谈判有本质上的区别。

（6）索赔商务谈判

索赔商务谈判指合同义务不能履行或不完全履行时，合同当事人双方进行的商务谈判。索赔商务谈判是针锋相对的，焦点是索赔的处理方式，主要证据是合同。索赔商务谈判的主要内容包括明确违约行为、违约责任、赔偿金额、赔偿期限等。

案例 5.2

案例视频：工资“谈判”实现“双赢”

案例视频为宁夏电视台2013年6月13日今晚播报新闻片段，该视频讲述了职工与企业通过集体协商的方式将工资冲突变成了谈判，实现了职工与企业的“双赢”。

【解析】

本案例中所涉及的就是职工与企业之间的工资问题即劳动报酬、工资福利和劳动保险问题。这是双方磋商的核心问题，这明显属于劳务合作商务谈判。职工与企业之间的工资问题是发展劳务市场，推动劳动力在不同工作、地区、单位间转移的重要动力。除此之外，劳务合作谈判应依据劳动法规规范，制定谈判内容与条件。

根据谈判内容的透明度，谈判可以分为公开谈判、半公开谈判和秘密谈判。本案例中的劳务合作谈判属于公开谈判，公开谈判是指有关谈判的全部内容和一切安排都不对外保密的谈判类型。

5.1.5 商务谈判的评判标准

商务谈判不是“胜者为王、败者为寇”，没有绝对的胜负输赢之分。实现预期目标的谈判，就叫成功谈判。如果目标只有一个，达到了就是成功；如果目标是高、中、低，达到低就算成功，达到中就算很成功，达到高就算非常成功。

实际上，商务谈判需要通过谈判既定目标的实现程度、谈判效率的高低、谈判后的人际关系这三方面来进行评判。也就是说，一场成功的商务谈判应该是谈判双方的需求都得到了满足，双方的互惠合作关系得以稳固并进一步发展。从每一方的角度来讲，谈判实际获益都远远大于谈判的成本，显然谈判是高效率的。

5.2 » 商务谈判的原则

案例导入

5.2 案例解析参考

对事不对人

在一家由英国人投资经营的美国工厂中，因为劳资纠纷，工人举行了罢工。据英方经理介绍：工人早在六周前就向英方提出了警告，举行罢工的当天，双方经过协商达成了一致的意见，罢工结束之后，工人们主动打扫了示威场地，清理了满地的烟头、咖啡杯，恢复了原来清洁的面貌。第二天，工人们又自发地加班，完成了因罢工而拖欠的生产任务，英方经理对此种做法非常不解，就询问其中的一位罢工工人，这位工人是这样回答他的：“我们对投资方有些意见，要想让您知道我们对此事是极其严肃的，唯一的办法就是举行罢工。但这也是我们的公司，我们不愿让您认为我们对公司是不忠诚的。”

【案例思考】

案例中，工人与投资方进行谈判的过程体现了商务谈判的哪些原则？

所谓商务谈判的原则，是指在谈判过程中谈判双方需要遵守的基本准则或规范。

5.2.1 互惠互利的原则

互惠互利原则是指谈判达成的协议对于各方都是有利的。即谈判应该使各方需要都得到满足，以达到“双赢”。杰勒德·尼尔伦伯格提出：“一场成功的谈判，每一方都是胜者。”

商务谈判不同于竞技比赛，非要分出胜负，或一方盈利一方亏本。因为谈判如果只有利于一方，不利方可以选择退出谈判；那么这就会导致谈判破裂，谈判也就不存在胜利一方了。同时，商务谈判中所耗费的劳动也就成为无效劳动，谈判双方都将成为失败者。可见，互惠互利是商务谈判的目标。谈判各方只有在追求自身利益的同时，也尊重对方的利益追求，立足于互补合作，才能互谅互让，争取互惠“双赢”，实现各自的利益目标，获得谈判的成功。

互惠互利并不是指双方从商务谈判中获取的利益必须是等量的。在谈判过程中，任何一方都有权要求对方做出让步，同时，另一方需对他方提出的要求做出反应。让步对于确立双方利益而言是必需的，但让步的幅度在不同的谈判上又可以是不相等的。一个出色的谈判者应该善于合理地运用合作和冲突，在平等互利的基础上，努力为本方争取最大的利益。在实践中，商务谈判的结果有4种可能，即你赢我输，你输我赢，你输我输，你赢我赢。前两种结果实际上是一方侵占了另一方的利益，第三种结果说明双方由于相互争夺，导致双方都受损失，第四种结果表明双方达到了互利互惠，这是商务谈判中双方应当争取的结果。

5.2.2 求同存异的原则

商务谈判中必须坚持“求大同存小异”的原则，面对利益分歧，多找共同点，把分歧、不同点最小化，从大局着眼，努力寻求共同利益。在谈判过程中，要把谈判对象当作合作伙伴，而不只视为谈判对手。贯彻求同存异原则，要求在商务谈判中善于从大局出发，要着眼于自身发展的整体利益和长远利益运用灵活机动的谈判策略。

求同存异，是谈判智慧的表现，也是谈判成功的关键。分歧是由于双方的“想法”不同引起的。而要解决双方“想法”的差异，就需要设身处地地站在对方的位置考虑问题，并适当调整自身的想法。它有利于缩小冲突范围，消除双方的分歧，带来对方的理解。如果双方把精力都放在情绪对立上，问题无法得到解决，谈判容易陷入僵局，直至破裂。解决分歧，处理好谈判中的情绪问题，应注意以下几点。

- 在商务谈判中若出现情绪激动、心烦意乱的迹象，应及时分析原因并加以控制。
- 当对立情绪表现出来时，应坦诚地与对方展开讨论，以消除谈判阻力。只有双方从对立情绪中解脱出来，才能建立起和谐的谈判氛围，使商务谈判走向成功。
- 在商务谈判中，应当容许对方发泄和表达不满。我们只需静闻其言，不必出口反击。善于倾听有助于消除对方的不满情绪。

5.2.3 坚持客观标准的原则

“没有分歧就没有谈判。”谈判的任务就是消除或调和彼此的分歧，达成协议。实现的方法有很多种，一般是通过双方的让步或妥协来完成的，坚持客观标准能够克服主观让步可能产生的弊端，有利于谈判者达成一个明智而公正的协议。

所谓客观标准是指独立于各方面意志之外的合乎情理和切实可用的标准，它既可能是一些惯例通则，也可能是职业标准、道德标准、科学标准等。

坚持客观标准的原则，就是坚持协议中必须反映出不受任何一方立场所左右的公正的客观标准。通过对客观标准的讨论而不是固执地坚持自己的立场，就可以避免任何一方向另一方屈服的问题，使双方都服从于公正的解决办法。可供双方用来作为协议基础的客观标准是多种多样的，可以是市场价格、专业标准、道德准则、价格指数等。选择的客观标准应该是独立于双方的意志力之外的，并且为双方所认可和接受的。如果双方认为每个问题都需要双方共同努力去寻求客观标准，每一方就都应在对待最能反映客观性标准的问题上理智从事。如果要修改某些标准，必须在提出了更好的建议后才可考虑。

5.2.4 人事有别的原则

由于商务谈判所涉及的是有关双方利益的事物，而不是谈判者，参加商务谈判的人只是事物的载体，谈判桌上发生冲突的是事物本身。因此，对事应当强硬、当仁不让、坚持原则。而对人则应当友好、和善。这就是人事分离的理念。

在商务谈判中遵循人事有别的原则，需要将谈判时对方的态度和讨论问题时对方的态度区分开来，就事论事，不能因人误事。具体做法如下。

- 在谈判中，当提出建议和方案时，也要站在对方的角度考虑提议的可能性，理解和谅解对方的观点或看法。
- 让双方都参与提议与协商，阐述利害关系，注重交流沟通。
- 保全面子，不伤感情，也就是说谈判是为了解决相关的问题和事情，在谈判中要维护好双方的良好关系，不与人针锋相对。

5.2.5 立场服从于利益的原则

谈判者所持的立场与其所追求的利益是密切相关的。立场反映了谈判者追求利益的态度和要求，而谈判者的利益则是采取某种立场的原因。

所谓立场服从于利益，是指商务谈判中谈判方的立场需随利益的变化进行调整。利益在多数情况下是根据谈判情况随时进行调整的，而一个人的立场则由谈判方自己决定，并常常通过自己的言谈举止显现出来。人们持有某种立场为的是争取他所期望的利益，立场的对立无疑源于利益的冲突。如果某一方的利益追求在谈判一开始就得以实现，那他就没有必要继续坚持他的立场，双方很快就可以达成一致。而如果谈判者所持的立场无助于他对利益的追求，他就会重新审视这一立场，进行适当的修改和调整，甚至放弃这一立场。在商务谈判中，谈判者的立场服从于他对利益的追求。就立场相互对立的双方来说，重要的不是调和双方的立场，而是调和彼此的利益。总之，商务谈判中立场是灵活多变的，需要服从于利益。如果只注重立场，态度强硬，保持立场不变，就会对谈判造成不利影响，甚至阻碍谈判的顺利进行。例如，一开始己方就某商品的议定价格为50元，将其作为己方的立场，如果对方不能接受这个价格，那么，根据情况可以将价格在合理的利益范围内适当进行调整，以促使谈判成功。

案例 5.3

电影制片人休斯与演员拉塞尔签订了一个为期一年支付拉塞尔100万美元的合同。12个月后，拉塞尔合理合法地说："我想要我合同上规定的钱。"休斯则声明，他现在没有现金，但有许多不动产。拉塞尔开始不听他的解释，坚持只要他的钱。结果原先的合作关系变成了互相不满的对立关系，双方都通过律师进行交涉，一时间谣言四起。最后，双方意识到彼此之间这样争斗下去，恐怕获胜的只有律师。于是他们以合作者的身份出现，纠纷得到解决。合同改为：休斯每年付拉塞尔5万美元，20年还清。这样休斯解决了资金周转的困难，并获得了本金的利息，而拉塞尔有了20年的可靠收入，且这部分收入的所得税还可逐年分散缴纳，他再也不用担心自己的财务收入问题了。

【解析】

案例中休斯与拉塞尔可谓实现了"互利互惠"。当就某个问题或事件产生分歧，相持不下时，遵循互惠互利的原则才能很好地解决问题，使双方都能从中获益。并且，拉塞尔的立场也是服从于利益的。

5.3 » 商务谈判的缘起

案例导入

亿恒公司的问题

亿恒公司是一家专门从事微波通信产品生产和网络服务的中德合资企业，公司自成立以来销售额每年增长35%以上，在同行中发展迅猛。与此同时，公司内部也存在着不少冲突，影响着公司绩效的持续提升。因为是合资企业，尽管德方管理人员带来了许多先进的管理方式，但是其管理模式未必完全适合中国员工，例如，在德国，加班加点不仅司空见惯，而且没有酬劳，亿恒公司以这种方式管理中国员工，并希望他们长时间加班，引起了大家的不满，一些优秀员工还因此离开了公司。

5.3 案例解析参考

亿恒公司的组织结构由于是直线职能制，部门之间协调很困难。销售部经常抱怨研发部开发的产品脱离顾客的实际需求，生产部的效率低下，使销售部错过了最佳的销售时机；生产部则抱怨研发部开发的产品没有达到生产标准，销售部门的订单无法达到成本要求。另外，研发部内部也存在问题。研发部经理虽然技术水平首屈一指，但心胸狭隘，总担心其他员工超越自己，因此，常常压制其他工程师，使得研发部人心涣散，士气低落。

【案例思考】

如何理解亿恒公司的这些问题？有什么好的解决方法？

商务活动中双方的分歧会导致冲突。冲突是商务谈判的前提，如果没有冲突，谈判就无从说起。而谈判的最终目的是为了解决冲突，说服对方接受相关意见，从而实现互惠互利。

5.3.1 冲突——谈判的前提

当双方产生意见分歧，发生争论和对抗，或利益分配不平衡时，导致彼此关系紧张，这种情况就被称为“冲突”。冲突比矛盾更甚，它的表现形式更加激烈，如暴力、破坏、大吵大闹、蛮横无理等。

1．冲突的类型

冲突的类型可以按照性质和形式划分。

（1）按性质划分

根据冲突的性质划分，冲突可分为认识冲突、目标冲突和情感冲突。

- **认知冲突：**认知冲突是由于谈判双方在对待某些问题上的认识、看法、观念有差异从而导致的冲突。
- **目标冲突：**目标冲突是由于谈判双方的谈判目标不同所导致的冲突，是所有冲突类型中最明显的一种冲突类型。
- **情感冲突：**情感冲突是来自人们情绪和感情上的对立而引发的冲突。通常，认知和目标上的差异也会导致情感上的冲突。

（2）按形式划分

冲突具有不同的形式，包括内心冲突、人际冲突、群体冲突以及文化差异冲突。

- **内心冲突：**内心冲突是当个人存在着两个或两个以上相反或相互排斥的动机或目标时所产生的一种矛盾心理状态。
- **人际冲突：**人际冲突是指人们在交往时，由于工作方式、生活目标以及价值观等不同所引起的人与人之间的冲突。
- **群体冲突：**群体冲突包括群体内部成员之间的冲突和群体与群体之间的冲突。由于群体内部人员对某事的认识和看法不同，对谈判的方式和策略的理解不同，容易引发个人与群体间的冲突；群体之间的冲突可能是各部门、各小组之间的冲突，也可以是不同组织之间的冲突。
- **文化差异冲突：**文化差异冲突是指不同文化背景下，各组织之间的冲突。文化差异冲突在国际商务谈判中是最显而易见的，由于思维模式、价值观念、交流方式以及信仰不同，容易引发该冲突。

2．冲突的影响

商务活动中，冲突的影响有利有弊，下面进行具体介绍。

◆**冲突的积极作用：**如果是个人内心的冲突，有可能刺激创造性的思维，使其以开阔的眼光看待问题。当冲突存在于双方时，那么在谈判的过程中，可以集思广益，开拓思维，提出创造性的解决方案，实现双赢，即将冲突化作解决问题的推动力。

◆**冲突的消极作用：**冲突的高压势必带来消极作用。一方面，有损引发冲突的个体或群体的心理健康，置身于对立的意见中，会使人焦虑不安。另一方面，冲突的僵持，会让谈判过程受阻，直接的后果是消耗金钱和时间。

5.3.2 说服——谈判的目的

无论是何种形式的冲突，最核心的问题始终是通过谈判的不同方式解决来自双方的冲突。冲突一旦发生，就需要积极解决，如果冲突维持现状，双方僵持不下，谈判无法如期完成，甚至冲突进一步升级，就会直接导致谈判破裂，那么谈判的目的就是说服，这也是谈判的本质。

1．说服的内涵

说服是在一定的情境中，个人或群体运用一定的战略战术，通过信息符号的传递，去影响他人的观念、行为，从而达到预期目的的一种交际表达方式。在商务谈判情境中，说服的立足点和说服的目的组成说服的内涵。

◆**说服的立足点是承认冲突：**商务谈判双方认识、观念、目标上的冲突或差异，是谈判的起点，也就是说冲突是说服的立足点。只有清楚地认识并承认冲突才能更好地实现说服行为。

◆**说服的目的是让对方接受自己的观点：**说服的目的是让对方接受自己的观点，也就是通过“说”来使人“信服”。

2．说服的技巧

说服不是口若悬河、巧舌如簧，不是单纯依靠渊博的知识，而是靠准确地掌握对方的心理，并施以适当的技巧。说服谈判对手，需要把握大的前提，首先要“知己”，明确目的并确定谈判主题，控制谈话的方向；明确谈判理想的结果和能接受的最坏结果是什么，以便制定灵活的谈判策略，在谈判和说服中做到有的放矢。这里将商务谈判中的说服技巧归纳为如下几个方面，以供读者参考。

（1）提高说服者的信誉

信誉包括可信度和吸引力两大因素。吸引力主要是指说服者外在形象的塑造。可信度由说服者的权威性、可靠性以及动机的纯正性组成，是说服者内在品格的体现。因此，要提高说服者的信誉，首先要提高说服者自身各方面的素质，说服才有分量、有权威性，才能赢得听者的尊重和信赖。

◆**权威性：**权威性包括说服者的年龄、职业、文化程度、专业技能、社会资历、社会背景等构成的权力、地位和声望。

◆**可靠性：**可靠性是指说服者的言论是否真实可靠，是否具有一定的真理性。

◆**动机的纯正性：**动机的纯正性是指说服者的说服目的必须端正，不能抱有私心或别有目的。

（2）了解说服对象

了解说服对象包括了解对方的兴趣爱好和了解对方的弱点。

了解对方的兴趣、爱好、日常信息，一方面可以作为谈话的切入点，另一方面可以显示出我们对对方的重视和关心，谈话中照顾到对方的一些爱好、禁忌，会接近彼此的心理距离。了解对方的弱点是为了在必要的时候作为筹码，以促使对方合作或妥协。

（3）把握说服时机

把握说服时机，对方才会愿意听，才会用心听。说服过早，会被对方认为过于敏感或无中生有；说服过迟，已事过境迁，即使有再好的见解，都不可能收到预期的效果。

趣味阅读

美国政治家和科学家富兰克林在费城的选举中获胜，担任了公职。但在竞选过程中与一位著名人士结下了难解之怨。在某些问题上他们观点相异，而富兰克林又非常需要那位先生的支持。

经过了解，富兰克林得知那位先生酷爱藏书，常引以为荣，他特别珍藏了一套书籍，其中有一册是非常珍贵的善本。于是富兰克林写了一封信给那位先生，请求他帮忙，将那册善本借给自己，那位先生接信后，几乎马上就派人把书送了过来，一星期以后，富兰克林将书送还，并附了一封热情洋溢的感谢信，向他深表谢意。结果，下一次二人碰面时，那位先生第一次主动与富兰克林交谈，并表示愿意尽全力与富兰克林合作，支持富兰克林。

【解析】

富兰克林运用求同存异的原则赢得了那位先生的友谊。同时，富兰克林在说服对方时，采用的切入点就是充分了解说服对象，掌握对方的兴趣爱好，并投其所好。最终，富兰克林赢得了对方的信任，并使说服变得顺理成章、理所当然。

（4）营造说服氛围

在说服时，首先应该想方设法调节谈话的气氛。和颜悦色地用提问的方式代替命令，并给人以维护自尊和荣誉的机会，气氛就是友好而和谐的，说服也就容易成功；反之，在说服时不尊重他人，拿出一副盛气凌人的架势，那么说服多半是要失败的。在商务谈判中，谁都不希望自己能被他人不费力地说服并受其支配。

（5）消除说服对象的防范心理

一般来说，在和说服对象较量时，彼此都会产生一种防范心理，尤其是在危急关头，要想使说服成功，就要注意消除对方的防范心理。从潜意识来说，防范心理的产生是一种自卫，也就是当人们把对方当作假想敌时产生的一种自卫心理，那么消除防范心理的最有效方法就是反复给对方暗示，表示自己是朋友而不是敌人。这种暗示可以采用多种方法来进行，如嘘寒问暖、给予关心等。

（6）以弱克强，以刚克刚

以弱克强的方法就是争取同情。有同情心是人的天性，如果想说服比较强大的对手时，可采用这种争取同情的技巧。以刚克刚则是用善意“威胁”的方法来增强说服力，这种善意的威胁可以使对方产生恐惧感，从而达到说服的目的。这里的“威胁”在具体运用时态度要友善，要讲清后果、说明道理，如用一句话阐明“如果你不接受这个意见，我方将考虑终止与贵公司的合作”，切记威胁程度不能过分，否则反而会弄巧成拙。

案例 5.4

某啤酒生产厂得罪了一家餐馆的经理，对方就改换售卖另一家品牌的啤酒。在直接和负责人谈判无效的情况下，销售人员天天晚上去这家餐馆帮忙搬运货物，甚至包括搬运竞争对手生产的啤酒。他总是说，“你是我的老顾客了，我要为你服务，即使你不销售我公司生产的啤酒。”他的诚意终于打动了经理，最终争取到了独家销售权。

【解析】

案例中啤酒厂家的销售人员一方面用持之以恒的行为、真诚的态度建立了自己的信誉。一方面“以弱克强”，在餐馆经理态度强硬并更换啤酒品牌的情况下，放低姿态帮助餐馆搬运货物，最终获得了餐馆经理的信任和认可。

本章小结

本章主要介绍了商务谈判的基础，包括商务谈判的定义、商务谈判的特征和构成要素、商务谈判的分类与评判标准、商务谈判所遵循的原则以及商务谈判的前提和目的。

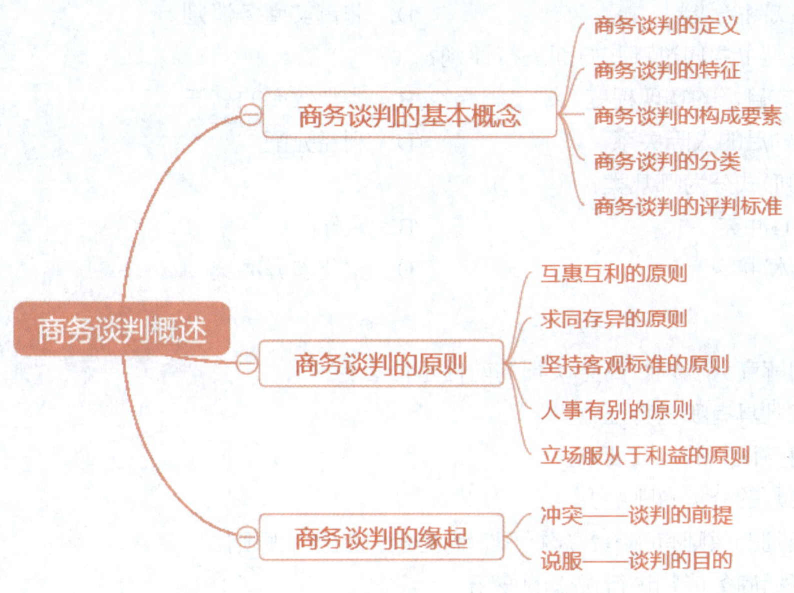

综合练习

一、单项选择题

1. 商务谈判的谈判核心是（　　）。

A. 经济利益　　B. 价格　　C. 措施　　D. 职员

2. 商务谈判的主要指标是（　　）。

A. 价格　　B. 经济利益　　C. 态度　　D. 冲突

3. 在第三方所在地进行的商务谈判属于什么类型的商务谈判（　　）。

A. 主场商务谈判　　B. 客场谈判
C. 中立地谈判　　D. 硬式商务谈判

4. 谈判时将对方的态度和讨论问题的态度区分开来，就事论事，属于哪项原则？（　　）

A. 人事有别原则　　B. 互利原则
C. 求同存异原则　　D. 客观原则

5. 商务谈判的前提是（　　）。

A. 说服　　B. 冲突
C. 利益　　D. 商品

二、多项选择题

1. 按谈判方所持态度划分，商务谈判的类型包括（　　）。

A. 硬式商务谈判　　B. 软式商务谈判
C. 原则性商务谈判　　D. 索赔商务谈判

2. 按谈判透明度划分，商务谈判主要分为（　　）。

A. 公开商务谈判　　B. 秘密商务谈判
C. 正式商务谈判　　D. 非真实商务谈判

3. 商务谈判主要通过哪些方面进行评判？（　　）

A. 既定目标的实现程度　　B. 谈判效率的高低
C. 谈判后的人际关系　　D. 利益分配

4. 冲突的形式分为哪几类？（　　）

A. 内心冲突　　B. 人际冲突
C. 群体冲突　　D. 文化差异冲突

三、问答题

1. 怎样理解商务谈判？商务谈判的前提是什么？
2. 商务谈判具有哪些特征？
3. 简述商务谈判的构成要素。
4. 商务谈判的分类有哪些？
5. 商务谈判的原则有哪些？怎样理解商务谈判的各项原则？
6. 总结概括商务谈判进行说服的技巧。

四、案例分析

美国钢铁大王戴尔·卡耐基曾经经历过这样一个谈判。有一段时间，他每个季度都有10天租用纽约一家饭店的舞厅举办系列讲座。后来，在某个季度开始时，他突然接到这家饭店的一封要求提高租金的信，饭店将租金提高到了原来的2倍。当时举办讲座的票已经印好并都发出去了。换场地已经来不及了。卡耐基当然不愿意支付提高的那部分租金。几天后，他去见饭店经理。他说："收到你的通知，我有些震惊。但是，我一点也不埋怨你们。如果我处在你们的地位，可能也会写一封类似的通知。作为一个饭店经理，你的责任是尽可能多地为饭店谋取利益。如果不这样，你就可能被解雇。如果你提高租金，那么让我们拿一张纸写下将给你带来的好处和坏处。”接着，他在纸中间画了一条线，线左边写“利”，右边写“弊”，在利的一边写下了“舞厅。供租用”。然后说：“如果舞厅空置，那么可以出租供舞会或会议使用，这是非常有利的，因为这些活动给你带来的利润远比办讲座的收入多。如果我在一个季度中连续20个晚上占有你的舞厅，这意味着你将失去一些非常有利可图的生意。现在让我们考虑一下弊。首先你并不能从我这里获得更多的收入，实际上你会连这笔收入也拿不到，因为我付不起你要求的价，所以我只能被迫改在其他的地方办讲座。其次，对你来说，还有一弊。这个讲座吸引了很多有知识、有文化的人来你的饭店。这对你来说是个很好的广告，是不是？实际上，你花了5000美元在报上登个广告也吸引不了比我讲座更多的人来这个饭店。这对于饭店来说是很有价值的。如果我不在这里办讲座，相当于附加的广告效果也没有了。”

卡耐基把两项“弊”写了下来。然后交给经理说：“我希望你能仔细考虑一下，权衡一下利弊，然后告诉我你的决定。”第二天，卡耐基收到一封信，通知他租金只提高到原来的1.5倍，而不是2倍。

扫一扫

第5章　案例思考解析

案例思考

1. 此次“谈判”的核心是什么？
2. 案例能够给你带来什么启示？

第2篇

谈判篇

第6章 商务谈判礼仪与心理

【学习目标】

- 理解商务礼仪的含义和作用
- 掌握商务活动的礼仪规范
- 了解商务谈判思想意识要求和业务能力要求
- 掌握调控商务谈判情绪的方法
- 掌握预防和应对商务谈判心理挫折的方法

6.1 » 商务谈判礼仪的基本概念

案例导入

10分钟的代价

一家拥有职工约6000人的大型泰国企业，为了避免濒临破产的局面，想寻找一家资金雄厚的企业做合作伙伴。经过多方努力，这家企业终于找到了一家具有国际声望的日本大公司。经过双方长时间艰苦的讨价还价，终于可以签订合约了，全厂职工为之欢欣鼓舞。

在第二天的签字仪式中，公司领导到达签字地点的时间比双方正式的约定时间晚了10分钟。待他们走进签字大厅时，日方人员早已排成一行，正恭候他们的到来。日方谈判人员男士个个西装革履，女士个个都身穿职业装；反观泰方人员，只有经理和翻译身穿西装，其他人员有穿夹克衫的，有穿牛仔服的，更有甚者穿着工作服。现场没有见到日方人员脸上出现期待的笑容，反而显示出一丝的不快。更令人不解的是，预定一上午的谈判日程，在半个小时内就草草结束，日方人员匆匆而去。

事后，日方递交给泰方一份正式的信函，其中写道："我们绝不会为自己寻找一个没有任何时间观念的生意伙伴。不遵守约定的人，永远都不值得信赖。着装混乱，贵方也是不重视这次谈判的。"无疑，双方的合作搁浅了，泰方为自己迟到的10分钟和着装问题付出了沉重的代价——破产倒闭。

【案例思考】

案例中导致谈判搁浅的原因是什么？商务谈判中商务礼仪的意义和作用是什么？

在商务谈判中，商务礼仪起着重要的润滑和促进作用。要卓有成效地开展商务活动，必须掌握礼仪知识，遵循礼仪规范，注重规避不合礼仪的言行。娴熟的谈话技巧、适度的礼仪，有助于商务活动取得成功。

6.1.1 商务礼仪的含义

礼仪是为维系和发展人际关系而产生的，是人类文明和社会进步的重要标志，它既是交往活动的重要内容，又是道德文化的外在表现形式，有着丰富的内涵。凡是把人内心待人接物的尊敬之情，通过美好的仪表、仪式表达出来，就是礼仪。

商务礼仪，就是公司或企业的商务人员在商务活动中，为了塑造个人或者企业的良好形象而应当遵循的对交往对象表示尊敬与友好的规范或程序，这其中包括仪表礼仪、言谈举止、书信来往、电话沟通等技巧，从商务活动的场合又可以分为办公礼仪、宴会礼仪和迎宾礼仪等。也可以说是在商务交往中应遵守的交往艺术。

导入案例中，因为迟到短短的10分钟和着装问题就导致了合作关系的破裂，可见商务礼仪的重要性非同一般。商务礼仪的重要意义就在于商务礼仪能够展示企业的文明程度、管理风格和道德水准，塑造企业形象。良好的企业形象是企业的无形资产，现代市场竞争除了产品竞争外，更体现在形象竞争，一个具有良好形象和信誉的企业或公司，容易获得社会各方的信任和支持。与客户谈合作时，具有良好的职场形象和职场礼仪不仅会给对方带来视觉的享受，还能给对方留下良好的印象，合作自然水到渠成，反之，有可能生意就毁在小小的职场礼仪细节之处。

6.1.2 商务礼仪的作用

有人把商务礼仪看作商务人员的敲门砖，是商务活动的通行证，更有人直言：商务礼仪决定商务谈判等商务活动的成败。商务礼仪的作用，一言以蔽之：内强素质，外塑形象。具体来讲，商务礼仪有以下重要作用。

1．提高商务人员的个人素质

商务礼仪有助于提高商务人员的个人素质。对商务人员来说，个人素质就是个人修养的表现。所谓个人素质，就是在商务交往中待人接物的基本表现，比如吸烟，一般有修养的人在外人面前是不吸烟的；有修养的人在大庭广众之下是不高声讲话的；在商务交往中，首饰佩戴也要讲究一定的原则：必须符合身份，以少为佳，一般不多于3种，每种不多于两件，同时要注意与服装搭配的和谐。一个人的一举一动、站立的姿势、走路的步态、说话的声音、对人的态度、面部表情、着装仪表等都能够反映出一个人仪态美不美。而这种美又恰恰是一个人的内在品质、知识能力和修养等方面的真实流露。

2．建立良好的人际关系

在商务交往中，人们互相影响，互相作用，相互合作，如果不遵循一定的规范，双方就缺乏协作的基础。在众多的商务规范中，礼仪规范可以使人明白应该怎样做、不应该怎样做，哪些可以做、哪些不可以做，有利于确定自我形象，尊重他人，赢得友谊。

3．维护商务人员和企业的形象

企业形象是由企业员工表现出来的，良好的企业形象有助于企业在激烈的市场竞争中取得有利的地位，不良的企业形象往往会导致一个企业的衰亡，这一点在导入案例中明显地体现了出来。商务人员的形象就是他的形体外观和举止言谈在商务交往对象心目中形成的综合化、系统化的印象，是影响交往能否融洽、交往能否成功的重要因素。而商务礼仪就是塑造形象的非常重要的手段，如在人际交往中，言谈讲究礼仪显得文明，举止讲究礼仪显得高雅，行为讲究礼仪显得美好，穿着讲究礼仪令人自信满满。运用商务礼仪，可以在公众心目中塑造出良好的组织形象，使企业在激烈的市场竞争中立于不败之地，并产生了很好的社会效应和经济效益。

4．联络商务人员的感情

礼仪有很强的凝聚情感的作用。如果人们自觉主动地遵守礼仪规范，按照礼仪规范自己，就容易使感情得以沟通，建立起相互尊重、彼此信任、友好合作的关系，进而有利于各项事业的发展。联络感情不仅是公关与商务礼仪的重要职能，也是公关与商务礼仪的重要特征。行使礼仪行为的基础必须是情感，礼仪行为也要有感而发，才能产生和颜悦色、得体的表现形式，否则，礼仪只不过是一套僵硬的程序和手段而已。

5．协调彼此的关系

商务礼仪能够化解矛盾，排除纠纷，协调好各方面的关系。达成调解、促成合作，是商务人员不可推卸的责任。在遇到问题时，理性地分析，合理地运用商务礼仪，如耐心的讲解、适当的道歉、宽容的态度、坦诚的语言，有利于消除误会、达成共识。

6.2 » 商务礼仪规范

案例导入

被礼仪细节破坏的签约仪式

中国某公司与美国一家公司在多次谈判后达成协议，准备正式签订合约。该公司负责签字仪式的现场准备工作，将公司总部十楼的大会议室作为签字现场，在会议室摆放了鲜花，长方形签字桌上临时铺设了深绿色的台呢布，摆放了中美两国的国旗，美国国旗放在签字桌左侧，中国国旗放在右侧，签字文本一式两份放在黑色塑料的文件夹内，签字笔、吸墨器文具分别置放在两边，会议室空调温度控制在20℃。办公室陈主任检查了签字现场，觉得一切安排妥当，他让办公室张小姐通知公司董事长、总经理等我方签字人员在会议室等待，自己到楼下准备迎接客商。

上午九点，美方总经理一行乘坐一辆高级轿车准时驶入该公司总部办公楼，司机熟练地将车平稳地停在楼前，陈主任在门口迎候，他见副驾驶坐上是一位女宾，陈主任以娴熟优雅的姿势先为前排女宾打开车门，并做好护顶姿势，同时礼貌地问候对方。紧接着，陈主任迅速走到右后门，准备以同样动作迎接后排客人，不料，前排女宾已经先于他打开了后门，迎候后排男宾，陈主任急忙上前问候，但明显感觉女宾和后排男宾有不悦之色。陈主任一边引导客人进入大厅，一边告知客人，董事长在会议室等待。他放慢步伐，很注意与客人的距离不能太远，一路带着客人，电梯上下，陈主任也是走在前面，做好带路工作。到达会议室后，在会议室等待的该公司的签字人员在客人进入会议室时，马上起立鼓掌欢迎，刘董事长急忙从座位上站起，主动与对方客人握手，不料，美方客人在扫视了会议室后，似乎非常不满，不肯就座，临时改变了主意，不想签字了。

6.2 案例解析参考

【案例思考】

是什么原因导致了美方客人临时改变了主意？

商务谈判的不同阶段，有不同的礼仪规范和表现形式，如会面、宴请、馈赠等都需要把握商务礼仪的尺度，才有利于谈判的全面开展。商务礼仪对谈判的影响是不容忽视的。

6.2.1 会面礼仪

会面是商务谈判的初始阶段，谈判人员实质接触首先源于会面。谈判人员的仪容仪表、言行举止会极大程度地影响谈判双方人员的进一步沟通和协商。

1．迎接礼仪

主场人员应该在会见或者会谈开始前到达，并在门口前迎接客人。若宾主早已认识，双方直接行见面礼；若是初次见面，一般由礼宾人员或者我方迎接人员中身份最高者，率先将我方迎接人员按一定顺序介绍给客人，在迎接的整个过程中，迎接人员应该始终面带微笑，以表示欢迎之诚。

2．问候礼仪

一般来讲，问候讲究“位低者先行”，就是地位、身份低的人首先问候地位、身份高的人。如社会常识告诉我们：晚辈见到长辈，晚辈应先向长辈致意问候。此外，行业不同，国情不同，文化背景不同，往往问候语也不一样。“吃饭了吗？”“忙什么呢？”“日子过得怎么样？”等常用的口头语不适合在商务谈判场合使用。

当被问候者不止一人时，可选用下面几种方法对交往对象进行问候。

- 统一进行问候，不再具体到每个人。如“大家好”“诸位来宾”“女士们”“先生们”等。
- 采用“由尊而卑”的礼仪习惯，先问候身份高者，然后问候身份低者。即在进行称呼时，先长后幼，先女后男、先上级后下级，先疏后亲。
- 当被问候者身份相似时，以“由近而远”为先后顺序，首先问候与本人距离近的人，然后依次问候其他人。

3．称呼礼仪

称呼是指当面招呼对方，以表明彼此关系的名称。在我国，深厚的礼仪底蕴决定了对称呼的严格要求。不称呼或称呼不当，都会给对方带来不快。在商务交往中，弄明白如何称呼对方，非常有必要。

商务交往中，称呼应当正式、庄重、规范。

- 尊称，如“同志”“先生”“小姐”“夫人”“女士”等。称呼“小姐”“女士”时要注意区别，未婚者称“小姐”，已婚或不明婚姻状况者称“女士”。
- 姓氏加以职务或职称，如“张处长”“王经理”“李教授”“刘律师”“孙医生”“吴会计”，也可以只称呼职务，如“处长”“教授”。
- 职业加以泛尊称，如“警察同志”“司机先生”“秘书小姐”“护士小姐”等。
- 对于老前辈或师长，为表示敬重还可以称“张老”等。

4．介绍礼仪

在商务交往中，人们往往需要首先向交往对象具体说明自己的情况，即介绍。介绍一般可分为自我介绍和介绍他人。

（1）自我介绍

自我介绍在商务活动中必不可少。自我介绍，就是在必要的商务场合，把自己介绍给其他人，以使对方认识自己。恰当的自我介绍，能增进他人对自己的了解。

公务式介绍单位、部门、职务、姓名一气呵成。自我介绍应注意以下几点。

- 若有可能，先递名片再进行介绍。
- 时机要得体。当别人需要了解自己的时候，或你需要别人了解的时候。
- 镇定而充满信心。
- 内容要真实准确。不夸大其词，不自吹自擂，并懂得适可而止。

（2）介绍他人

不同的场合应由不同的人充当介绍人。在商务聚会或宴请中，主人应是介绍人。公务场合应由秘书、公关人员、礼宾人员充当介绍人。在介绍时要注意介绍的先后顺序。一般而言，以客为尊或以位高者为尊。如先把晚辈介绍给长辈，先把地位低的人介绍给地位高的人。主客介绍时，则应先把主人介绍给客人，再把客人介绍给主人。

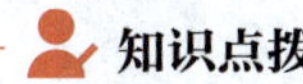

知识点拨

介绍的姿势应该手心向上，四指并拢，拇指张开，指向被介绍人，不可以用手指指点点或去拍被介绍一方的肩或背。作为被介绍者，应当表现出结识对方的热情，要正面对着对方，介绍时除了女士和长者外，一般都应该站起来，但若是在会谈进行中或宴会等场合，就不必起身，只微微欠身致意便可。被介绍的双方在介绍完后，应相互握手问好。

5．握手礼仪

握手，是见面时最常见的礼节。在商务活动中，因为不懂握手的规则而遇到尴尬的场面，是谁也不愿意遇到的。行握手礼需要讲究握手的方法和握手的顺序，如果做得不好，很容易带来负面效果。

（1）握手方法

与人握手时应面含笑意，注视对方双眼，神态要专注、热情、友好而自然。不要迟迟不握他人早已伸出的手，或一边握手一边东张西望，或忙于跟其他人打招呼。

向他人行握手礼时应起身站立。一般用右手握，双方手掌均呈垂直状态，四指并拢，拇指张开，肘关节微屈，抬至腰部，上身向前倾，相距约一步远，右手向侧下方伸出。双方互相握住对方手掌的大部分，上下轻摇两三下，一般以三五秒为宜。与人握手力量应当适中，用力过重或过轻同样都是失礼的行为。

（2）握手顺序

通常，握手时，双方伸出手的先后顺序应为“尊者居前”，即地位高者先伸手，地位低者后伸手。朋友和平辈之间谁先伸手可以不计较，一般谁先伸手，谁就被视为有礼貌。

- **两人顺序：**男士女士间，女士先伸手；晚辈长辈间，长辈先伸手；上司下属间，上司先伸手；迎接客人时，主人先伸手；送别客人时，客人先伸手。
- **多人顺序：**由尊而卑；由近而远；圆形场地按顺时针方向进行握手。

6．名片礼仪

名片是以姓名为核心的有关个人信息介绍的载体。在商务往来中，名片犹如一个人的脸面。在商务交往中，每一名商界人士不仅必须备有名片，而且应当随时携带。

（1）名片的递送

应在见面之初递上名片。递名片时应起身站立，走上前去，使用双手（双手捏住名片的两个角）或者右手将名片正面对着对方后递给对方，要让字体对着对方，目的是让对方能够直接读出来。若对方是外宾，最好将名片上印有英文的那一面对着对方。将名片递给他人时，应说“多多关照”“常联系”等话语。

（2）接受名片

接受名片时，需要注意以下几点。

- 接受他人名片时，除女性外都应起身站立，面含微笑，使用谦辞敬语，目视对方。

◆接受名片时，双手捧接，或以右手接过。

◆接过名片后，要从头至尾把名片认真默读一遍，发现对方有重要头衔朗声读出，意在表示重视对方。

◆接过名片要回敬名片给对方，有来有往。

（3）名片的存放

接受的名片不可把玩、乱扔乱放，这样是极其不尊重他人的表现。接过他人的名片看过之后，应将其放入专用的名片包、名片夹或上衣口袋内。

6.2.2 会议礼仪

谈判过程中，谈判场地的布置、会谈的礼仪以及签约礼仪，都能体现一个单位的团体意识、整体素质及成员修养。

1．谈判座次礼仪

在国际商务活动当中，座位的排列应遵循3个原则，即以前为上、以中为上和以右为上。如果谈判桌横放，则正面对门为上座，应属于客方，背面对门为下座，属于主方。如果谈判桌竖放，则应以进门方向为准，右侧为上，属客方；左侧为下，属主方。双方主谈人或首席代表各在己方一边的中间就座，译员安排在主谈人右侧，其余人员则遵循右高左低的原则，依照职位高低自近而远地分别在主谈人两侧就座。

2．谈判会谈礼仪

谈判参与人员要严格守时，着装整齐、规范，仪容整洁、得体，保持良好的精神状态。交谈是商务谈判活动的中心活动，而在圆满的交谈活动中，遵守交谈礼仪占有十分重要的作用。会谈礼仪包括如下几个方面。

◆**尊重交谈对象：**商务谈判中，尊重交谈对象是最基本的礼貌，只有尊重对方、理解对方，才能赢得对方感情上的接近，从而获得对方的尊重和信任。尊重交谈对象应该选择令对方容易接受的方法和态度，了解对方讲话的习惯、文化程度、生活阅历等因素对谈判可能造成的种种影响。交谈时应当意识到，说和听是相互的、平等的，双方发言时都要掌握各自所占有的时间，不能出现一方独霸的局面。

◆**及时肯定对方：**在谈判过程中，当双方的观点出现类似或基本一致的情况时，谈判者应当迅速抓住时机，用溢美的言辞中肯地肯定这些共同点。赞同、肯定的语言在交谈中常常会产生异乎寻常的积极作用。当对方赞同或肯定我方的意见和观点时，我方应以动作、语言进行反馈交流。这种有来有往的双向交流，易于双方谈判人员感情融洽，从而为达成一致协议奠定良好基础。

◆**姿态得体：**交谈时要自然，要充满自信。手势不要过多，谈话距离要适当，内容一般不要涉及不愉快的事情。

◆**把握语速、语调和音量：**在交谈中语速、语调和音量对意思的表达有比较大的影响。交谈中陈述意见要尽量做到平稳中速。在特定的场合下，可以通过改变语速来引起对方的注意，加强表达的效果。一般问题的阐述应使用正常的语调，保持能让对方清晰听见而不引起反感的高低适中的音量。

案例 6.1

本案例视频来自《与全世界做生意》片段，为山东普利集团公司董事长刘建业先生与缅甸商人麦克妞妞谈判缅甸市中心的一块土地。

案例视频：刘建业与缅甸商人麦克妞妞谈判

【解析】

交谈活动离不开交谈，商务谈判的过程无疑是交谈的过程。恰当的、有礼貌的交谈不仅能增进双方的了解、友谊和信任感，而且还能促进谈判更加顺利、有效地进行。在商务谈判中，交谈并非只限于谈判桌前，还有谈判之余，如谈判中的间歇时间或离开谈判桌之后的闲谈。交谈的话题并非只限于和谈判相关的问题，还可能是生活中的方方面面。所以，交谈中一定要注意一些礼节和事项。在谈判中要做到交谈自然与手势适当。交谈时表情要自然，态度要和气，语言表达要得体，谈话距离要适当，不要离对方太远或太近，不要拉拉扯扯、拍拍打打，不要唾沫星子四溅。交谈中的手势要适当。手势可以反映谈判者的情绪，可以表达大小、强弱、难易、分合及数量、赞扬、批评、肯定、否定等意思。参加别人谈话时要先打招呼。别人在个别谈话时，不要凑近旁听。

3．谈判签约礼仪

双方参加谈判的全体人员都要出席，共同进入会场，相互致意握手，一起入座。双方都应设有助签人员，站立在各自一方代表签约人外侧，其余人员排列站立在各自一方代表身后。助签人员要协助签字人员打开文本，用手指明签字位置。双方代表各在己方的文本上签字，然后由助签人员互相交换，代表再在对方文本上签字。签字完毕后，双方应同时起立，交换文本，并相互握手，祝贺合作成功。其他随行人员则应该以热烈的掌声表示喜悦和祝贺。

6.2.3 宴请礼仪

在商务谈判中，为了加强双方的关系和联络感情，互相之间经常进行宴请。谈判宴请应该比其他的商务活动宴请更加重视宴请礼仪，宴请之前要根据具体的情况确定宴请的规格。具体细节包括宴请组织、宴请的座次安排、宴请的个人礼仪等。

1．商务谈判宴请组织

宴请对于谈判来说具有很重要的作用，应该掌握严格的礼仪要求。宴请谈判方是一种较高规格的礼遇，所以宴请方一定要认真、周到地做好各种准备工作。

- **了解宴请对象：** 首先必须了解宴请对象的基本情况。主宾的职务、习俗、爱好等，以便确定宴会的形式，饮食的安排。
- **明确宴请的形式：** 宴请的形式根据规格、人数确定，可以为正式宴会、酒会、自助餐等形式。目前世界各国礼宾工作都在改革，逐步走向简单化。
- **选择宴请的地点：** 根据谈判的内容，谈判双方的职务、年龄、性别等选择合适的宴请地点。
- **安排菜肴和酒水：** 宴请中菜肴的安排要做到丰俭搭配，主次分明。菜肴的安排需要注意以下几点：规格身份、宴会范围；精致可口、赏心悦目、特色突出；尊重客人饮食习惯、禁忌；

注意冷热、甜咸、色香味搭配。

2．商务谈判宴请座次安排

商务谈判宴请的座次安排与座次的高低大致相同，一般是右高左低，前高后低，先右后左，中间高于两侧。国际宴请的座次安排一般是男女穿插，每位女士身边均会安排一位男士，以便在任何时候可以帮助女士。中式宴请座次安排首先面门居中者为上座，以右为尊。而在谈判宴请中，可以根据职位的高低安排座次，职位相当便于沟通。如果有夫人随同出席，应该把他们安排在一起入座。

通常安排每桌10人，来宾的位置以离主人座位的远近而定。我国习惯按各人本身职务排列，以便于谈话。当只有一位主人时，1号来宾坐在主人右手的一侧，2号来宾坐主人左手的一侧，其他来宾依次分别坐在两侧。当有两位主人时，即有第一主人和第二主人时，1号来宾坐在第一主人右手的一侧，2号来宾坐在第一主人左手的一侧，3号来宾坐在第二主人右手的一侧，4号来宾坐在第二主人左手的一侧，其他来宾依此排座。

3．商务谈判宴请个人礼仪

商务谈判宴请礼仪实际上是双向的礼仪，宾主双方各有必须遵循的礼仪。

（1）邀请方礼仪

商务谈判宴请邀请方的礼仪部分包含如下3个方面。

- **迎送宾客：**宴会开始前在酒店门口迎接，宴会结束后一一送别。
- **引导入席：**安排专门的引导人员，引导宾客依次进入席位。
- **用餐安排：**邀请方应该努力使宴请就餐过程气氛融洽，要不时寻找话题进行交流。还要注意宾客的用餐喜好，掌握用餐的速度。

（2）被邀请方礼仪

商务谈判宴请被邀请方的礼仪部分包含如下2个方面。

- **应邀准时：**被邀请方应该掌握好赴宴时间，赴宴一定不要迟到，也不要早到。
- **交谈得体：**被邀请方应该主动与其他人交谈，不要光顾着和自己熟识的人交谈，特别应注意与主人进行交谈。交谈的话题要轻松、高雅、有趣，不要涉及对方敏感、不快的问题，不要对宴会和饭菜妄加评论。

知识点拨

商务谈判宴请礼仪应该注意：宴请中不宜深入交谈与谈判有关的实质性问题，以免陷入僵局；宴请中不吸烟，进嘴的东西不要吐出来，让菜不夹菜，助酒不劝酒，餐桌上不要整理服饰，吃东西不要发出声音。

6.2.4 馈赠礼仪

赠送礼物的主要目的除了对本次谈判顺利结束表示祝贺以外，也为了表达友好关系，巩固彼此的交易关系，达成进一步交往的愿望。在商务活动中，馈赠礼仪是一项重要内容，送什么、什么时候送、在什么场合送都有讲究，因为只有合乎礼仪的赠送行为才能达到上述目的。

1．礼品的选择

不论是国内商务谈判，还是国际商务谈判，是正式活动还是私人应酬，交往对象因国家、民族不同，年龄、性别、职业、兴趣各异，选择礼品时务必根据不同的对象选择不同的礼品，满足不同的需要。通常礼品的选择可按照“巧、小、少”的原则进行。

◆**贵在巧：**馈赠礼品不重贵贱，在于用意巧妙，具有特定的意义。东西精致或精巧，特色产品是较好的选择。

◆**贵在小：**所送礼品一般以能够随身携带、小巧玲珑为佳。如果礼物不易搬动，赠送时兴师动众，弄得四邻皆知，反而使受礼者显得尴尬。

◆**贵在少：**送礼应遵循少而精的原则，公司的主打产品、宣传画册、企业标志或建筑模型等，都是很好的正式礼品。在重大活动中，以公司的名义正式向外界赠送礼品，要突出礼品的纪念性。针对西方人士的礼品有玉饰、真丝服饰、绣品等。

2．赠送的时机

礼尚往来，是人之常情。但要把握分寸、把握时机，千万不能因送礼、还礼而受累。参加宴会活动向主人赠送礼品时，应在见面之初把礼物赠予对方；当自己以东道主身份接待来宾时，通常是在对方告辞之前向对方赠送礼品，在告别宴会上赠送或到其下榻处赠送都可。

考虑赠送礼品的地点时要注意公私有别。一般来说，工作中所赠送的礼品应该在公务场合赠送，如在办公室、写字楼、会客厅；在工作之外或私人交往中赠送的礼品，则应在私人居所赠送，而不宜在公共场合赠送。

馈赠礼品时在外国人面前不要讲“真不好意思，礼品太薄，实在拿不出手”之类的话，因为外国人的思维习惯不同，如此表达，会使他们误认为你轻视他。不妨反过来说“这件礼物是我专门为你挑选的，希望你能够喜欢”。

3．馈赠的形式

馈赠礼品，尤其馈赠给外国来宾，包装很重要，它表示对主人的诚意和送礼人的郑重。不论礼品本身有没有盒子，都可选择用彩色花纹纸包装，用彩色丝带捆扎好，并系成蝴蝶结、梅花结等。包装所用的材料，要尽量精美。在礼品包装纸的颜色、图案，包装后的形状、丝带的颜色、结法等方面，要注意尊重受礼人的文化背景、风俗习惯和禁忌，如日本人忌绿色，喜红色；美国人喜欢鲜明的色彩，但忌紫色。

4．接受馈赠

客人回赠礼物，一定要欣然接受，并赞美和感谢，不要过于谦虚，不要用“受之有愧”和“我不能收您的礼物”这样的话予以推辞。收到客人的礼物后，最好尽快打开，长时间对礼物无反应，会使人产生你对礼物不感兴趣，或不喜欢这类礼物的感觉。

对于并不熟悉的人赠送的昂贵礼品或接受后或许会受到对方控制的礼品，可进行处理，在拒收礼品时，应保持礼貌、从容、自然、友好的态度，先向对方表达感谢之情，再向对方详细说明拒收的原因，切记不可强硬阻挡，以免对方难堪。

5．馈赠禁忌

禁忌，是因为某种原因而对某些事物所产生的顾忌。禁忌的产生一是纯粹由受赠对象个人原因造成的；二是由风俗习惯、宗教信仰、文化背景、职业道德等原因形成的。在选择礼物时，必须慎重对待，不能随心所欲不假思索地随意送一件礼物了事。

一般来说，我国在国内、国际正式社交活动中，因公赠礼时，不允许选择以下几类物品作为正式赠予交往对象的礼品：一是现金、信用卡，有价证券；二是价格过于昂贵的奢侈品；三是烟酒等不合时尚、不利健康的物品；四是易使异性产生误解的物品；五是触犯受赠对象个人禁忌的物品。

西方人喜单数却忌“13”；英国人不能送百合花，因为此花在他们看来有“死亡”之意；荷兰人不能送食品；意大利人忌讳送手帕，因为手帕是亲人离别时擦眼泪的不祥之物；法国人不接受有明显广告标记的礼品，而喜欢有文学价值和美学内蕴的礼品。

知识点拨

商务交往中的“6不送”：

1. 不送过于昂贵的礼品；2. 不送便宜物品或伪劣产品；3. 不送不合时宜、不健康之物；4. 不送轻易让对方产生误解的物品；5. 不送触犯对方禁忌的物品；6. 不送带有标签的礼品。

6.3 » 谈判人员的素质要求

案例导入

日方谈判人员拖延谈判时间获取胜利

1986年，日本一个客户与东北某省外贸公司洽谈毛皮生意，条件优惠却久拖不决。转眼过去了两个多月，原来一直兴旺的国际毛皮市场货满为患，价格暴跌，这时日商再以很低的价格收购，使我方吃了大亏。

据记载，一个美国代表被派往日本谈判。日方在接待的时候得知对方需于两个星期之后返回。日本人没有急着开始谈判，而是花了一个多星期的时间陪她在国内旅游，每天晚上还安排宴会。谈判终于在第12天开始，但每天都早早结束，为的是客人能够去打高尔夫球。终于在第14天谈到重点，但这时候美国人已经该回去了，已经没有时间和对方周旋，只好答应对方的条件，签订了协议。

6.3 案例解析参考

【案例思考】

通过阅读案例谈谈你对商务谈判心理的感受。

谈判人员是谈判行为的主体，谈判人员素质的高低会直接对谈判结果产生重大影响。素质，是人的品质与技能的综合，它是指人们在先天因素的基础上，通过接受教育和客观实践锻炼形成的。在商务谈判中，有各种类型的谈判者，由于他们在谈判中的地位、任务、性质和工作职责不同，要求也就有所差别，但无论哪种类型的谈判人员，都应具备相应的素质。一般来说，一名优秀的谈判人员应当具备健全的思想意识、过硬的业务能力以及良好的心理素质，并且，能够对情绪和心理挫折进行有效控制。

6.3.1 思想意识要求

一个称职的谈判人员首先应该思想品行端正，这也是商务谈判人员必须具备的基本条件。每个谈判人员在谈判过程中必须忠于职守，遵守国家的法律法规，自觉维护国家和集体的利益和荣誉。

1．良好的政治思想素质

政治思想素质是谈判人员必须具备的首要条件，也是谈判成功的必要条件，它首先表现在作为谈判人员必须遵纪守法，廉洁奉公，忠于国家、组织和职守。其次，具有强烈的事业心、进取心和责任感。在商务谈判中，谈判人员必须思想过硬，在谈判中不应考虑个人的荣誉得失，应以国家、企业的利益为重，始终把握“失去集团利益就是失职，赢得集团利益就是尽职、就是成功”的原则，发扬献身精神，有一种超越私利之上的使命感，使外在的压力变成内在的动力。

2．具有团队意识

作为谈判人员，必须忠于职守和具有团队意识，自觉遵守组织纪律，维护组织利益；必须严守组织机密，不能自作主张，毫无防范，口无遮拦；要一致对外，积极主动。不具备团队意识的谈判人员，是不会为集体的需要据理力争的。优秀谈判人员的理念是：一旦坐到谈判桌前，谈判就要彼此尊重，并在此基础上展开智勇较量。但最终目的不是谁压倒谁，也不是置对方于死地，而是为了沟通和调整，使双方都能满足己方的基本要求，达成一致，力求得到公平合理的谈判结果。

3．富有事业心和责任感

崇高的事业心和责任感是指谈判者要以极大的热情和全部的精力投入到谈判活动中，以对自己工作高度负责的态度，抱定必胜的信念去进行谈判活动。只有这样，谈判过程中才能有勇有谋，百折不挠，取得最终的成功。如果没有事业心和责任感，谈判人员不会全力以赴积极争取集体利益。只有具有崇高事业心和强烈责任感的谈判者，才会以科学严谨、认真负责、求实创新的态度，本着对自己负责、对别人负责、对集体负责的原则，克服一切困难，顺利完成谈判任务。

6.3.2 业务能力要求

在波澜壮阔的历史演绎中，苏秦、张仪合纵连横，晏子使楚，蔺相如完璧归赵等历史事件无不闪耀着谈判者过人的智慧和令人赞叹的个人能力以及高超的谈判技巧。

一名优秀的谈判人员，与其自身品质和修养、宽阔的心胸和大无畏的气魄是分不开的。同时，要求谈判人员必须具备优秀的业务能力。这里的业务能力是一种泛指的能力，它主要是指具备广博的知识面、较深的专业知识，同时还包括观察、思考、判断和决策等能力。

1．丰富的知识面

商务谈判作为一种边缘性学科和经营活动，是多种学科与知识的综合和创造。因此，作为一名谈判人员，必须掌握各种相关的基本知识。具体包括如下几个方面。

- 掌握政治、政策知识，把握交易的基本性质和方向。
- 了解经济学知识，具有经济头脑。
- 懂得企业经营管理知识，使商务谈判更好地成为企业经营管理的有机组成部分，并为企业经营管理服务。
- 精通心理学、行为科学和社会学知识，善于分析己方及对方的各种需要、动机和行为，充分发挥谈判人员的积极性和创造性。
- 掌握对外商务知识以及有关世界各国的风土人情、社会状况、国际社交礼仪、法律知识等，以适应国际商务谈判的需要。

◆具有较高的语言、文学修养，使谈判能够生动活泼、有声有色、富有成果。

2．智慧能力

所谓智慧能力，即认识、理解客观事物，并运用知识、经验等解决问题的能力，如记忆、观察、思考、判断和决策等能力。具体表现为如下几个方面。

◆**搜集整理能力：**一名优秀的谈判人员，需要记忆各种有益的谈判素材、资料、情景以及瞬间的感受与体会，做好积累工作。

◆**观察和判断能力：**一名优秀的谈判人员，要善于察言观色，要准确地把握谈判对手的心理，判断对方提供的信息和己方搜集信息的真实可靠性。这对谈判的成功和确保己方获得最大利益都有重要作用。例如，嘴唇紧闭、瞪大眼睛盯着你，就表示对方充满敌意并且极具攻击性。因此，谈判人员需要有敏锐的洞察力，要善于思考问题、辨析问题，进而明辨事物的真伪与是非，权衡其中的利弊、得失，做出正确的结论和对策。

◆**社交和表达能力：**一名优秀的谈判人员需要具备良好的社交能力和表达能力。谈判是谈判双方进行意见交换、利益博弈的交流过程，需要谈判人员拥有良好的文字和口语表达能力，熟知各种公关礼仪、公关语言、合同格式，同时还要善于与各类性格的人进行交流与相处。在语言沟通中，适当运用委婉、幽默的语言，从而使谈判活动在轻松的氛围中顺利和谐进行。

◆**逻辑思维能力：**一名优秀的谈判人员需要具备清晰的逻辑思维能力。因为对方往往尽可能地用混乱的逻辑语言延时表达主要问题，这种情况下，就要求谈判人员进行逻辑的概括整理，识破对方的阴谋，从而避免谈判结果上的损失或失去谈判的主动权。

◆**想象力和创造力：**一名优秀的谈判人员，要有丰富的想象力和创造力，能够及时预测谈判发展的进程、趋势及意外情况，能够排除各种洽谈障碍，打破谈判僵局。

◆**灵活的现场调控能力：**灵活的现场调控能力实际上就是商务谈判人员的“情商”。在商务谈判中，谈判人员要善于应变，权宜通达。随着谈判的进展和双方力量的变化，谈判中可能出现较大的变数。如果谈判人员墨守成规，那么谈判容易陷入僵局，甚至破裂。所以，优秀的谈判人员要善于因时、因地、因事，随机应变。

趣味阅读

一次，杨澜在广州天河体育中心主持大型文艺晚会。节目进行到中途，她在下台阶时不小心摔倒。正当观众为这种意外情况感到吃惊时，她从容地站起来，诙谐地说：“真是人有失足、马有失蹄啊！刚才我这个狮子滚绣球的表演还不太到位，看来，我这次表演的台阶还不太好下。不过，台上的表演比我精彩得多。不信，你看他们！”

观众听到她略带自嘲的即兴发挥，忍不住大笑起来。这样，杨澜就巧妙地把观众的注意力吸引到了台上。主持人杨澜灵活的现场调控能力令人拍案叫绝。

【解析】

灵活应变，很多通过自嘲、幽默的方式化解、避免尴尬。在商务谈判中，随机应变、权宜通达的能力往往能够在双方谈判陷入僵局时成功缓解紧张的氛围。

3．商务谈判的经验

谈判是一种具有实践性、应用性的艺术。因此，对商务谈判的理论研究所得出的一般结论，只能作为谈判人员的行动指南。要做到在谈判中炉火纯青，还需要谈判者经过多方面的反复实践，积累谈判经验。经验是实践知识与能力的结晶。若谈判者只有书本知识，没有实践经验，就很可能使谈判成为纸上谈兵。

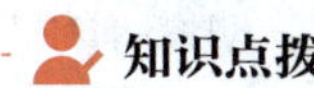

知识点拨

商务谈判是既消耗体力又消耗脑力的人类活动，很多谈判都是时间紧、任务急，没有健康的身体是很难胜任谈判工作的。因此，谈判人员不仅要具备出类拔萃的业务能力，还要有良好的身体素质，具备充沛的精力，保证思路敏捷，精力旺盛。

6.3.3 心理素质要求

商务谈判是一个针锋相对的过程，谈判双方都要面对方方面面的压力，特别是在面对长期谈判、大型谈判或者延期谈判时，对谈判人员的心理素质有更高的要求，如具有更强的心理承受能力，能够应对突发状况，或在谈判不顺利或受到对方的挫败时，能够调控自己的焦躁情绪。

1．良好的气质和性格

谈判过程往往是复杂的、困难的、艰苦的，由于商务谈判以价格为谈判的核心，立场服从于利益，有时要求谈判人员“知其不可为而为之”。一名成熟的、优秀的谈判人员应该具备坚强的毅力、百折不挠的精神和坚定的决心。在谈判桌上，双方为利益彼此博弈，你进我退，一方若有妥协的意思，对方定会抓住机会步步紧逼。因此，在谈判中，不管有什么样的困难和压力，都要显示出奋战到底的决心和勇气。良好的气质性格应具备以下特征：大方而不轻佻、爽快而不急躁、坚强而不固执、活泼而不轻浮、谨慎而不拘谨、严肃而不呆板、果断而不武断。

2．坚韧不拔的意志力

商务谈判不仅是一种智力、技能和业务能力的较量，更是一场意志、耐性和毅力的较量。一些大型商务谈判，往往不是1次、2次就能完成的。对谈判者而言，如果缺乏坚韧不拔的意志和耐心，很难在谈判中取得圆满成功。意志和耐心不仅是谈判者应具备的心理素质，也是进行谈判的一种方法和技巧。

3．商务谈判情绪调控

谈判过程中难免会因为利益的冲突而形成对立、僵持、争执的局面，如果谈判者自制力差，出现过分的情绪波动，就会破坏良好的谈判气氛，造成自己举止失态、表达不当，使谈判不能进行下去，或者草草收场，败下阵来。

商务谈判的情绪调控实际上是指谈判者应当具备良好的自制力。在谈判顺利时不会盲目乐观，喜形于色；在遇到困难时也不会灰心丧气，怨天尤人；在遇到不礼貌的言行时，也能够克制自己不发脾气。

自控能力的具体表现是谈判人员在高压下仍然能够进行正确的分析与推理。谈判过程中，双方由于利益的抗衡和依存，使谈判人员心理上承受了巨大压力，需要随时就某个谈判事项的具体特征和实质进行分析与判断。要求谈判人员在承受压力的情况下，依据自身的知识经验，客观地观察与思考，根据已知的信息进行分析推理，在种种可能与假设的分析过程中识破对方的计谋，并使自己的提议与要求得以实现。即使在谈判局势发生急剧变化，甚至在激烈的争执中也能克服自身的心理障碍，控制自身的行为，以恰当的语言和举止来说服和影响对方。

4．心理挫折的预防和调控

所谓心理挫折，是指在某个行为过程中，人们自己认为或感觉遇到难以克服的障碍和干扰等情况时在心理上形成的挫折感，并由此产生类似于忧虑、焦急、紧张、激动、愤怒、懊悔等的情绪。心理挫折是一种主观的感受，心理挫折或挫败并不代表商务谈判的失败。

（1）商务谈判心理挫折的原因和影响

在商务谈判中，谈判者难免遇到不同的困难和阻碍，由此产生心理挫折是不可避免的。在商务谈判中，容易造成谈判人员心理挫折的原因有以下几点。

- 谈判人员自身的能力不足，如知识面不广、修养不足等。
- 谈判人员对谈判内容缺乏应有的了解，掌握信息不够，制定出不合理或不可行的谈判目标，这种情况对谈判者容易造成心理挫折。如，购买一批产品，决定它的单价不超过100元就买下，而对方斩钉截铁地回答低于500元不卖。由于落差太大，此时就会产生很大的心理挫折，从而失去谈判的信心和勇气。
- 由于惯例、经验对谈判人员的影响，谈判者容易形成思维定式，将自己的思维和想法禁锢起来。对于出现的新情况、新问题仍然按照经验、惯例去解决，这样既影响谈判的结果，也容易受到心理挫折。

在商务谈判中，无论是什么原因引起谈判者的心理挫折，都会对谈判的圆满成功产生不利影响。谈判是人与人之间斗智斗勇的一项交际活动，需要谈判者全力以赴，始终保持高度的敏感性和思辨能力。任何形式的心理挫折，都容易分散谈判人员的注意力，造成反应迟钝、判断能力下降，使谈判人员不能充分发挥个人潜能，从而无法取得令人满意的谈判结果。

（2）商务谈判心理挫折的预防与应对

要克服心理挫折对商务谈判的不利影响，就必须积极对心理挫折进行预防和应对，预防心理挫折，一方面要提高谈判人员的素质，另一方面要消除引起客观挫折的原因，如积极搜集谈判内容，掌握足够的信息。而应对心理挫折，一方面要勇于面对挫折，并积极地摆脱挫折情景，另一方面要及时宣泄挫折情绪，如暂停谈判，进行短暂的休息，让自己冷静下来等。

案例 6.2

本视频为《与全世界做生意》片段，讲述泰州雕刻师傅帅春燕忍受日本商人的百般挑剔后完成日本雕刻佛像的订单的故事。

案例视频：泰州雕刻师傅接受日本订单雕刻佛像

【解析】

日本的传统文化和经济发展的现实，使日本企业形成了鲜明的谈判特点。总体上看，日本人进取心强，工作态度认真，等级观念强，不轻信人，注意做人的工作，考虑交易的长远影响，善于开拓新领域。他们慎重、规矩、礼貌、耐心。在国际商务谈判中，日本人被称为“最难对付的谈判对手”。帅春燕开始对日本客商的过分挑剔心里很恼火。也反映了日本人的“难对付”。

同日本人谈判的要诀：（1）保全面子，与日本人谈判要注意的首要问题是保全面子，如何做到这一点？第一，千万不要直接指责日本人，否则肯定会有损于相互之间的合作关系，较好的方法是把自己的建议间接地表示出来，或采取某种方法让日本人自己谈起棘手的话题，或通过中间人去交涉令人不快的问题；第二，避免直截了当地拒绝日本人；第三，不要当众提出令日本人难堪或他们不愿回答的问题。（2）千万不要选派年龄在35岁以下的人同日本人谈判。（3）谈判前获得日方的信任。（4）耐心是谈判成功的保证。

本章小结

本章主要介绍了商务谈判的礼仪与心理要求，包括谈判礼仪的含义和作用、商务谈判礼仪的规范、商务谈判人员的素质要求。

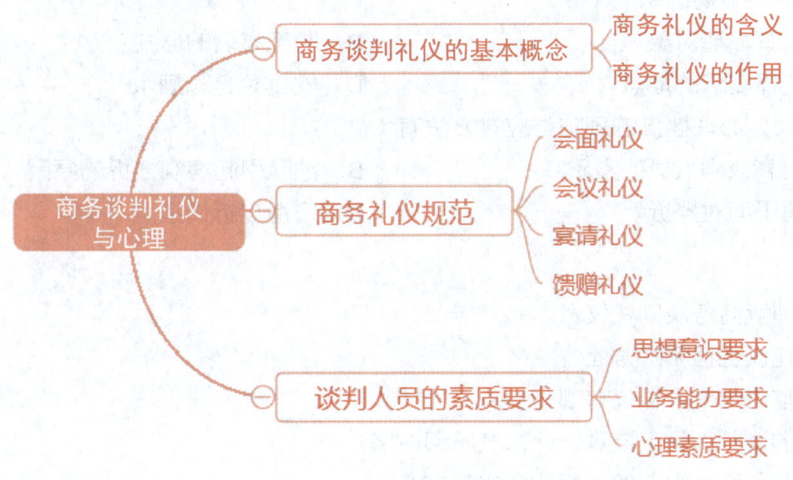

综合练习

一、单项选择题

1. 男女之间，握手礼仪的顺序是（　　）。

A. 男士先伸手　　B. 女士先伸手

C. 谁先伸手都可以　　D. 尽量同时伸手

2. 握手时间一般以多久为宜？（　　）

A. 1秒　　B. 3到5秒

C. 10秒　　D. 10到30秒

3. 善于察言观色，准确地把握谈判对手的心理，判断对方提供的信息和己方搜集信息的真实可靠性。这是属于什么样的能力？（　　）

A. 观察判断能力　　B. 社交表达能力

C. 逻辑思维能力　　D. 资料收集能力

二、多项选择题

1. 礼仪的作用体现在哪些方面？（　　）

A. 提高商务人员的个人素质　　B. 建立良好的人际关系

C. 维护商务人员和企业的形象　　D. 联络商务人员的感情

E. 协调彼此的关系

2. 商务谈判中，商务礼仪规范主要包括哪些方面？（　　）

A. 会面礼仪　　B. 会议礼仪

C. 宴请礼仪　　D. 馈赠礼仪

3. 谈判会谈礼仪包括哪些？（　　）

A. 尊重交谈对象　　B. 及时肯定对方

C. 姿态得体　　D. 把握语速、语调和音量

4. 商务谈判宴请组织需（　　）。

A. 了解宴请对象　　B. 明确宴请的形式

C. 选择宴请的地点　　D. 安排菜肴和酒水

5. 商务谈判心理挫折的预防与应对方法有（　　）。

A. 提高谈判人员的素质　　B. 消除引起客观挫折的原因

C. 勇于面对挫折　　D. 宣泄挫折情绪

三、问答题

1. 怎样理解商务谈判礼仪？
2. 会面礼仪包括哪些方面？
3. 商务宴请的个人礼仪有哪些？
4. 优秀的谈判人员应该具备什么气质和性格？
5. 浅谈商务谈判中心理挫折的预防与应对。

四、案例分析

巴西一家公司到美国去采购成套设备。巴西谈判小组成员因为上街购物耽误了时间，当他们到达谈判地点时，比预定时间晚了45分钟。美方代表对此极为不满，花了很长时间来指责巴西代表不遵守时间，没有信用，如果老这样下去的话，以后很多工作很难合作，浪费时间就是浪费资源、浪费金钱。对此巴西代表感到理亏，只好不停地向美方代表道歉。谈判开始以后美方代表似乎还对巴西代表来迟一事耿耿于怀，一时间弄得巴西代表手足无措，说话处处被动，无心与美方代表讨价还价，对美方提出的许多要求也没有静下心来认真考虑，匆匆忙忙就签订了合同。等到合同签订以后，巴西代表平静下来，头脑不再发热时才发现自己吃了大亏，上了美方的当，但已经晚了。

案例思考

1. 巴方谈判小组迟到 45 分钟是否符合商务礼仪规范？
2. 案例中巴方为何谈判失利？

第 6 章 案例思考参考

第2篇

谈判篇

第7章　商务谈判准备与组织

【学习目标】

- ◆了解信息准备工作的内容
- ◆掌握搜集信息资料的方法
- ◆了解谈判物质准备工作的内容
- ◆熟悉商务谈判场地的布置
- ◆了解谈判人员组织构成
- ◆了解模拟谈判的作用
- ◆理解模拟谈判的方法

7.1 » 商务谈判的信息准备

案例导入

知己知彼，百战不殆

我国某冶金公司要向美国购买一套先进的组合炉，派一高级工程师与美商谈判。为了不负使命，这位高级工程师开始进行充分的准备工作，他查找了大量有关冶炼组合炉的资料，花了很大的精力，对国际市场上组合炉的行情及美国这家公司的历史和现状、经营情况等了解得一清二楚。谈判开始，对冶炼炉美商一开口要价150万美元。中方工程师列举了各国冶炼炉的成交价格，使美商目瞪口呆，双方最终以80万美元达成协议。当谈判购买冶炼自动设备时，美商报价230万美元，经过讨价还价压到130万美元，中方仍然不同意，坚持出价100万美元。美商表示不愿继续谈下去了，把合同往中方工程师面前一扔，说："我们已经做了这么大的让步，贵公司仍不能合作，看来你们没有诚意，这笔生意就算了，明天我们回国了。"中方工程师闻言轻轻一笑，把手一伸，做了一个优雅的请的动作。美商真的走了，冶金公司的其他人有些着急，甚至埋怨工程师不该抠得这么紧。工程师说："放心吧，他们会回来的。同样的设备，去年他们卖给法国只有95万美元，国际市场上这种设备的价格100万美元是正常的。"果然不出所料，一个星期后美方又回来继续谈判了。工程师向美商点明了他们与法国的成交价格，美商又愣住了，没有想到眼前这位中国商人如此精明，于是不敢再报虚价，只得说："现在物价上涨得厉害，比不了去年。"工程师说："每年物价上涨指数没有超过6%。一年时间，你们算算，该涨多少?"美商被问得哑口无言，在事实面前，不得不让步，双方最终以101万美元达成了这笔交易。

扫一扫

7.1 案例解析参考

【案例思考】

分析中方在谈判中取得成功的原因及美方处于不利地位的原因。

所谓"不打无准备之仗"，每一次商务谈判都有一个准备阶段，特别是规模大、较复杂的商务谈判，更需要谈判方做好充足的准备。商务谈判是心理的较量，也是知识、修养、能力等的较量。要想在错综复杂的谈判中左右局势，前提是信息的准备，主要包括摸清对方底细、认清自身实力、确定谈判目标和编制谈判计划。

7.1.1 摸清对方底细

"知己知彼，百战不殆。"已经被当作商务活动的真谛。商务谈判也一样，要使谈判成功，谈判前首先需要设法摸清对方底细，掌握有关对方谈判的情报资料。如果没有摸清谈判对手的底细，就无法对谈判形势形成正确的判断，谈判容易陷入被动。

1. 信息搜集的范围

商务谈判的信息搜集和了解包括如下几方面的内容。

◆**谈判对象所处环境：**谈判对象所处的环境是指国家政策、经济条件以及社会环境等。就国际商务谈判而言，谈判对象所处的环境包括国家时局政策、法律法规对本次谈判的影响和限制、该国的经济实力和发展趋势以及文化背景、风俗习惯和禁忌等。

- **谈判对象本身的信息：**谈判对象本身的信息包括谈判对象的技术实力、市场影响力、生产规模、经营状况、财务状况、信誉情况、支付能力、合同执行能力等，以及产品的有关性能参数、价格水平、市场占有份额等各方面的信息。
- **谈判人员的相关信息：**谈判人员是谈判的直接操作者、实施者，因此需要了解谈判人员在对方企业中的职位高低、决策权、谈判风格、个人素质、兴趣爱好等，同时还包括对方的谈判意图、方案和策略等。

2．信息搜集的途径

情报资料的搜集必须注意的是，信息一定要准确和详细。实践证明，商务谈判中，谁掌握的信息更加准确、更加全面，谁就将在谈判中把握更加有利的机会。为了全面、准确地搜集情报信息，就需要通过多种途径获取情报信息，为己方所用。

（1）通过信息载体搜集公开资料信息

企业为了扩大经营，提高市场竞争力，总是通过各种途径进行宣传，如企业的文献资料、统计数据和报表，企业内部报纸和杂志、各类公开文件、广告宣传资料、产品说明和样品等，这些都能为我们提供大量的情报信息。通过搜集和研究公开情报可以获得我们所需要的情报资料。

（2）询问谈判对手的关键客商

关键客商通常就是我们所说的大客户，如经销商、代理商、批发商、供应商等。由于大客户的重要性和影响力，一般厂家对这些客户的政策较为宽松，包括价格、销售政策、信用政策等多方面会都会给予优惠。同时，由于厂家与客户的业务交叉融合，大客户对厂家的情况十分清楚甚至了如指掌。因此询问大客户，建立客商信息交流反馈机制是十分重要的捷径。例如，通过询问二级经销商就可以了解产品的价格、市场支持力度、返点比例、市场销售量、销售网络、广告策略等重要情报信息。

（3）通过参观或学习获得情报信息

通过到对方企业实地参观学习来获取情报信息是一个最直接有效的选择，是最为常见的搜集资料的方式。实际上，本企业直接派人去对方企业进行实地考察、搜集资料，获取的情报信息最为真实可靠。参观主要以投资考察或寻求合作的方式进入竞争品牌的防范区，通过对其生产状况、设备的技术水平、企业管理状况、工人的劳动技能等各方面的综合观察、分析，可以获得有关谈判对手在生产、经营、管理等方面的第一手资料。在实地考察之前，应有一定的准备。带着明确的目的和问题，才能取得较好的结果。例如，一家外企公司与我方陶瓷厂进行业务谈判，他们通过参观学习的机会，掌握了陶瓷的生产配方，有力地占据了谈判的主导地位。

（4）追踪竞争品牌的领导言行

一个竞争品牌领导的只言片语，有时预示着重大的研发、投资、并购、重组、转行等行动的开始。因此，跟踪竞争品牌领导的言行，分析他们在公开场合或接受采访时透露出的信息，就能未雨绸缪。如今麦郎食品有限公司的前身华龙面业集团老板提出和代理商结成战略合作伙伴，随后就有了2000年购买2000辆车送给代理商、送代理商读大学的行动。可见，领导的言语并不是空穴来风，通过信息分析和敏感的判断，就能获取准确的信息情报。

案例 7.1

日本松下电器公司创始人松下幸之助先生刚“出道“时，曾被对手以寒暄的形式探出了自己的底细，因而使自己产品的销售大受损失。当他第一次到东京，找批发商谈判时，刚一见面，批发商就友善地对他寒暄说：“我们第一次打交道吧？以前我好像没见过你。”批发商想用寒暄的方式来探测对手究竟是生意场上的老手还是新手。松下先生缺乏经验，恭敬地回答：“我是第一次来东京，什么都不懂，请多关照。”正是这番极为平常的寒暄答复却使批发商获得了重要的信息：对方原来只是个新手。批发商问：“你打算以什么价格卖出你的产品？”松下又如实地告知对方：“我的产品每件成本是20元，我准备卖25元。”批发商了解到松下在东京，人地两生、又暴露出急于要为产品打开销路的愿望，因此趁机杀价，“你首次来东京做生意，刚开张应该卖得更便宜些。每件20元，如何？”结果没有经验的松下先生在这次交易中吃了亏。

【解析】

一个有经验的谈判者，能透过相互寒暄时的那些应酬话去掌握谈判对象的背景信息：他的性格爱好、处事方式、谈判经验及作风等，进而使自己在谈判中占据有利地位。

知识点拨

己方可以通过多种途径去搜集了解谈判对手的情报信息。同样，对方也会探查和了解己方的情报信息，因此，在谈判前的敏感时期，己方应该防止泄密。

7.1.2 认清自身实力

认清自身实力就是做到“知己”。在商务谈判中，认清自身实力与摸清对方底细同样重要。对于企业本身而言，高估或低估自身实力，容易造成误导；对于谈判人员来说，高估或低估自己的谈判实力，也是有害的。应该对己方的实力做客观的评价，厘清自己的谈判思路。因为过高地估计自己的实力，容易产生轻敌情绪；而过低估计自己的实力，则易于怯场，不敢去争取自己可能得到的利益。客观地评价己方的谈判实力，分析己方在谈判中的优势和薄弱环节，使己方谈判人员在谈判中能够目标明确，思路清晰。

单纯地依靠经验行事，在“只知其一，不知其二”的情况下仓促上阵，是无法打赢谈判这场战争的。谈判成功的关键在于，在了解对方的同时，更要深刻地了解自己。只有正确地了解自己，才能在谈判中确立自己的地位，采取相应的对策。己方的情况包括本企业产品的规格、产品性能、主要用途、质量、品种、数量、销售情况，商品的市场竞争力，供应能力及经营手段、经营策略等，以及本方谈判人员的能力、素质等。了解己方的相关信息与了解对方的情报资料相比就简单了许多，可以随时通过企业内部搜集整理而获得。

7.1.3 确定谈判目标

经过第一阶段信息的搜集、整理工作，摸清对方底细和认清自身实力后，就要充分利用有关的各种信息来确定谈判目标。没有明确的谈判目标，谈判是盲目的，谈判成果注定不佳。商务谈判所要达到的谈判目标即是谈判双方就本次谈判所涉及的谈判内容在各种交易条件或协议条款上要达到的有关标准。可以通过目标的合理性、目标的层次性和目标的具体性等方面进行考量。

1．目标的合理性

目标的合理性是指谈判目标的制定要依据搜集到的各种信息，结合双方的实际情况，合理地、客观地确定目标，不能脱离实际，主观臆测。

2．目标的层次性

目标的层次性是指谈判目标有基本目标、可以接受的目标与期望目标之分。

- **基本目标：**基本目标也称为临界目标，它是己方在商务谈判中的最低目标，是必须达到的目标，在某种意义上可以理解为谈判的“底线”。基本目标是没有讨价还价的商量余地的，即使谈判破裂，也不妥协。
- **可以接受的目标：**可以接受的目标也可理解为可能达到的目标，它是谈判中可以努力争取或可以做出让步的范围，双方的讨价还价多在这一层次展开。只有在万不得已时方可考虑放弃。
- **期望目标：**期望目标也称为最高目标，是己方尽力去追求的、理想的目标。如，我方作为采购方所能接受的卖方最高价即是我方的基本目标，而我方希望卖方所能提供的最低价则是我们要尽力争取的期望目标。谈判人员应当刻意追求期望目标，在必要时也可以放弃。

3．目标的具体性

目标的具体性主要指谈判目标的制定不能太空泛、太繁乱，要争取做到详细清楚，尽量做到目标的量化。这样可以使己方谈判人员心中更有数，更能把握好谈判的“度”，从而增加谈判成功的可能性。

7.1.4 编制谈判方案

谈判方案对实际谈判具有指导意义，而谈判方案是在分析了谈判对手的情报信息，对谈判目标进行可行性分析后，对比双方实力的基础上编制出来的。在编制方案时，应征询各方面意见，同时又要有创新精神，讲究时效性和预见性。编制的内容主要包括以下几个方面。

- 首先要确定谈判的主题。整个谈判都要围绕主题来进行，都要为主题服务。
- 其次要拟定谈判要点。主要包括谈判程序、谈判进度控制以及谈判人员的职责分配。这是因为市场价格、供求关系随时处在变化之中，谈判时间越长，其人力、物力和财力的消耗也就越大，所以必须对谈判时限进行控制。而明确规定谈判人员的分工、职责，能帮助谈判计划顺利实施。当谈判过程中出现意外状况，其处理权限超出谈判小组负责人的权限时，就需要向上级请示。
- 最后制定谈判策略。制定谈判策略，就是选择实现己方谈判目标的途径和方法以及发生突发状况的应对技巧等。在制定谈判策略时，需要考虑下列影响因素：谈判本身的重要性和目的；谈判双方的实力对比和优势所在；谈判时间的限制；对方的主谈判人和相关谈判人员的素质、特点等。

7.2 » 商务谈判的物质准备

案例导入

日本利用主场优势赢得利益的一次谈判

日本的钢铁和煤炭资源短缺，而澳大利亚盛产铁和煤。日本方面迫切希望向澳大利亚购买铁和煤。这种情况按理说，日本人的谈判地位低，澳大利亚一方在谈判桌上占据主动。可是，日本人却想方设法把澳大利亚的谈判者请到日本来谈。到了日本，日本人非常谨慎，讲究礼仪，让澳大利亚的谈判者很满意；但生活上的怠慢又让澳大利亚人很不满意。正因为澳大利亚到日本“客场作战”，因而日本方面和澳大利亚方面在谈判中的相对地位就发生了显著的变化。澳大利亚人过惯了高雅而舒适的生活，不习惯粗茶淡饭，他们的谈判代表到了日本之后不到几天，就急于想回去，所以在谈判桌上常常表现出急躁的情绪。但是日本谈判代表却不慌不忙地讨价还价，渐渐地掌握了谈判的主动权，结果日本方面仅用少量款项做“诱饵”就钓到了“大鱼”，取得了在谈判桌上难以获得的成果。

7.2 案例解析参考

【案例思考】

分析日本方面取得较大谈判成果的主要原因是什么。

商务谈判的物质准备主要是指谈判时间与地点的选择、谈判会场布置和谈判期间的食宿安排等内容。

7.2.1 谈判时间与地点的选择

商务谈判在物质准备阶段的首要任务是安排合适的谈判时间，选择合适的谈判地点，它们之间联系紧密，相互影响。

1．谈判时间的安排

通常商务谈判的时间是规定的，即谈判总是在一定的时间内进行的。这里所讲的谈判时间是指一场谈判从正式开始到签订合同时所花费的时间。在一场谈判中，时间有3个关键变数，分别是开局时间、间隔时间、截止时间。

（1）开局时间

开局时间是指选择什么时候来进行这场谈判。它的得当与否，有时会对谈判结果产生很大影响。例如，一个谈判小组经过长途跋涉到达对方的谈判场地，没有稍作休息，立刻投入紧张的谈判中去，就很容易因为舟车劳顿而导致精神难以集中，记忆和思维能力下降而处于被动局面，容易让对手牵着鼻子走，谈判策略难以施展。因此，对于选择开局时间应当给予足够的重视。一般来说，在选择开局时间时，要考虑以下几个方面的因素。

◆**准备的充分程度：**谈判的准备工作始终占据重要地位，俗话说：“商场如战场”，没有充分的准备，是无法打赢这场战争的。因此，在安排谈判开局时间时也要注意给谈判人员留有充分的准备时间，以免到时仓促上阵，落入“丢盔弃甲”的境地。

- **谈判人员的身体和情绪状况：** 谈判是一项精神高度集中、体力和脑力消耗都比较大的商务活动，要尽量避免在身体不适、情绪不佳时进行谈判。
- **谈判的紧迫程度：** 谈判的紧迫程度是指尽量不要在急于买进或卖出某种商品时进行谈判，在这种状态下，己方急于求成，乱了步伐，而对方可以以逸待劳，坐收渔翁之利。即使无法避免这种状况，也应采取适当的方法掩饰己方对于谈判的紧迫性，不在谈判的开局阶段让对方抓住机会；否则，谈判伊始，己方就处于被动和落于下风。
- **考虑对手的情况：** 只重视己方的实际情况，而忽视谈判对手的当前状况也是不可行的。谈判开局时间同样需要考虑对手的状态，不要把谈判安排在对方明显不利的时间进行，因为这样容易遭到对方的反感和反击，给人以乘人之危的感觉。

（2）间隔时间

通常在实际的商务活动中，多数的谈判都要经历过数次，甚至数十次的磋商洽谈才能达成协议。而在经过多次商谈没有结果，但双方又都不想中止谈判时，一般都会安排一段暂停时间，让双方谈判人员暂作休息，这就是谈判的间隔时间。

谈判间隔时间的安排，往往会对舒缓紧张气氛、打破僵局产生很明显的作用。例如，在谈判双方互不相让、紧张对峙的时候，双方立即暂停谈判两天，由东道主安排旅游、娱乐节目，在友好、轻松的气氛中，双方的态度、主张都会有所改变，这样，在重新开始谈判以后，双方就会互相让步，达成协议。当然，也会存在相反的情况，即谈判方利用对方要达成协议的迫切愿望，有意拖时间，迫使对方做出让步。因此，间隔时间的安排需要遵循公平原则，同时根据谈判的进程、当前的实际状况而定。

（3）截止时间

截止时间就是谈判的最后期限。所有的谈判最终都会有一个结果，要么成功，实现交易；要么失败，谈判破裂。因此，谈判总会有一个具体的结束时间。而该判的结果却又往往是在结束谈判之前的时间里才能实现的。所以，如何把握截止时间去获取谈判的成果，是一种绝妙的谈判艺术。

截止时间是谈判的一个重要因素，它往往决定着谈判的战略。首先，谈判时间的长短，往往迫使谈判者决定选择克制性的策略还是速战速决的策略。同时，由于必须在一个规定的期限内做出决定，这将给谈判者本身带来一定的压力；而谈判中处于劣势的一方，往往在限期到来之前，对达成协议承担着更大的压力。因为他必须在限期到来之前，在让步、达成协议和中止谈判、结束交易之间做出选择。一般而言，大多数的谈判者总是希望达成协议的，为此，他们只能做出让步。

案例 7.2

某酒店，一个醉汉借着酒劲干扰顾客用餐，居然朝饭桌摔酒瓶子，严重扰乱了酒店的秩序。正当大家一筹莫展之际，瘦弱的酒店老板突然一步步地逼近那个醉汉，命令他道：“我给你两分钟时间，限你在两分钟之内离开此地。”而出乎意料的是，醉汉真的乖乖收起衣服，握着酒瓶，迈着醉步扬长而去了。大家惊魂未定，有人问老板：“那流氓如果不肯走，你该怎么办?”老板回答：“很简单，再延长期限，多给他一些时间不就好了。”

【解析】

谈判若没有期限，那么谈判者是不会感觉到什么压力存在的。很多谈判，尤其是复杂的谈判，都是在谈判期限即将截止前达成协议的。当谈判的期限愈接近，双方的不安与焦虑便会愈增加，而这种不安与焦虑，在谈判终止的那一刻，将会达到顶点，而这正是运用谈判技巧的最佳时机。在谈判中，“截止期限”有时能产生令人惊奇的效果。

2．谈判地点的选择

谈判的地点不是随意选择的，恰当的地点有利于获得谈判的主动权，谈判者应充分加以利用。关于谈判地点的选择，通常不外乎3种情况：己方场地（主场）；对方场地（客场）；其他地方（中立场）。选择这3种地方各有利弊。

（1）选择己方场地

在可供选择的谈判地点中，谈判人员一般倾向于选择在己方的场地进行谈判。在己方场地谈判占据天时、地利、人和，优势明显。

◆谈判时可以自由方便地使用各种场所。

◆以逸待劳，无须分心去熟悉或适应新的空间环境和人际关系环境。可以集中精力应对谈判事务，心理优势明显。

◆可以充分利用手头资料，如果需要深入研究某个问题时，还可随时搜集和查询有关资料。

◆谈判遇到意外时，可以直接向上级请示。与上级、同事之间的沟通非常便捷。

◆可以节省差旅费和旅途时间，降低谈判成本。同时可以避免因为旅途疲劳对谈判产生不利影响。

选择己方场地的不利因素则包括以下几个方面。

◆由于是在企业所在地，谈判可能受到诸如解决企业其他事务的干扰，影响谈判人员的注意力。

◆主场谈判东道主需要负责安排谈判会场及谈判中的各项事宜，要承担烦琐的接待工作。

◆由于与企业高层沟通方便，谈判人员容易产生依赖心理，对谈判会放松警惕。遇到一些不能解决的问题，不善于思考和判断，首先想到的是请示领导，这种情况可能错失良机，也容易让己方处于被动地位。

（2）选择对方场地

对方场地谈判的优劣与己方场地的优劣是相对的。选择对方场地的优点如下。

◆己方可以全心全意投入谈判中，不受或少受来自工作和家庭事务方面的干扰。

◆能越级同对方的上司直接谈判，避免对方节外生枝。

◆现场观察对方的经营情况，易于取得第一手资料。必要时可以推说资料不全而拒绝提供情报资料。

◆在授予的权限内，谈判人员更能发挥主观能动性，更加具有创造力和想象力，减少依赖性。

选择对方场地的缺点如下。

◆因为舟车劳顿导致精力不集中，需要克服时差等不利因素，同时还要适应新空间和人际关系环境。

- ◆与企业距离较远，在谈判中遇到意外时和上级沟通比较困难，对信息的及时传递造成不利影响，某些重大事宜得不到及时的解决。
- ◆临时需要相关资料不如主场方便，同时不容易做好保密工作。

（3）选择中立场地

如果谈判双方利益对立尖锐、关系紧张，在主客场都不适宜的情况下，可以选择中立场地进行谈判。

选择中立场地的优点如下。

- ◆可以缓和双方的关系，消除双方紧张心理，促成双方寻找共同点。
- ◆主、客场谈判往往对一方存在干扰，有失公平，中立地点谈判则充分体现了公平原则，能够最大限度地避免干扰。
- ◆中立地点谈判易使双方人员在平静心理的主导下冷静思考，于谈判有积极的促进作用。

选择中立场地的缺点如下。

- ◆双方均不能充分利用自己的有利因素与便捷条件。
- ◆双方的信任感与信任度需经较长时间的努力方能建成和提高。
- ◆某些时候，中立地点会对谈判双方产生某种神秘的心理氛围，形成不利影响。
- ◆双方在资料搜集、物资准备、信息沟通等方面都不十分便利。

7.2.2 谈判会场布置

商务谈判是一场精神与身体的角逐，对于谈判的双方来说，舒适的环境布置可以有效地减少心理压力，而不舒适的环境的主要因素则包括嘈杂的环境，极不舒适的座位，谈判房间的温度过高或过低，不时地有外人搅扰，环境陌生而引起的心力交瘁感，以及没有与同事私下交谈的机会，等等。

1．谈判场所的选择

商务谈判会议场地布置要求首先要解决上述的问题，然后再从如下几个方面考虑。

- ◆**光线：**可利用自然光源，也可使用人造光源。利用自然光源即阳光时，应备有窗纱，以防强光刺目；而用人造光源时，要合理配置灯具，使光线尽量柔和。
- ◆**声响：**室内应保持宁静，使谈判能顺利进行。房间不应临街，应不在施工场地附近，门窗应能隔音，周围没有电话铃声、脚步声、人声等噪声干扰。
- ◆**温度：**室内最好能使用空调机和加湿器，使空气的温度与湿度保持在适宜的水平。温度在20℃，相对湿度在40%～60%是最合适的。一般情况下，至少要保证空气的清新和流通。
- ◆**色彩：**室内的家具、门窗、墙壁的色彩要力求和谐一致，陈设安装应实用美观，留有较大的空间，以利于人的活动。
- ◆**装饰：**用于谈判活动的场所应力显洁净、典雅、庄重、大方。宽大整洁的桌子、简单舒适的座椅或沙发，墙上可挂几幅风格协调的书画，室内也可适当装饰工艺品、花卉、标志物，但不宜过多过杂，以求简洁实用。

2．谈判场所的布置

小规模谈判可在会客室进行，大型谈判可安排多个房间，一间作为主要谈判室，另一间作为双方进行内部协商的密谈室，再配一间休息室。

（1）休息室的布置

休息室的布置应本着舒适、轻松、明快的原则，可配备一定的茶水、酒类、水果等食品饮料，若条件允许也可以适当配置一些娱乐设施，使双方松弛一下紧张的神经。

（2）密谈室的布置

密谈室是双方都可以使用的单控房间，它既可以作为某一方谈判小组内部协商的场所，又可供双方进行小范围讨论之用。密谈室最好能靠近主谈室，内部也要配备接待用品。密谈室内不允许安装微型录音、录像设备，隔音效果一定要好。

（3）主谈室的布置

主谈室作为双方进行谈判的主要场地，应当宽敞、舒适、光线充足，并备齐应有的设备和接待用品。除非征得双方同意，否则主谈室不要安装录言、录像设备，因为这会增加双方的心理压力，言行举止都会谨小慎微，很难畅所欲言。并且主谈室不宜安装电话，以免干扰谈判进程。如果谈判中需要的话，要保证麦克风、音响、投影仪、灯光、电源、计算机、空调等设备的正常使用。

知识点拨

不管对方是否自己准备，正式的谈判主方都应该为每个谈判代表准备好至少两支削好的铅笔、足够的纸张、计算器等文具。如果谈判中还要涉及画图，也要准备画图工具。这些工作也可以在租赁会议室时交由酒店负责。

主谈室通常选用长方形谈判桌，也可使用圆形谈判桌和正方形谈判桌。座次安排常见的是谈判双方各居谈判桌一方，对向而坐，也可以随意就座。

- **对向而坐：** 若以正门为准，主方应坐背门一侧，客方则面向正门而坐。主谈人或负责人居中而坐，再把翻译人员安排在主谈人或负责人的右侧即第二个席位上，其他人按礼宾顺序就座。图7-1所示为以正门为准主方背门入座的长方形谈判桌布局，图7-2所示为以正门为准主方背门入座的圆形谈判桌布局。如谈判桌一端向前为正门，则以入门方向为准，右为客方，左为主方。译员同样安排在主谈人或负责人的右侧即第二个席位上，其他人按礼宾顺序就座。即座位号的安排以主谈人的右手边为偶数，左手边为奇数。图7-3所示为以入门方向为准、右为客方的长方形谈判桌布局，图7-4所示为以入门方向为准、右为客方的正方形谈判桌布局。

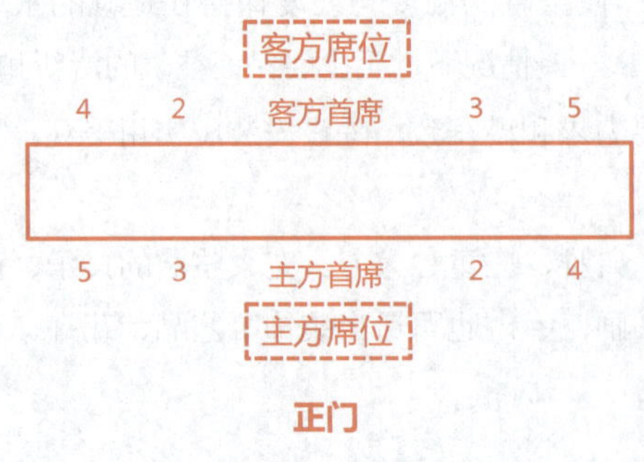

图 7-1　长方形谈判桌横放及座次安排

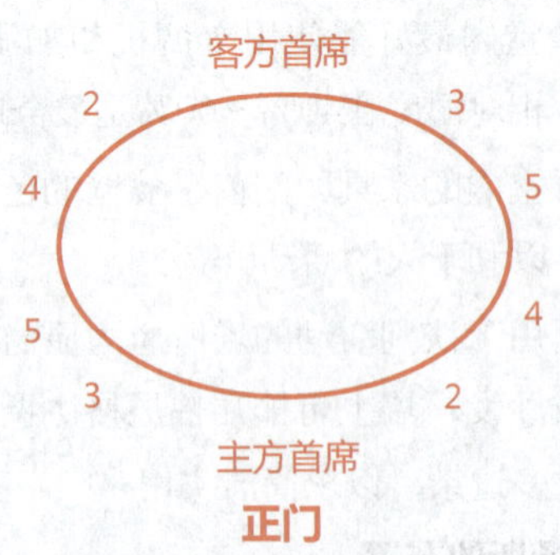

图 7-2　圆形谈判桌及座次安排

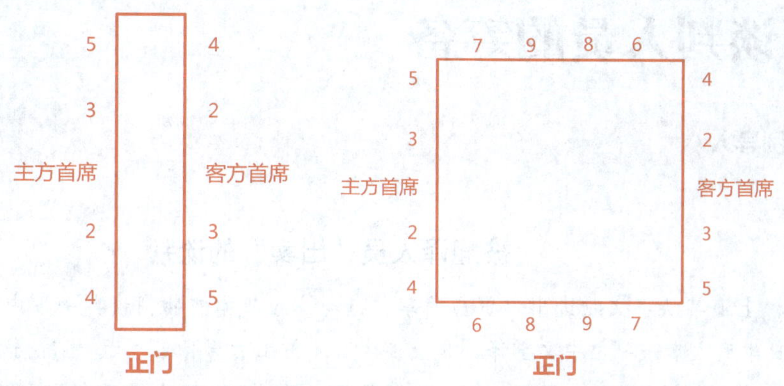

图 7-3 长方形谈判桌竖放及座次安排 图 7-4 正方形谈判桌及座次安排

对向而坐的排位法使谈判小组容易产生安全感和实力感，便于查阅一些不想让对方知道的资料，可以就近和本方人员交换意见。但也容易造成双方的冲突感和对立感。

◆**随意就座：**随意就座能减少对立感，体现双方谋求一致的指导思想，利于形成轻松、合作、友好的气氛。但谈判人员内部的信息传递比较困难，不利于主谈人对本方人员的言行加以控制。如果事先没有这方面的心理准备，还会产生谈判人员被分割、包围、孤立的感觉。

知识点拨

在实际的谈判中也可以不设谈判桌，这种方式可以为双方创造友善、轻松的氛围。但是不利于谈判小组内部的信息交流和意见传递，且不适宜于初次建立合作关系和谈判内容多且复杂的谈判。

总之，谈判现场的布置及座位的安排，都应该为谈判的总目标服务，并且根据双方之间的关系、己方谈判人员的素质和谈判实力等因素而定。

7.2.3 谈判期间的食宿安排

谈判是一种艰苦的、耗费体力和精力的交际活动，因此用膳、安排住宿也是会谈的内容。因为在某种程度上，住宿地和餐饮桌上常常是正式谈判暂停后的缓冲和过渡阶段，它不仅能调节客方的旅行生活，还是增进双方友谊、融洽彼此关系的重要场所，甚至谈判桌上的一些针锋相对的难题也能在餐桌上以谈笑的方式轻松解决。

东道主一方对来访人员的食宿安排应该周到细致、方便舒适，但是不一定要豪华、阔气，按照当地或国内的标准条件招待即可。为了尽地主之谊，可与酒店协商在酒店大门口显眼的位置打出“热烈欢迎某某公司代表下榻本酒店”字样的横幅。如果谈判的地点不是设置在企业本部，而是在下榻的酒店，可在酒店内部从大堂到会议室的通道上树立显眼的“水牌”，从对方代表所住楼层的电梯间到谈判会议室安放显眼的“水牌”。方便对方谈判代表不论是从外部进入酒店还是从房间出来都能很方便地找到谈判会议室。

西方商人，特别是发达国家（地区）的外商，重视时间和效率，不喜欢烦琐冗杂的接待礼仪，但是作为东道主，适当地组织客方参观游览和开展文娱活动对谈判是有益的。

7.3 » 谈判人员的筹备

案例导入

被翻译人员“出卖”的谈判

某年，上海某从事文物进出口贸易的单位，与一位日本文物商谈判一批中国文物的出口贸易。这位日本商人带来一位中文翻译，是上海去日本打工的男青年，而上海的这家外贸单位使用的日文翻译是一位上海籍的女青年。谈判进行得很艰苦，因为日本人开价很低，几个回合下来，双方的分歧仍然很大。谈判过程中，这位日本商人在谈判中观察到中方女翻译的言谈举止，发现她对到日本打工而当日商翻译的男青年非常羡慕。于是日商心生一计，要自己的男翻译在谈判休息时，主动接近这位女翻译，表示他愿意将来为这位女翻译到日本学习提供担保以及路费、学费、生活费在内的所有费用，条件是这位女翻译必须把中方文物的底价全部透露给他。这位女翻译经不起出国的诱惑，出卖了全部机密。在接下来的谈判中，这位日商完全掌握了谈判的主动权，用中方内部开的底价买下了这一批文物，狠狠地赚了一大笔，而上海的这家单位则亏得很惨。当然，这位做着出国梦的女翻译好梦不长，当她刚拿到护照，就因事情败露而锒铛入狱，断送了自己的大好前程。

7.3 案例解析参考

【案例思考】

该公司因什么问题导致谈判失败了?有什么好的解决方法?

有的商务谈判可能因为规模较小、目标较单一明确，仅需要1到2名谈判人员，而有的商务谈判则可能因为规模大、情况复杂、目标多元化而需要由多个谈判人员组成谈判小组。但不管谈判人员的多与少，一些对谈判人员基本素质的共同要求则是相同的，即就其个人能力来说，谈判人员应具有良好的自控与应变能力、观察与思考能力、迅捷的反应能力、敏锐的洞察力，甚至有时是经过多次商务谈判而于无形之中形成的直觉。此外，还应具备平和、沉稳的心理素质以及言行举止落落大方。这些对那些初上谈判台的谈判人员尤为重要。

7.3.1 谈判小组的组织结构

谈判人员的选择和组织结构对于一次商务谈判的重要性是不言而喻的。因此在构建谈判小组时，需要把握谈判小组的配置原则，明确谈判小组的人员构成及规模大小。

1. 谈判小组的配置原则

在搭建谈判小组时，要依据知识互补、性格协调、分工明确的基本原则来选拔谈判人员。

- **知识互补：** 知识具有互补性，一方面是指谈判人员应当各自具备自己专长的知识，是处理不同问题的专业人员，并且在知识方面相互补充，形成整体的优势；另一方面是指谈判人员书本知识与工作经验的知识互补。
- **性格协调：** 谈判班子中的谈判人员性格要互补协调，将不同性格的谈判人员的优势充分发挥出来，互相弥补其不足。例如，脾气较暴躁的人扮演红脸角色，性格温和的人扮演白脸角色。

◆**分工明确：**谈判班子每一个人都要有明确的分工，担任不同的角色。同时要注意大家都要为一个共同的目标而通力合作，协同作战。

2．谈判小组的人员构成

由于商务谈判涉及的知识面较广，内容涵盖丰富，在确定谈判小组的人员构成时，一般大型的、正规的商务谈判应包括商务人员、技术人员、财务人员、法律人员、翻译人员、记录人员。

◆**商务人员：**商务人员由熟悉商业贸易、市场行情、价格形势的贸易专业人员担任，负责商务贸易的对外联络工作。

◆**技术人员：**技术人员由熟悉生产技术、产品标准和科技发展动态的工程师担任，在谈判中负责有关生产技术、产品性能、质量标准、产品验收、技术服务等问题的谈判，也可为商务谈判中价格决策做技术顾问。

◆**财务人员：**财务人员由熟悉财务会计业务和金融知识，具有较强的财务核算能力的财会人员担任。主要职责是对谈判中的价格核算、支付条件、支付方式、结算货币等与财务相关的问题把关。

◆**法律人员：**法律人员由精通经济贸易各种法律条款，以及法律执行事宜的专职律师、法律顾问或本企业熟悉法律的人员担任。职责是做好合同条款的合法性、完整性、严谨性的把关工作，也负责涉及法律方面的谈判。

◆**翻译人员：**在进行国际商务谈判时，还需要配置翻译人员。翻译人员由精通外语、熟悉业务的专职或兼职翻译担任，主要负责口头与文字翻译工作，沟通双方意图，配合谈判运用语言策略。

◆**记录人员：**一份完整的谈判记录既是一份重要的资料，也是进一步谈判的依据。为了出色地完成谈判的记录工作，记录人员要有熟练的文字记录能力，并具有一定的专业基础知识。其具体职责是准确、完整、及时地记录谈判内容。

除了以上几类人员之外，还可配备其他辅助人员，但是人员数量要适当，要与谈判规模、谈判内容相适应，尽量避免不必要的人员设置。

3．谈判小组的规模

对于必须组成谈判小组的商务谈判来说，其谈判小组的组成规模要适当，依据实际情况而定，其应该遵循的基本原则是精干高效。一场商务谈判应配备多少人员才合适，应视谈判内容的烦琐、技术性的强弱、时间的长短、己方人员谈判能力的高低以及对方谈判人员的多少来具体确定。

一个谈判组必须配备一名主谈人，再根据实际情况配备其他谈判人员和翻译。一般而言：对于较小型的商务谈判，谈判人员多由2~3人组成，有时甚至只由一个人全权负责，这种小型的谈判对人的个人能力、业务素质及临场经验要求都比较高。对于内容比较复杂，较大型的商务谈判，由于涉及的内容广泛、专业性强、资料较多、组织协调工作量大，所以配备的谈判人员要比小型谈判多一些，有时甚至可达十几至几十人。还可根据实际工作需要，把商务谈判组分成几个小组，如商务小组、技术小组、法律小组等，负责不同方面的谈判。也可以组织台前和台后两套班子，“台前班子”主要对付谈判以及外商临时提供的技术价格资料；“台后班子”负责搜集、整理有关方面的资料，为“台前班子”提供技术和价格对比的依据。

7.3.2 明确谈判小组主谈人

主谈人指在谈判的某一阶段或针对某一个或几个方面的议题，以谁为主进行发言，阐述己方的立场和观点，此人即为主谈人。主谈人是谈判工作能否达到预期目标的关键性人物，其主要职责是使已确定的谈判目标和谈判策略在谈判中得以实现。

一般来讲，谈判班子中应有一名技术主谈、一名商务主谈。除主谈人外，其他均为辅谈人。主谈人需要深刻理解各项方针政策和法律规范，具备本企业的专业技术知识和较广泛的相关知识，有较丰富的商务谈判经验，思维敏捷，善于分析和决断，有较强的表达能力和驾驭谈判进程的能力，有权威气度和大将胸怀，并能与谈判组织其他成员团结协作，默契配合，统领谈判队伍共同为实现谈判目标而努力。

7.3.3 明确谈判小组负责人

谈判负责人指对谈判负领导责任的高层次谈判人员，他负责整个谈判工作，领导谈判队伍，拥有领导权和决策权。有时谈判负责人也是主谈人。谈判负责人的作用和地位非常重要，是谈判全局的主要把握者。

1．谈判小组负责人应具备的条件

谈判小组负责人不仅需要丰富的阅历和知识，还要具备一定的领导能力。总的来说，要胜任谈判小组负责人一职需要具备如下条件。

- 具有较全面的知识，富有经验，阅历丰富。
- 具备审时度势、随机应变及当机立断的能力。
- 具备较强的学习能力、准确的概括能力。
- 具备较强的管理能力。善于激励下属，充分调动每位谈判人员的积极性。
- 具有一定的权威地位。一般来讲，负责人的职位和地位是最高的或次高的。

2．谈判小组负责人的职责

谈判小组负责人可谓任重道远。权力越大，所肩负的责任也越重，只有尽心尽力地完成相关的职责，谈判策略和方案的实施才能有条不紊地进行。

- 负责挑选谈判人员，组建谈判小组，并就谈判过程中人员的变动与上层领导进行协调。
- 负责管理谈判小组，协调谈判队伍各成员心理状态和精神状态，处理好成员间的人际关系，增强队伍凝聚力，团结一致，共同努力，实现谈判目标。
- 负责组织制订谈判执行计划，确定谈判各阶段的目标和策略，并根据谈判过程中的实际情况灵活调整。
- 负责己方谈判策略的实施，对具体的让步时间、幅度，谈判节奏的掌握，决策的时机和方案做出安排。
- 负责落实交易磋商的记录工作。
- 负责向上级或有关的利益各方汇报谈判进程情况，获得上级指示，贯彻执行上级的决策方案，圆满完成谈判任务。

7.4 » 模拟商务谈判

商务谈判全景模拟案例

此次谈判的背景是中国的一家软件公司有意与美国的一家软件公司合作，因此邀请美国公司派人到中国商讨合作事宜。通过资料信息搜集，中方公司获悉美国方面将派出以格林为首的3人小组来到中国。于是，该软件公司进行了一次全景模拟谈判。

美方代表到达宾馆后，中方公司的代表王先生为格林一行准备了丰盛的宴席。格林先生对盛宴感到迷惑。说："这么多菜我们一次吃不完。"但是，王先生回答道："招待不周，请多见谅。"格林对王先生的回答感到吃惊，竟然为如此丰盛的宴席道歉说"招待不周"。他认为王先生是个虚伪不诚实的人。

第二天，格林就急不可待地要求谈判。王先生笑道："不着急，您第一次来中国，一定要先在市区景点转转，然后咱们坐下来谈判。"这时格林有点不高兴了："如果不谈判，我们来中国干吗？我们来中国不是为了自己玩，而是为了公司的事务。"

尽管场面有些尴尬，但双方还是同意开始谈判。中方代表包括销售经理、技术人员等十多人。格林不明白为什么这么多人参与谈判。而格林这边只有3个人，另外两人是秘书和律师。谈判过程中，格林提到了一些条款，王先生都说"嗯，很好，但是我要向领导汇报"。格林很不高兴，"既然你没有决策权，为什么要派你来谈判？"更糟糕的是，王先生的答案有时候令格林不知所云，如"我能理解，但是有不少问题，这很复杂"。格林追问道："那问题出在哪呢？"王先生感到很尴尬，开始沉默不语。最后，格林很生气地说："我想你们公司根本没有诚意与我们合作。"王先生也很生气，但只是说道："别生气，我们确实想合作，但是你看事情很多、很复杂嘛。"听了如此含糊的话，格林更生气了，不小心摔倒在座椅上。

所有中方代表都面带微笑地问道："你没事吧？"格林感到受到了羞辱，一言不发地离开了会议室。

7.4 案例解析参考

【案例思考】

通过全景模拟谈判分析案例中的谈判出现了什么问题。

为了更直观地预见谈判前景，对一些重要的、难度较大的商务谈判，可以采取模拟谈判的方法来改进与完善谈判的策划工作。模拟谈判是商务谈判前准备工作的最后环节，在实际的商务谈判工作中，模拟谈判越来越受到谈判各方的重视。

7.4.1 模拟谈判的意义及作用

在谈判准备工作的最后阶段，企业有必要为即将开始的谈判举行一次模拟谈判，以检验自己的谈判方案，而且也能使谈判人员提早进入实战状态。具体来讲，模拟谈判的作用主要包括以下两方面。

第一，通过模拟谈判，可以及时地发现和弥补谈判方案中的漏洞。

作为具有战略指导意义的谈判方案，是根据企业所掌握的有关信息，以及企业有关人员的经验、假设和判断所制订的。而这些假设、判断是否正确，需要通过实战检验判断其可行性；不然，等到正式谈判过程中再发现这些假设的错误，就已经为时已晚了。所以通过模拟谈判的举行，就可以在“实战”中检验事先对有关事物的假设，并对根据假设而制定的有关策略的实施效果进行评估，通过相互扮演角色，会暴露本方的弱点和一些可能被忽略的问题，以便及时找到出现失误的环节及原因，然后找到问题并及时修改和完善原定的方案，使其更具有实用性和有效性。

第二，通过模拟谈判，可以锻炼己方谈判人员的实战能力。

如果将参加实际谈判作为锻炼新手、提高其能力和水平的机会，这种锻炼方式常常会使企业付出高昂的代价。谈判人员对谈判技巧的不熟悉，准备得不充分，对对手的有关反应茫然无知等，是很容易造成谈判失误的。通过模拟谈判能使谈判人员获得一次临场的操练与实践，经过操练达到磨合队伍、锻炼和提高本方协同作战能力的目的。谈判人员在相互扮演中，找到自己充当的角色的比较真实的感觉，可以训练和提高谈判人员的应变能力，为临场发挥做好心理准备。

案例 7.3

本视频为首都经济贸易大学（指导教师杨震）出访美国大学，两队进行模拟谈判的场景片段。通过视频的观看，我们应当怎样理解模拟商务谈判所具有的作用呢？

【解析】

为了更直接地预见谈判的前景，对于一些重要的和难度较大的谈判，教师可根据参考案例或其他案例在课堂上组织几次模拟商务谈判，可以采取模拟谈判的方法来改进和完善谈判的准备工作。模拟谈判演练是通过特定的情景的设计、角色扮演，进行谈判临场的模拟。

扫一扫

案例视频：首都经贸大学模拟谈判

7.4.2 模拟谈判的主要任务

模拟谈判不是简单地走形式主义，在实际演练中，应当如正式谈判一样对待。为了实现模拟谈判应有的作用，模拟谈判需要完成如下几个方面的任务。

- 检验本方谈判的各项准备工作是否到位、是否妥当，谈判的计划方案是否合理。
- 寻找本方被忽略的环节，发现本方的优势和劣势，从而提出如何加强和发挥优势、弥补或掩盖劣势的策略。
- 准备各种应变对策。在模拟谈判中，须对各种可能发生的变化进行预测，并在此基础上制定各种相应的对策。
- 在以上工作的基础上，制定出谈判小组合作的最佳组合及其策略等。

7.4.3 模拟谈判的假设条件拟定

在模拟谈判的过程中，假设条件的拟定是实现模拟谈判效果的关键环节。拟定假设是指在前期情报资料的准备工作的基础上，根据某些既定的事实或常识，承认某些事物为事实。不管这些事物现在或将来是否发生，但仍视其为事实进行推理。依照假设的内容，可以把假设分为对客观事物的假设、对谈判对手的假设和对己方的假设3个方面。

1．对客观事物的假设

对客观事物的假设包括环境假设、时间假设和空间假设。通过对环境、时间、空间等客观存在的条件，假设其与本地谈判的联系和影响的程度，做到知己知彼，找到相应的对策。

2．对谈判对手的假设

对谈判对手的假设是指根据事实估计对方的谈判水平、心理素质、个人冒险程度、可能会采用的策略，以及面对己方的策略时对手的应对策略等关键性问题。如果这些假设成立并且正确，将使己方在实际的谈判中占据主导地位。

3．对己方的假设

对己方的假设主要是指对己方谈判者的自身心理素质、谈判能力的自测，对战略准备和策略运用等方面的评估，以及对己方企业的经济实力的考评等。找出较准确的、接近事实的己方假设可以巩固己方在商务谈判中的地位。

应该指出，任何一种假设都有可能是错误的，所以不能把假设等同于事实。要对假设可能产生的意外结果有充分的心理准备。为了提高假设的精确度，使之更接近事实，在拟定假设条件时要注意以下几点。

- 让具有丰富谈判经验的人做假设，这些人身经百战，提出假设的可靠度更高、更客观。
- 必须以事实为基准，所拟定的事实越多、越全面，假设的准确度就越高。并且按照正确的逻辑思维进行推理，遵守思维的一般规律。
- 要正确区分事实与经验、事实与主观臆断，只有事实才是可靠的。

7.4.4 模拟谈判的场景、内容和人员配置

模拟商务谈判要想实现预期效果，除了科学、客观的假设条件拟定，还应该有设置商务谈判的实战场景和内容、确定人员配置和制定谈判规则的预设。

模拟谈判的内容应该是实际谈判中的内容。模拟谈判的内容可根据不同类型的谈判进行取舍。如果谈判人员面对的是一些新的问题，对对方谈判人员的风格特点并不了解，那么，模拟谈判的内容应尽量全面。相反，如果是熟悉的谈判模式，对对手了解甚多，或者多次接触对手，那么为了更好地发现问题，模拟谈判的内容往往更具有针对性。

关于参加模拟谈判的组成人员应慎重考虑和挑选。参加模拟谈判的人员首先应该具备丰富的知识和谈判经验，而不是根据职位、地位来选择没有立场、遇事没有原则的老好人。其次，参加模拟谈判的人员应当具备较强的角色扮演能力，分工明确，有的扮演红脸角色，有的扮演白脸角色，尽可能地对模拟谈判中己方人员提出的意见、观念进行辩驳，并据理力争，增加模拟谈判的真实感，提高谈判的成功率。在模拟谈判分组时，己方人员和对方人员各自一方可以相互接触和碰面讨论，在模拟谈判准备期间双方之间尽可能不产生交集，增加实际谈判的真实感。

7.4.5 模拟谈判的方法

模拟谈判可以采用全景模拟法、讨论会模拟法或列表模拟法这三种形式。它的应用范围各有

不同。

1．全景模拟法

全景模拟法是指在合理想象谈判全过程的前提下，企业有关人员扮成不同的谈判角色所进行的实战型演练。它是最复杂、耗资最大，但往往也是最有效的模拟谈判方法。全景模拟法一般适用于大型的、复杂的，关系到企业重大利益的商务谈判。在采用全景模拟法模拟谈判时，应掌握以下两点技巧。

- **合理想象谈判全过程：**要求谈判人员按照假设的谈判顺序展开充分的想象，不只是想象事情可能开局和结果，更重要的是想象谈判进行的全部过程，想象谈判过程中双方可能发生的一切情形。并依照想象的情况和条件，演绎双方交锋时可能出现的一切局面，如谈判的氛围、对方可能提出的问题、对方对于己方提出问题的答复，以及双方采用的谈判策略和应对技巧等问题。合理的想象有助于谈判的准备更充分、更合理、更准确。这些是使用全景模拟法模拟谈判的基础。
- **尽可能扮演谈判中所有会出现的人物：**它包含了两层含义：一是对谈判中可能出现的所有人物都有所考虑，要指派合适的人员对这些人物的行为和作用进行模仿；二是主谈人应扮演谈判中的每个人物，包括己方的、对方的商务人员、技术人员以及顾问等。这种对人物行为、决策、思考方法的模仿，能使己方对谈判中可能遇到的问题、人物有所预见。同时，站在对手的角度思考问题，有助于己方制订更完善的谈判方案。

2．讨论会模拟法

讨论会模拟法类似于“头脑风暴法”，它分为以下两步。

第一步，企业组织参加谈判人员和一些其他相关人员召开讨论会，让所有参与人员根据自己的经验，对企业在本次谈判中谋求的利益、对方的基本目标、对方可能采取的策略、己方的对策等问题提出意见和观点。不管这些观点、见解如何标新立异，记录人员都要忠实地记录，再把会议情况上报上级领导，作为决策参考。

第二步，相关人员针对谈判中可能出现的情况，以及对方可能提出的问题等提出疑问，由谈判组成员一一解答。这些疑问或反对意见有助于己方重新审核拟订的方案，从多种角度和用多重标准来评价方案的科学性和可行性，并不断完善准备内容，以提高谈判成功的概率。值得注意的是，讨论会中的反对意见需要引起足够的重视，而不是对反对意见置若罔闻。

3．列表模拟法

列表模拟法是最简单的模拟方法，一般使用于小型、常规性的谈判。具体的实现方法是，通过对应表格的形式，分别列出己方经济、科技实力，己方谈判人员的能力，己方的期望目标、可接受的目标和最低目标，己方所采用的策略和这些策略的优缺点；另外，分别列出对方经济、科技实力，对方谈判人员的能力，对方的谈判目标，对方对己方所采用的策略会有哪些反应，以及针对这些反应对方可能采用哪些策略来应对。

列表模拟法的最大缺陷在于它实际上还是谈判人员的一种主观产物，它只是尽可能地搜寻问题并列出对策。对于这些问题是否真的会在谈判中发生，这一对策是否能发挥预期的作用，由于没有通过实践的检验，因此，不能保证对策百分之百地完全可行。

案例 7.4

案例视频：西安思源学院学生访谈商务成功人士

本案例视频是西安思源学院学生对商务成功人士进行访谈的视频。那么，商务活动访谈是什么？它有什么实际意义？

【解析】

商务活动访谈法是指通过与企业从事商务谈判活动的人员进行面对面的交流，加深对商务谈判活动的了解以获取商务谈判经验的一种方法。虽然没有直接参与商务谈判活动，但是通过对商务谈判实战人员深度访谈，间接地获得了商务谈判经验。另外，访谈活动本身可以看成访谈学生与企业人员的交流对话，其过程本身就是一次谈判。开展访谈活动前要进行一些必要的准备，如进行分组、设计方法提纲以及确定访谈对象等，在进行访谈时，可以采取有的人采访、有的人记录（录像）的方式分工协作。

本章小结

本章主要介绍了商务谈判的准备与组织，包括商务谈判的信息准备、商务谈判的物质准备、谈判人员的筹备、模拟商务谈判等内容。

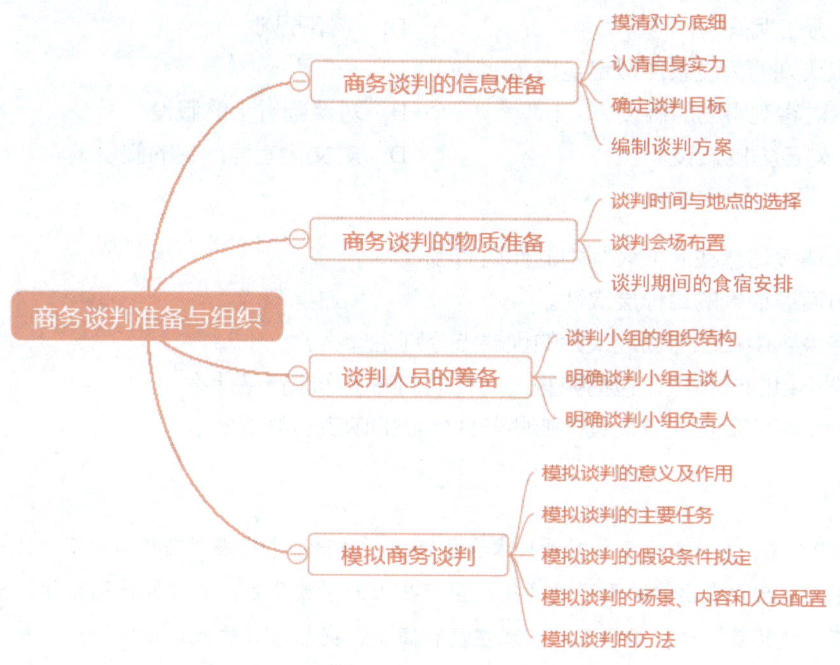

综合练习

一、单项选择题

1. 商务谈判人员必须坚守的最后一道防线是（　　）。

A. 基本目标　B. 期望目标　C. 最高目标　D. 可接受的目标

2. 一般而言，对己方谈判人员最有利的谈判场地是（　　）。

A. 中立地　B. 客场　C. 主场　D. 对方场地

3. 哪一段时间之前的一点时间才会形成谈判结果？（　　）

A. 开局时间　B. 间隔时间　C. 截止时间　D. 任意时间

4. 耗资最大、最有效的模拟谈判的方式是（　　）。

A. 一对一模拟法　B. 全景模拟法

C. 讨论会模拟法　D. 商品

二、多项选择题

1. 商务谈判中信息的搜集范围有（　　）。

A. 谈判对象所处环境　B. 谈判对象本身的信息

C. 谈判人员的相关信息　D. 商务谈判行为

2. 为了卓有成效地搜集对方的资料信息，可以通过哪些方法进行？（　　）

A. 通过信息载体搜集公开资料信息　B. 询问谈判对手的关键客商

C. 通过参观或学习获得情报信息　D. 追踪竞争品牌的领导言行

3. 谈判小组的配置原则应遵循（　　）。

A. 知识互补　B. 性格协调

C. 分工明确　D. 丰富原则

4. 模拟谈判的假设条件拟定包括（　　）。

A. 对客观事物的假设　B. 对谈判对手的假设

C. 对己方的假设　D. 对文化差异冲突的假设

三、问答题

1. 谈判情报信息在商务谈判中的作用有哪些？

2. 分析商务谈判的目标层次性。

3. 商务谈判中在己方场地谈判的优缺点分别是什么？

4. 谈判小组的成员应该包括哪些人员？他们的工作职责是什么？

5. 谈判小组的负责人应该具备哪些条件？他的职责有哪些？

四、案例分析

1984年9月底，某市为了拓展对外技术合作市场，派出一个代表团赴德国考察，计划安排一项该市自行车工业公司提出的关于引进摩托车生产技术的重点项目。偶然间他们得知：慕尼黑市有家生产名牌“纯达普”摩托车的工厂，现在债台高筑，突然宣告破产，正急于出卖整个工厂！这一消息使代表团为之一振，并立即奔赴慕尼黑市。

他们抵达慕尼黑市后，实地考察了纯达普摩托车厂的情况。得出结论：该摩托车厂历史悠久、产品过硬。该厂以先进的技术、优质的产品和良好的信誉，使产品畅销欧洲，后来由于崛起的日本摩托车工业跻身欧洲，使该厂受到严重的威胁。因为“纯达普”背后没有大财团的支持，故无力渡过难关，只好宣告破产。但该厂拥有雄厚的技术力量和良好的产品优势以及先进的生产设备，而且卖价特别便宜。于是，中国代表团果断地向德方传递了有意购买整个摩托车厂的信息，但必须回国请示批准后才能签订合同。然而，谈判桌上信息万千，变幻莫测，时间的先后往往决定着谈判的成败。与此同时，印度、伊朗等国家的商人也都纷纷探问。

该代表团感到时间的紧迫，立即启程回国。

10月12日，第一个电传通过国际线路将购买决定通知了德方。

10月17日，该市政府领导决定：以最快的速度组建一个由15人组成的专家团，赴德国进行全面技术考察，商谈购买事宜。组团出国的各种手续和准备工作压缩在15天内完成，11月2日准时出国。然而，遥远的欧洲传来电传:事有突变，情况紧急！

10月19日，联系人从联邦德国发来告急电传：伊朗的商人抢先一步签署了购买纯达普厂的合同！但中方并未绝望，以一切都是可变的谈判意识，认为只要有一分希望，就要做出百分之百的努力。于是，我方立即回电：请摸清情况详告，以定对策。

10月20日，联系人又发来电传：伊朗商人所签的合同上，规定的付款期限为24日。21日晚，我方得到更为确切的消息：24日下午3时前，伊朗方面若付款未到，所签合同即告失效。情势紧迫，该市政府冷静地分析了从德国传来的每一个信息，研究国际贸易竞争中的每一个偶然的因素。于是，10月22日上午10点做出了关键性的决定：“迅速通知已确定的15名出国人员，想尽一切办法，立刻办好出国手续，赶往首都机场，乘当晚国际航班飞赴联邦德国，以便相机行事！”为了提高效率，该市政府授权专家谈判团：有权签署购买合同，有权采取任何应急措施。

10月23日，中国专家代表团到达后，下榻在市郊一家不起眼的小旅馆里。他们与纯达普保持着密切的信息联系，分析着每一个情报的细微变化，准备着随时可能进行的谈判。

10月24日午后，每一次电话铃声，都使专家团成员们紧张不安。下午3时，突然一阵急促的电话铃响，接了电话，专家团里一阵喜悦：伊朗商人未如期付款，他们的合同无效了！按照预定计划，谈判组的人员立即出动，跳上汽车，向纯达普厂方向急驰飞奔。德方人员甚感吃惊：这些中国人躲在哪里？竟如此准时地冒了出来！他们做梦也没有想到中方如此神速。

随后，中德之间围绕纯达普厂展开了一场实质性的谈判。中方经过进一步的技术考察之后，与德方反复磋商，完成了这场买卖谈判。中方以1.6亿马克（合5000多万美元）的价格买下了纯达普厂2229台设备和全套技术软件。事后得知，这个价格比伊朗商人支付的低200万马克，比另一个竞争对手准备支付的低500万马克。

第7章　案例思考参考

案例思考

案例中，该代表团取得谈判的先机，赢得谈判成功的关键因素是什么？

第2篇

谈判篇

第8章　商务谈判过程

【学习目标】

- 了解开局、报价、讨价还价的含义
- 掌握营造良好开局氛围的方法
- 了解报价的原则
- 理解两种不同的报价方式
- 掌握讨价、还价的方式
- 掌握开局、报价、讨价还价和结束阶段的策略运用

8.1 » 开局阶段

案例导入

一份广告带来的胜利

1994年，美国全年贸易逆差居高不下，约为1800亿美元，其中，对日本的逆差居首位，达660亿美元，而这中间60%的逆差生成于进口的日本汽车中。日本汽车大量进入美国市场，1年约400万辆。于是就有了1995年美日汽车贸易谈判。美国谈判方认为，日本汽车市场不开放，而日方却认为本国政府未采取任何限制措施。

为了使谈判顺利，日本在谈判正式开始前就致力于改善谈判气氛，日本汽车制造业协会出钱在华尔街报纸做广告，广告标题是“我们能多么开放呢?”接着是文字说明：“请看以下事实，一、对进口汽车，零件无关税；二、对美国汽车实行简便的进口手续；三、美国汽车免费上展台；四、销售商根据市场需求决定卖什么车。”之后，又总结出美国车在日本销售不好的原因：日本汽油昂贵，所以日本人只能买省油的小汽车，而美国出口的是大型车。广告最后得出结论：“自由贸易才是成功之路。”日本汽车制造业协会做市场调查，看过报纸的人都认为日本讲得有道理，从而形成了良好的谈判开局氛围。

扫一扫

8.1 案例解析参考

【案例思考】

案例中日本方面在华尔街报纸做广告的目的是什么?开局的氛围有哪些类型？分别适用哪种谈判情形?

开局阶段虽然在时间上只占整个谈判过程的很小一段，涉及的内容似乎与整个谈判的主题关系不大，但却十分重要。因为开局阶段往往关系到双方谈判的诚意和积极性，决定着谈判的基调和发展趋势。一个良好的开局将为谈判成功奠定良好的基础。

8.1.1 商务谈判开局的含义和特点

谈判的开局阶段是指谈判双方见面后，在进入具体交易内容之前，相互介绍、寒暄，以及就谈判议题以外的话题进行交流的一个过程。

谈判开局阶段的双方对谈判尚无实质性认识，面临的各项工作千头万绪，无论准备工作做得如何充分，都难免会遇到新情况、新问题。在开局阶段，谈判双方的心理都相对紧张，态度比较谨慎，都在用尽一切方法探查对方的心理，摸清对方的虚实。因此在这个阶段一般不进行实质性的谈判，而只是相互见面、介绍，进行必要的寒暄。这些非实质性谈判从内容上看似乎与谈判主题无关，但却占有很重要的位置，决定着整个谈判的基调。如果谈判开局处理不好，可能会导致两个极端：第一个极端是目标过高，导致谈判陷入僵局；第二个是目标太低，达不到谈判的预期目的。

谈判开局阶段的特点表现为以下几个方面。

◆开局阶段是谈判各方阐明各自立场的阶段，据此可对谈判各方的谈判目标有初步的了解，以便在正式谈判时作为参考。

◆一般情况下，在开局后的几分钟内就确定洽谈的基调。

◆这一阶段谈判各方阵容中的个人地位及所承担的角色完全暴露出来，有助于谈判人员为下一步谈判制定有针对性的策略。

◆开局阶段谈判人员的精力最充沛，注意力也最为集中。

8.1.2 商务谈判开局的作用

谈判开局对整个谈判过程起着至关重要的作用，它不仅决定着双方在谈判中的力量对比，还决定着双方在谈判中采取的态度和方式，同时也决定着双方对谈判局面的控制。商务谈判开局的作用具体表现为以下几个方面。

1．介绍谈判成员

正式的商务谈判一般是从互相介绍谈判小组成员开始的，相互介绍是为了体现双方的礼貌和友好，显示对于谈判的重视。一般从主队的主谈人开始，主队成员介绍完毕后，再介绍客队成员。通过相互介绍，保证谈判的顺利进行。

2．了解谈判对手

在开局阶段，通过与谈判对手的简单接触和交流，可以对谈判对手形成表面印象，如言谈举止、着装风格、精神面貌、礼仪礼节等，从这些信息可以推断出对方的个性，从而选择自己的谈判策略。

3．营造谈判氛围

开局前最重要的一点就是营造谈判开局氛围。开局氛围是谈判对手在非实质性谈判阶段的相互态度。谈判经验证明：在非实质性谈判阶段所创造的气氛会对整个谈判过程产生决定作用，并影响谈判人员的心理、情绪和感觉。每一次谈判都因谈判内容、形式及地点的不同，而有其独特的氛围。这种谈判气氛可以在不知不觉中把谈判朝着某个方向推进。

例如，某国内企业准备从国外引进一条生产线，于是与某国一家公司进行了接触。双方分别派出了一个谈判小组就此问题进行谈判。谈判当天，双方谈判代表刚刚就座，中方的首席代表就站了起来，对大家说：“在谈判开始前，我有一个好消息要与大家分享，我的太太在昨天夜里为我生了一个大胖儿子！”此话一出，中方人员纷纷站起来向他道贺。对方代表也纷纷站起来向他道贺。整个谈判会场的气氛顿时高涨起来，谈判进行得非常顺利。中方企业以合理的价格顺利地引进了一条生产线。

4．阐明谈判目的和关键利益

在良好的气氛下说明谈判方在谈判中预期达成的诉求，即阐明谈判目的。这样的谈判是最有效率的，也就是说，双方都必须清楚对方的利益点和期望，这样才能为达成一致协议奠定良好的基础。

8.1.3 谈判开局氛围的营造

开局气氛能够影响谈判的方式，可以在不知不觉中把谈判朝着某个方向推进。那么，谈判者在谈判中应当采取什么样的方式营造哪种氛围？这就需要在营造谈判开局氛围时充分考虑影响开局氛围的各种因素。

1．合理运用影响开局氛围的因素

谈判双方见面后的短暂接触，对谈判气氛的形成具有关键性的作用，如谈判双方人员的目光、动作、姿态、表情、气质、谈话内容及语调、语速、服饰等，都会对谈判气氛产生影响。这些我们可称之为主观影响因素。如握手，动作相当简单，但影响却很大。在西方一些国家，如果用右手同人握手而把左手搭在对方肩上，就会引起对方的反感，因为这个动作被认为是过分轻狂、傲慢和自以为是，开局自然容易因此而产生敌对的情绪。因此需要掌握主观因素的尺度，如合理搭配服饰、表情自然、动作友善、语调轻柔、语速均匀等，才能让对方感觉舒适、自然。这些主观表现在前面的沟通或谈判章节中都有所涉及，贯穿了整个商务谈判过程，这里不再进一步详细说明。

当然，谈判气氛不仅受开局时双方表现的影响，双方见面之前的预先接触、谈判深入后的交流都会对谈判气氛产生影响，这些我们可称之为宏观影响因素。合理运用这些宏观影响因素，同样有利于营造良好的开局氛围。

- **谈判双方的关系：**谈判双方的关系显而易见会对谈判开局的气氛产生影响。如果谈判双方在之前就有过业务往来，而且有着良好的合作关系，可以把这种良好的关系作为双方谈判的基础，创造热烈的、轻松愉快的氛围；如果双方有过业务往来，但彼此之间的印象不好，就需要创造友好、随和、合作的氛围；如果双方过去从来没有业务往来，此次谈判是第一次交往，就需要刻意地营造真诚、友好、合作的氛围。
- **传播媒介的使用：**利用传播媒介制造谈判舆论或气氛，是指谈判一方通过传播媒介向对方传达谈判意图，施加心理影响，制造有利于己方的谈判气氛或启动谈判的背景。在现代社会，许多谈判在没有正式开始以前，舆论的准备往往就已经开始了，并发挥着相当大的作用。有效地制造谈判舆论气氛，可以为谈判双方如何走到谈判桌前、如何开始谈判提供指导。
- **组织谈判的合理性：**组织谈判的合理性是指谈判的时间是否合理、谈判会场的布局是否合理等，只有合理地组织谈判才有利于建立良好的开局氛围。
- **谈判前的非正式接触：**在正式谈判开始前，双方可能有非正式接触的机会，如欢迎宴会、礼节性拜访等，利用此类机会，也可充分影响对方人员对谈判的态度，有助于在正式谈判时建立良好的谈判气氛。
- **开局阶段的中性话题：**谈判开局中双方进行沟通的中性话题会潜移默化地对开局氛围产生影响。谈判双方聊一些过往的经历、个人的兴趣爱好或家庭状况，以及开一些幽默、轻松的玩笑，双方就会很愉快，消除彼此的对立感。如果中性话题谈到对方忌讳的事件，就容易让人产生排斥情绪，开局氛围自然不协调。

案例 8.1

美国一个跨国集团欲与中国某医药器材公司合作，于是派出了一个代表团来中国考察，他们很看好中国市场和该公司的实力，准备和该公司好好合作一番。

双方来到谈判地点。由于是第一次与中国企业合作，见面时，美国方面的代表动作僵硬，表情严肃，没有一丝笑意。这时医药器材公司的谈判负责人秦军立即会意地微笑，并友好地说："看到你们，我非常高兴。你们让我想起了十年前我在哈佛大学求学的时光。"美国公司的代表听到秦军谈到他们熟悉的城市、学校及其他建筑、文化等，感到十分亲切，然后秦军又向他们询问了那里的变化。就这样，美国公司代表的紧张感消除了，双方进入了愉快的氛围中。他们似乎不知不觉地开始了友好的谈判。

最后，合作意向达成，谈判顺利结束。

【解析】

本例中，面对谈判前的紧张气氛，秦军利用在美国求学的经历为开场白，为他们的谈判营造了一种轻松和谐的气氛，使谈判很顺利地进行了下去。实际上，在谈判中，设计好的开场白可以采用闲谈、赞美、开门见山等方法。

2．开局氛围的类型和实现方法

开局氛围可以是热烈的、积极的、友好的，可以是平静的、严肃的、严谨的，也可以是冷淡的、对立的、紧张的。不同的开局氛围可以用不同的方法营造出来。

（1）营造高调氛围

高调气氛是指谈判情势比较热烈，谈判双方情绪积极、态度主动，愉快因素成为谈判情势主导因素的一种谈判开局气氛。当本方占有较大优势，价格等主要条款对自己极为有利，本方希望尽早达成协议与对方签订合同时，可营造高调气氛。营造高调氛围通常有以下几种方法。

- **感情共鸣法：**通过某一特殊事件来引发普遍存在于人们心中的感情因素，使这种感情迸发出来，从而达到营造气氛的目的。
- **称赞法：**称赞是削弱对方心理防线的一种有效方法，总是能产生意想不到的奇效。发自肺腑地赞美某人，让其认识到自我价值，从而焕发出对方的谈判热情，调动对方的情绪，营造高调的气氛。
- **幽默法：**通过幽默的方式进行沟通，是一种高超的艺术手法。它可以有效消除谈判对手的戒备心理，使其积极地参与到谈判中来，从而营造热烈、轻松的谈判开局气氛。
- **诱导法：**诱导法是指投其所好，利用对方感兴趣或值得骄傲的一些话题，来调动对方的谈话情绪与欲望，从而创造热烈、活跃的氛围。

案例 8.2

东南亚某个国家的华人企业想要成为日本一著名电子公司在当地的代理商。双方几次磋商均未达成协议。在最后的一次谈判中，华人企业的谈判代表发现日方代表喝茶及取放茶杯的姿势十分特别，于是他说道：“从君喝茶的姿势来看，您十分精通茶道，能否为我们介绍一下?”这句话正好点中了日方代表的兴趣所在，于是他滔滔不绝地讲述起来。结果，后面的谈判进行得异常顺利，那个华人企业终于拿到了他所希望的地区代理权。

【解析】

人一旦受到称赞，其价值被认可时，总是喜不自胜，会消除戒备的心理。如果是对方感兴趣的话题，就能够很容易地引起热烈的讨论，营造出活跃的氛围。

（2）营造低调氛围

低调气氛是指谈判气氛十分严肃、低落，谈判的一方情绪消极、态度冷淡，不快因素构成谈判情势的主导因素。当本方有讨价还价的砝码，但是并不占有绝对优势，合同中某些条款并未达到本方的要求时，可营造低调氛围。营造低调氛围通常有以下几种方法。

◆**沉默法：**沉默法是较为常用的一种制造低调氛围的方法。它是以沉默的方式来使谈判气氛降温，从而达到向对方施加心理压力的目的。在实际运用中要沉默有度，适时进行反击，迫使对方让步。

案例 8.3

有一次，一家日本公司与一家美国公司进行一场许可证贸易谈判。谈判一开始，美方代表就滔滔不绝地先向日方介绍情况，而日方代表却一言不发，只是认真倾听并仔细记录。当美方代表介绍完征求日方代表意见的时候，日方代表则表示没听懂，不明白，要回去研究一下，美方不得不同意休会。

第二轮谈判开始时，日方更换了谈判人员，并以不了解情况为由要求美方代表再介绍一遍情况。可是在美方人员介绍完之后，日方代表仍然表示没有听懂，要求再次休会。第三轮谈判，日方故技重施，告诉美方代表己方将在回去研究之后将结果告诉美方。

这样一拖就是半年，美方已经等得烦躁不安，大骂日本方面没有诚意。谈判已到了破裂的边缘。

这时，日方突然派出一个由董事长亲自率领的代表团飞抵美国，在美国人毫无准备的情况下要求恢复谈判，并抛出自己的最后方案，催逼美国人讨论全部细节。而措手不及的美国人在日本人的压力下，居然稀里糊涂地签下了一个明显有利于日方的协议。

事后，美方首席代表无限感慨地说："这次谈判，是日本在偷袭珍珠港之后的又一重大胜利。"

【解析】

沉默是降低对方热情最简单、最直接、最有效的一种方法。谈判人员可在对方产生烦躁、沮丧情绪时，适时反击，迫使对方做出让步。

◆**疲劳战术：**疲劳战术是指使对方对某一个问题或某几个问题反复进行陈述，从生理和心理上使对手疲劳，降低对手的热情和谈判情绪。采用疲劳战术时，可以多准备一些问题，而且问题要合理。每个问题都能起到使对手疲劳的作用，同时避免激起对方强烈的对立情绪，致使谈判破裂。

◆**指责法：**指责法是指对对手的某项错误或礼仪失误严加指责，使其感到内疚，从而达到营造低调开局气氛的目的。一次，巴西某企业与美国某企业进行合作事宜谈判，但是与约定的时间迟到了足足45分钟，美国企业抓住巴西企业的失礼，强烈指责，致使巴西企业感到内疚，在整个谈判中始终处于被动地位，最后吃了大亏。

（3）营造自然氛围

自然气氛是指谈判双方情绪平稳，谈判气氛既不热烈，也不消沉。自然开局气氛便于对谈判对手进行摸底。当谈判一方对谈判对手的情况了解甚少，对手的谈判态度不甚明朗时，可营造自然氛围。

营造自然氛围需要注意以下几点。

- 行为、礼仪要合乎规范。
- 询问问题要自然，不要与谈判对手就某一问题过早地发生争论。
- 对对方的提问，应尽可能正面回答。如果不能回答，要采用恰当的方式进行回避，避免造成误会。

8.1.4 常用开局策略

根据谈判双方实力的对比、关系的远近或谈判目的不同，可采用不同的开局策略来适当掌控谈判的进程。常用的开局策略有一致式开局、保留式开局、坦诚式开局、慎重式开局、进攻式开局。

1．一致式开局策略

当双方实力相当或合作愿望强烈，是第一次接触，过去没有业务往来，双方都希望有一个好的开端时，可选择采用一致式开局策略。一致式开局策略是指，在谈判开始时，为了使对方对己方产生好感，以协商、肯定的语言进行陈述，使双方对谈判的理解建立起“一致”的感觉，从而使谈判双方在友好愉快的气氛中展开谈判工作。

2．保留式开局策略

保留式开局策略是指在谈判开始时，对谈判对手提出的关键性问题不做彻底的、确切的问答，而是有所保留，从而给对手造成神秘感，吸引对手步入谈判。保留式开局传递的信息是模糊的，但是信息不是虚假的，否则违背了信用原则。当双方合作关系不明确时，可采用这种策略。

3．坦诚式开局策略

当双方有过业务交往，关系明朗，互相了解很深，或己方实力不如对方时，可采用坦诚式开局策略。坦诚式开局策略是指以开诚布公的方式向谈判对手陈述自己的观点或想法，从而尽快打开谈判局面。

4．慎重式开局策略

当双方以前有过业务往来，但目前关系不佳时，可采用慎重式开局策略。慎重式开局是指以严谨、慎重的语言进行陈述，表达出对谈判的高度重视和鲜明的态度，目的是使对方放弃某些不适当的意图。

5．进攻式开局策略

当对方处于优势地位，并对己方进行强势压迫时，可伺机采用进攻式开局策略。进攻式开局策略是指通过对事不对人的语言或行为来表达己方强硬的态度，从而获得对方必要的尊重，并借以制造心理优势，使得谈判顺利地进行下去。

案例 8.4

有一家韩国公司想要在中国投资加工乌龙茶，然后返销韩国，韩国公司与我国福建省一家公司进行了接触，双方互派代表就投资问题进行了谈判。

谈判一开始，韩方代表就问道："贵公司的实力到底如何，能否请您向我们介绍一下以增加我方合作的信心？"中方代表回答道："不知贵方所指的实力包括哪几个方面？但有一点我可以明确地告诉您，造飞机轮船我们公司肯定不行，但是制茶我们是内行。我们的制茶技术是世界一流的。福建有着丰富的茶叶资源，我公司可以说是'近水楼台先得月'。贵公司如果与我们合作的话，肯定会比与其他公司合作得更满意。"

【解析】

本案例中方代表在谈判中面对韩方代表的提问，使用了保留式开局策略。在双方公司关系不明朗、韩方公司态度不坚决、没有明确表态的情况下，不做明确回答，但回答的方式有礼有节——"贵公司如果与我们合作的话，肯定会比与其他公司合作得更满意"。

8.2 » 报价阶段

案例导入

撒切尔夫人的谈判艺术

1975年12月，在柏林召开的欧洲共同体各国首脑会议上，举行了削减英国支付共同体经费的谈判。各国首脑们原来以为英国政府可能希望削减3亿英镑，从谈判的惯例出发，撒切尔夫人会提出削减3.5亿英镑，所以，他们就在谈判中提议可以考虑同意削减2.5亿英镑。这样讨价还价谈判下来，会在3亿英镑左右的数目上达成协议。

可是，完全出乎各国首脑们的意料，撒切尔夫人狮子大开口，报出了10亿英镑的高价，首脑们对此瞠目结舌，一致加以坚决的反对。可撒切尔夫人坚持己见，在谈判桌上始终表现出不与他国妥协的姿态，共同体各国首脑——这些绅士们，简直拿这位女士——铁娘子，没有任何办法，不得不迁就撒切尔夫人，结果不是在3.5亿英镑，也不是在2.5亿和10亿英镑的中间数，而是在8亿英镑的数目上达成协议，即同意英国对欧洲共同体每年负担的经费削减8亿英镑。

8.2 案例解析参考

【案例思考】

撒切尔夫人采用了什么样的报价方式获得了谈判的巨大成功？这种报价方式有何优势？

报价是商务谈判的一个重要阶段，报价是确立双方交易条件的前提。它不仅表明了谈判者对有关交易条件的具体要求，集中反映了谈判者的需求和利益，并且，通过卖家的报价可以进行一步分析和把握彼此的意愿和目标。

8.2.1 报价的含义

谈判报价是指谈判的某一方首次向另一方提出的交易条件或要求。在经历了谈判双方最初的接触、摸底，并对所了解和掌握的信息进行相应的处理之后，商务谈判往往由横向转向纵向，即从广泛性洽谈转向对一个个议题的磋商。在每一个议题的磋商之初，往往由一方当事人报价，这就是初始报价阶段。不过这里所指的“价”是一个广泛的指代，它并非单指价格，而是指包括价格在内的诸如商品的数量、质量、包装、价格、装运、保险、支付、商检、索赔、仲裁等交易条件，但价格条件具有最重要的地位。谈判双方在一起进行合作，并不是为了把不可能的事情变成可能，而是为了把可能的事情确定下来。因此，一个谈判者应当尽量准确地判断出对方所能接受的条件范围，谈判者报出的价格和其他各项条件，一般都不应超出对方所能接受的极限。

8.2.2 报价的原则

报价关乎双方的切身利益，是经过慎重的考虑提出的，是一个较为复杂的过程。报价的好坏直接影响利益的成色，稍有不慎就会将自身置于不利境地。通常，商务谈判中的报价需要遵从一定的原则，才能步步为营地向着成功的方向迈进。

1．卖方的高开盘价和买方的低开盘价

对卖方来讲，开盘价即初始报价必须是“最高的”；相应地，对买方来讲，开盘价必须是“最低的”，这是报价的首要原则。对此，我们可从以下几个方面进行分析。

第一，我方作为卖方而言，开盘价为我方定出了一个最高限额，而在买家看来，这个开盘价表明了我方的最高目标，买家将基于此要求卖家做出让步。一般情况下，最终双方的成交价格肯定低于此开盘价，因为买家不可能开出比卖家初始价格更高的价位。

第二，开盘价的高低会影响对方对我方提供商品或劳务的评价。因为，通常人们都信奉“一分钱一分货”的观点。开价高，人们就会认为商品质量好、服务水平高；开价低，人们就会认为商品质量一般、服务水平低。

第三，开盘价高，可以为以后的磋商留下充分的回旋余地，使本方在谈判中更富有弹性，更利于掌握成交时机。

第四，开盘价对最终成交价具有实质性的影响。通常开盘价高，最终成交价就较高；开盘价低，最终成交价就较低。

2．开盘价的合理性

开盘价需要合情合理、有依据，它主要针对开盘价高的情况。开盘价高，并不是指漫天要价、毫无道理、毫无控制，价高要合乎情理，如商品的市场价大致为10元每件，即使制作再精良，工艺水平再高，价格也不可能高出数十倍。当报价过高，又不具合理性，对方必然认为本方缺少谈判的诚意，或者被无理的价格“吓住”而中止谈判；或者同样提出极其苛刻的交易条件。不管怎样，不合乎情理的要价都将有损于谈判。

我们必须明白，报价高的主要目的是为以后谈判留有余地，因为绝大多数情况下，买家为了自身利益，都会要求降价。也就是说，报价高需要视具体情况而定，如竞争对手的多少、货源的情况、对手要货的用途、关系的远近等。

3．报价明确且不加任何解释说明

报价明确是指开盘报价的内容，包括商品价格、交货条件、支付方式、质量标准和其他内容都要罗列完整、清楚。在报价时，不要对本方所报价格做过多的解释和说明。因为，对方不管我方报价是高或低，都会提出质疑。如果在对方还没有提出问题之前，我们便加以主动说明，这会提醒对方意识到我方最关心的问题，而这种问题有可能是对方尚未考虑过的问题。因此，有时过多的说明和解释，会使对方从中找到破绽或突破口，向我方反击。

8.2.3 报价的方式

商务谈判中，有两种典型的报价方式，分别是西欧式报价方式和日本式报价方式，这两种报价方式各有特点。如欧洲国家、美国、澳大利亚、新西兰这些国家一般采用西欧式报价方式，而东方国家更多的是采用日本式报价方式。

1．西欧式报价方式

西欧式报价方式也可称为高价报价方式。即卖方首先提出留有较大余地的价格，通过给予各种优惠，如数量折扣、价格折扣、佣金和支付条件方面的优惠，如延长支付期限、提供优惠信贷等，逐步接近买方的条件，达到成交的目的。

由于欧洲等西方国家资本主义起源较早，所以商业运行的规则已经有了一套行之有效的办法，在商务谈判中多数情况遵循规则导向。即满足人们普遍接受价格由高往低的心理。西欧式报价方式的关键在于稳住买方，使之就各项条件与卖方进行磋商，最后的结果往往是对卖方比较有利的。

2．日本式报价方式

日本式报价方式也可称为低价报价方式。卖方首先报出最低价格，并列出对卖方最有利的结算条件，正是由于这种低价格一般是以对卖方最有利的结算条件为前提条件的，并且，在这种低价格交易条件下，各个方面都很难全部满足买方的需求，因此，如果买方主动要求改变有关条件，则卖主就会相应地提高价格。因此，买卖双方最后成交的价格，往往高于开始的价格。

日本式报价在面临众多竞争对手时，是一种比较艺术的报价方式。它是用最低价引起买主的兴趣，排斥竞争对手；当其他卖主纷纷败下阵时，这时买方原有的市场优势就不复存在了，买方想要达到一定的需求，只好任由卖方一点一点地把价格抬高才能实现。

总结起来，西欧式报价和日本式报价最本质的区别是，西欧式报价通过双方的调整价格逐渐向下走，而日本式报价是卖方提供起点很低的价格，充满竞争力，如果有其他附加条件的话，价格就会往上走。

一般说日本式报价较西欧式报价更具有竞争力，但它不适合买方的心理，因为一般人总是习惯于价格由高到低，逐步降低，而不是不断地提高。因此，聪明的谈判人员，要善于识破日本式报价战术，分清报价内容的本质，不至于陷入日本式报价的圈套。

8.2.4 报价的策略

讲究策略的报价往往能取得谈判先机。在使用报价策略时，通常需要把握报价时机、报价表达、报价差别、报价对比和报价细分这几方面的问题。

1．报价时机策略

报价时机是一个策略性很强的问题，什么时候报价才是最有利的，这是需要重点考虑的。一般而言，在对方还没有充分了解商品为他带来的实际利益时，不适合马上报价。当对方表现出强烈的交易欲望，关注商品的使用价值时，报价往往能水到渠成。下面从先报价的利与弊分析报价的时机问题。

（1）先报价的利

先报价为谈判划定了一个框架和基准线，最终协议将在这个范围内达成。报价如果出乎对方的预料，往往会打乱对方的谈判计划，使其失去信心。

（2）先报价的弊

对方听了我方的报价后，可以调整原有的想法，或者使对方集中力量对报价发起进攻。

商品买卖中，一般由卖家先报价，买方还价，或者由实力强的一方先报价，经验丰富的一方先报价，内行的一方先报价。在冲突程度较高的商务谈判中，先报价比后报价更为合适。

2．报价表达策略

报价无论采用口头或书面形式，一定要注意不使用“大概”“大约”“估计”一类含糊其词的语言，表达必须肯定。一方面能够让对方感受到我方是真诚的，对我方产生信任感；另一方面让对方能够准确地了解我方的期望，感觉没有任何可以商量的余地，从而不随便讨价还价。

3．报价差别策略

谈判中由于各种条件不一样，要根据具体的情况报不同的价，目的是让对方感觉得到了优惠。这种价格差别，体现了商品交易中的市场需求导向，在报价策略中应重视运用。例如，对新客户，为开拓新市场，可给予适当让价；旺季较淡季，价格可适当调高等。

4．报价对比策略

在价格谈判中，使用报价对比策略，往往可以增强报价的可信度和说服力，一般有很好的效果。报价对比可以从多方面进行。例如，将本企业商品的价格与另一可比商品的价格进行对比，以突出相同使用价值的不同价格；将本企业商品的价格与竞争者同一商品的价格进行对比，以突出相同商品的不同价格等。

5．报价细分策略

报价细分或报价分割是为了迎合买方的“求廉”心理，将商品的计量单位细化，然后按照最小的计量单位报价，如茶叶按两报价而不是按斤报价。或是对产品的各个组成部分进行报价，如把电脑的各组件分开报价。采用细分报价策略，能使买方在心理上产生商品便宜的感受，不被商品的总价吓到。细分报价在商品或项目价格构成复杂时也有利于表明己方报价的清晰度，增加对方的认同感。

8.3 » 讨价还价阶段

案例导入

在挑剔中采购水果

一家果品公司的采购员来到果园，问：“多少钱一斤?”“1元。”“8角行吗？”“少一分也不卖。”采购员无奈：“商量商量怎么样？”果农坚持：“没什么好商量的。”“不卖拉倒。”买卖双方不欢而散。

不久，又一家公司的采购员走上前来，先递过一支香烟，问“多少钱一斤？”“1元。”买主打开筐盖，拿起一个苹果说：“个头还可以，但颜色不好，这样上市卖不上价呀！”接着又摸出一个个头小的苹果，“老板，你这筐苹果下面有不少小的，这怎么算呢？”边说边摸，又摸出一个被虫咬伤的苹果，“您这苹果颜色不够好，又不够大，有的还有伤，这么都算不上一级。”这时卖主沉不住气了，让采购员还个价。采购员答道：“农民一年到头也不容易，给您8角吧！”“那可太低了，再添点吧！”果农嘟哝着。“那好吧，看您也是个老实人，交个朋友吧，8角5分一斤，我全包了。”双方经过讨价还价终于成交了。

扫一扫

8.3 案例解析参考

【案例思考】

案例中为什么第一个买主遭到拒绝，而第二个买主却能以较低的价格成交？

讨价还价阶段也就是磋商阶段，指谈判双方在原先报价的基础上进行讨价还价的行为过程。一般而言，讨价还价是商务谈判的必经阶段，也是商务谈判的核心环节。讨价还价的过程及其结果将直接关系到谈判双方的最终交易条件和所获利益的大小，决定着双方各自需要的满足程度。

8.3.1 讨价还价的含义

讨价还价又称为协议定价，是指在谈判过程中，双方轮流出价，就价格进行讨论和确定，寻求双方都能接受的均衡价格的行为。下面分别从讨价和还价这两方面来理解讨价还价的含义。

1．讨价

讨价，是指谈判中的一方先报价之后，另一方认为其报价离自己期望的目标较远，从而要求报价方重新报价或改善其报价的行为。讨价是实质性的要求，即让对方做出降价，同时，讨价也是一种谈判策略，可以引导对方对于己方价格期望的判断，并改变对方的价格期望，并为己方还价做好准备。

就讨价阶段而言，首先应让对方就首次报价做出一定的解释，即价格解释。因为，卖家首先报价时，开盘价是简单而概括的，卖家没有对商品特点及其报价的价值基础、报价理由、行情依据、计算方式等做出合理的介绍、解释。买家在对这些信息没有充分了解和掌握的情况下，就不知道从什么地方对交易条件进行还价，从而为讨价还价工作带来困难。只有对这些信息了解并分析后，才能有力地讨价还价。举一个简单的例子，购买衣服，售货员给出价格后，我们通常会询问，衣服的价格为什么这么高，售货员就会做出解释，如衣服的手工质量好、是最新款式、布料上好等，我们一般就会在这些条件上做文章，寻求还价的机会，如衣服出现手工线头，缝接不对称等，也就是找到还价的理由。

知识点拨

价格解释对于卖方和买方，都有重要作用。从卖方来看，可以利用价格解释充分表明所报价格的真实性、合理性，增强其说服力，软化买方的要求，以迫使买方接受报价或缩小买方讨价的期望值；从买方来看，可以通过价格解释了解卖方报价的实质和可信程度，掌握卖方的薄弱之处，估量讨价还价的余地。

2．还价

还价也称回价，或新的报价，是指商务谈判的一方根据对方报价，结合己方的谈判目标，主动提出己方的价格条件要求的行为。还价通常是由买方在一次或多次讨价后应卖方的要求做出的。

在商务谈判中，还价是一个关键的阶段，因为还价是谈判双方真正针对价格进行正面交锋的阶段，当一方提出报价后，为了对对方的报价做出回应，就会进行还价，即提出自己的交易条件。还价策略运用成功与否，直接关系到能否达成最后协议以及己方目标是否能够实现。为了使谈判进行下去，一方在进行了数次的价格调整后，会要求另一方还价；而另一方在讨价目标实现后，为了表示己方的诚意，也应该接受还价的邀请，进行还价。

8.3.2 讨价的方式

不同的阶段可选择不同的讨价方式。讨价方式可分为总体讨价和针对性讨价。一般而言，在刚开始的阶段，使用总体讨价方式，进行到一定程度后，再使用针对性讨价方式。

1．总体讨价

所谓总体讨价是指从整体价格要求改善报价或重新报价。为什么在讨价的初始阶段一般选择总体讨价方式？因为，当一方报价并对报价进行解释说明后，此时，买方对价格的具体情况较模糊，缺乏清晰的了解，买方会笼统地提出降价要求，凭交易的真诚态度或者市场经济等宏观因素进行压价，期望对方从总体上改善报价，以获得更加接近己方期望的目标价格。

2．针对性讨价

当经过反复的讨价过后，进入讨价的实质阶段，买方对卖方的价格有了较为具体的掌握，便可有针对性地讨价，即分类讨价。在不合理的项目或存在瑕疵的项目上有针对性地讨价，如要求卖方减少材料费、保险费、运输费，或者要求卖方延长付款的期限、缩短交货的期限、提高某项服务的质量等。

8.3.3 还价的方式

采取何种方式还价要看以什么为依据来进行还价。总的来讲，还价的方式一般可分为单项还价、分组还价和总体还价，与讨价的方式存在相似性。

1．单项还价

单项还价一般是指跟针对式讨价方式对应的还价方式，即按照报价的最小单位进行还价。如果是独立商品，可以按计量单位进行还价；如果是成套设备，可以按主机、辅机、备件等不同部分进行还价；如果是服务费用，则可以按照不同的费用项目进行还价。

2．分项还价

分项还价是指把交易内容划分成若干类别或项目，然后按各类价格中含水量或按各部分的具体情况逐一还价。报价项目的水分含量越重，就多还价，即进行更高的压价；报价项目的水分含量较少，就少还价，即减少压价。

3．总体还价

总体还价也可称作一揽子还价，是指对报价的全部内容按照一定的比例进行还价，不考虑报价各部分的水分含量多少。

8.3.4 讨价还价中的让步

商务活动中，利益不可能达到百分之百的均衡，总存在着让步，从而使商务谈判顺利进行。然而让步不是一味地退让，为了确保己方的利益，只有在非让步不可的时候才让步。在做出让步时，需要从以下几个方面进行考虑。

- **让步分轻重缓急：** 一般不先在原则问题、重大问题，或者对方尚未迫切需求的事项上让步。
- **控制让步的次数和幅度：** 应当严格地控制让步的次数和幅度。让步次数过多，意味着损失逐渐扩大，同时影响信誉、诚意和效率；让步幅度太大，会反映己方交易条件的水分含量大，对方抓住这个机会就会不断压价。
- **让步应有明确的利益目标：** 让步可从对方那里获得利益作为交换的补偿。无谓的让步会被对手视为无能。
- **应使对方感到让步是艰难的：** 让步应使对方感到己方做出让步是非常艰难的；轻而易举地就做出让步，会使对方对交易条件产生怀疑。

8.3.5 讨价还价中的注意事项

在商务谈判中讨价还价不应操之过急，要掌握讨价还价的尺度，否则讨价还价的行为将不会顺利，从而达不到预期目的。

- **不应过分讨价还价：** 谈判双方都希望谈判的结果尽量有利于己方。因此，即使当时的交易条件已经能够为双方接受，双方还是希望通过讨价还价来争取更大的利益。但是，过分的讨价还价是不合时宜的，容易形成谈判僵局。特别是在一方已经做出一定让步的情况下，另一方仍然坚持讨价还价，显然会招致对方的抵触甚至厌恶。
- **讨价还价不应操之过急：** 俗话说“欲速则不达”“心急吃不了热豆腐”，讨价还价若操之过急也会带来不利影响。如果不十分了解价格的整体情况，胡乱地、没有目标地讨价还价将达不到讨价还价的目的。或者，双方都接受交易条件，一方想尽快签约，不停催促另一方，也是不可取的，这样会让对方产生怀疑，是不是交易条件存在没有发现的漏洞等。因此，即使签约条件成熟，也应按部就班地进行。

8.4 » 谈判结束阶段

案例导入

聪明的法国商人

美国一公司的商务代表迈克尔到法国进行一场贸易谈判，受到法国公司代表的热烈欢迎。法方代表亲自到机场迎接，然后又把迈克尔安排在一家豪华宾馆，使迈克尔有一种宾至如归的感觉，迈克尔对法方有了很好的印象。

法方约定的价格优惠时间到下个月初就会停止，而距离下个月只剩下10天时间。在一切安排完毕之后，法国人没有急于谈判，而是安排迈克尔尽情游览，娱乐节目也十分丰富。迈克尔无法拒绝法方的好意，只得从命。

到了第5天，迈克尔拒绝了法国方面的安排，要求谈判。但是到了谈判桌上，法方故意拖延，草草了事，就这样双方的谈判一直拖到了第8天，法方立马进入状态，此时对于迈克尔却是不利的，因为距离法方约定的价格优惠时间只剩2天时间了。迈克尔此时进退两难，如果不同意此行就白跑了一趟，最终只好答应了法国方面的全部条件。

扫一扫

8.4 案例解析参考

【案例思考】

案例中，法国方面利用了什么策略来促成谈判？

谈判结束阶段就是交易达成的成交阶段。对于谈判者而言，如何捕捉成交信号，把握结束谈判的时机，掌握促成缔约的策略，同样决定着谈判的成败。

8.4.1 结束阶段的主要标志

商务谈判结束阶段的主要标志就是出现成交信号。成交信号是指谈判双方在洽谈过程中所表现出来的各种成交意向，常常会通过谈判人员的行为、语言和表情等多种渠道表现出来。作为己方谈判者而言，可以主动向对方发出成交信号，或者善于捕捉对方的成交信号，从而尽快促成缔约，结束谈判。常使用的成交信号有以下几种。

- ◆在向对方发出成交信号时，谈判者用极少的言辞阐明自己的立场。阐明立场时，要用一种最后决定的语调，例如，“这是我方最后的主张，现在就看你的了。”
- ◆回答对方的问题很简洁，只回答“是”或“不是”，态度坚决，表情坚定，表明确实再没有折中的余地。
- ◆明确告诉对方，现在结束将获得最优惠的条件，是最有利的选择。

8.4.2 促成缔约的策略

在商务谈判过程中，为了尽快促成缔约，可以采用一些策略给对方施加压力，使其做出让步。促成缔约的策略一般有期限策略、优惠劝导策略、最终出价策略。下面分别进行介绍。

1．期限策略

期限策略是指规定出谈判截止日期，利用谈判期限的制约给对方施加心理压力，因为，在很多商务谈判场合，双方在期限将至的时候，迫于压力，他们会觉得机不可失，失不再来，从而达成签约。期限策略不是单纯地延长或缩短谈判时间，它是设置了不可逾越的时间期限，例如“我们的优惠价格将于5月1日截止”“从下个月开始货物的单价将会上调”“如果你不能在下周之前签约付款，我们就无法为你保留这批货物了”。

2．优惠劝导策略

优惠劝导策略是指向对方提供优惠政策，促成签约结束谈判，例如，“如果你们5日之前完成付款，我们免费配送，并提供技术支持”“如果你现在购买，我们提供分期付款的方式”“5月1日之前购买，我们将在原有价格上优惠5%”。

3．最终出价策略

最终出价策略也是促成签约的常用策略，是指双方做出的最后一次出价，也是最终的出价。对卖方而言，最终出价表明不会出更低的价格了；对买方而言，最终出价表明这是最高的价格了。

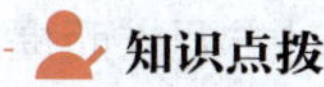

知识点拨

谈判取得成果，双方达成交易，谈判者应善始善终，做好谈判记录整理和协议签订工作。根据商务谈判的性质，有许多记录谈判的方法。但其根本在于，每一次洽谈之后，双方离去前，要用书面记录将双方达成一致的议题拟一份简短的报告或纪要，并由双方草签认可，以确保达成的共识不被违反。这种文件具有一定的法律效力，在以后的纠纷中尤为重要。

本章小结

本章主要介绍了商务谈判的过程，包括商务谈判的开局阶段、报价阶段、讨价还价阶段和结束阶段，以及每个阶段的策略应用等。

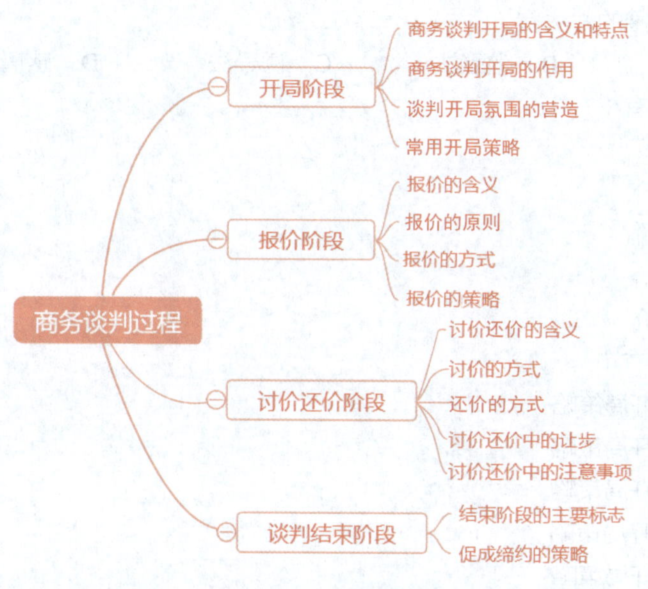

综合练习

一、单项选择题

1. 一般在哪个谈判阶段，谈判人员的精力最充沛，注意力最集中？（ ）

A. 结束阶段

B. 报价阶段

C. 讨价还价阶段

D. 开局阶段

2. 价格由高到低的走向属于哪种报价方式？（ ）

A. 西欧式报价方式

B. 日本式报价方式

C. 美国式报价方式

D. 自由式报价方式

3. 谈判一方根据对方的报价，并结合己方的商务谈判目标，主动回应对方要求而提出己方的价格的行为是（　　）。

A. 报价　　B. 还价　　C. 应价　　D. 压价

4. 商务谈判中，一方先报价后另一方要求报价方重新报价或改善报价的行为是什么？（　　）

A. 报价　　B. 还价　　C. 讨价　　D. 压价

5. 结束谈判的主要标志是（　　）。

A. 最高价格　　B. 最低价格

C. 拒绝让步　　D. 成交信号

二、多项选择题

1. 营造高调氛围的方法有（　　）。

A. 称赞法　　B. 幽默法　　C. 诱导法　　D. 感情共鸣法

2. 还价的方式有（　　）。

A. 总体讨价

B. 针对讨价

C. 总体还价

D. 单项还价

E. 分项还价

3. 开局的策略有（　　）。

A. 一致式开局策略

B. 保留式开局策略

C. 坦诚式开局策略

D. 慎重式开局策略

E. 进攻式开局策略

4. 讨价还价中的让步应该从哪几方面考虑？（　　）

A. 让步分轻重缓急

B. 控制让步的次数和幅度

C. 让步应有明确的利益目标

D. 应使对方感到让步是艰难的

三、问答题

1. 谈判者在谈判开局中，应该怎样营造特定的开局氛围？

2. 报价中的“价”指的是什么？

3. 报价的先后会对谈判产生什么影响？

4. 分析报价的方式和策略。

5. 讨价、还价的方式有哪些？

6. 讨价还价应该注意哪些问题？

7. 促成缔约的策略有哪些？

四、案例分析

李先生到某商店去买一台冰箱。营业员指着李先生要买的冰箱说："这种冰箱每台售价489.5美元。"

李先生说："可是，这冰箱外表有一点儿小瑕疵！你看这儿。"

营业员说："我看不出什么。"

李先生说："这一点儿小瑕疵似乎是一个小割痕。有瑕疵的货物通常不都要打一点儿折扣吗？"

李先生又问："这一型号的冰箱一共有几种颜色？"

营业员回答："两种。"

"可以看看样品本吗？"李先问。"当然可以。"营业员说着，马上拿来了样品本。

李先生边看边问："你们店里现货中有几种颜色？"

"共有20种。请问，您要哪一种？"

李先生指着店里现在没有的颜色说："这种颜色与我的厨房颜色相配。其他颜色同我厨房的颜色都不协调。颜色不好，价格还那么高，若不调整一下价钱，我就得重新考虑购买地点了。我想，别的商店可能有我需要的颜色。"

李先生打开冰箱门，看了一会儿后问道："这冰箱附有制冰器？"

营业员回答："是的，这个制冰器一天24小时可以为你制造冰块，1小时只需2分钱电费。"他满以为李先生会对此感到满意。

李先生却说："这太不好了，我孩子有慢性喉炎。医生说绝对不能吃冰，绝对不可以。你可以帮我把这个制冰器拆掉吗？"

营业员说："制冰器是无法拆下来的，它是同门一起存在的。"

李先生说："我知道。但是这个制冰器对我根本没用，却要我付钱，这太不合理了。价格如果便宜一点儿我就认了。"

营业员最后没有办法，只好说："既然这样，我就便宜你50美元，这可是绝无先例的。"

扫一扫

第8章　案例思考解析

案例思考

李先生是如何赢得"打折胜利"的？

第2篇

谈判篇

第9章　商务谈判策略

【学习目标】

- 理解和熟练运用商务谈判的常用侦探策略
- 理解和熟练运用迫使对方让步的常用策略
- 理解和熟练运用阻止对方进攻的常用策略
- 掌握打破谈判僵局的方法
- 掌握商务谈判中拒绝的常用方法

9.1 » 谈判的侦探艺术

案例导入

巧用侦探艺术完成谈判

成都市新都区某鞋厂，是一家专门生产出口地毯鞋的厂家。2014年3月因扩大生产规模需要购买100台缝纫机。

一开始该鞋厂就一起邀请了三家规模比较大的合格供应商，并约在同一天进行首次谈判。在谈判之前鞋厂工作人员带领厂家的销售人员参观了新的厂房，告知一楼、二楼、三楼分别要购置100台、合计300台缝纫机。参观结束之后，鞋厂请三家供应商代表分别对自己的产品和报价进行了介绍。经过比较和筛选，鞋厂选择了其中一家作为重点谈判对象。

一周后，对方再次来厂谈判。对方在300台的数量诱惑和竞争压力下，价格在初次报价4 860元的基础上又下降了260元，之后就不肯再让步了。下午续谈时，鞋厂代表告诉对方，厂长认为每台4 600元的价格过高，资金无法一次性到位，按照现在的价格最多只能买200台。就算200台也要90万元左右资金，需要三个合伙人协商好资金问题后才能同意。同时希望对方能够每台再让步100元，以减轻财务上的压力。对方说他们从没有卖过这么低的价格，需要回去向领导请示汇报。一天后，对方来电说每台最多可以再便宜60元。鞋厂代表立即向厂领导汇报。第二天，鞋厂代表打电话给对方说，经3个合伙人协商，认为4 540元的价格可以接受。但是因为资金暂时有点紧张，一下子拿不出那么多现金，希望能采取分期付款的方式支付，首次支付30%的货款。对方说分期付款从无先例，绝对不行。于是鞋厂代表抓住机会，表示既然你们在支付方式上有所顾虑，不同意分期支付，我们只好先买100台，可以在调试安装好之后全额支付。如果同意的话，可以过来谈判签约事宜。如果不同意，我们只能考虑别的选择。第二天，该厂家代表就过来签订了成交合同。

9.1 案例解析参考

【案例思考】

分析案例中鞋厂谈判人员运用了什么样的策略促使谈判获得成功。

在商务谈判中，对方的底线、时限、权限及最基本的交易条件等内容，属于机密信息，己方并不能在前期的准备中进行充分的收集和调查。谁掌握了对方的这些底牌，谁就会赢得谈判的主动。因此，在谈判初期，双方会围绕相关内容施展各自的探测技巧，以了解对方的虚实。

9.1.1 “投石问路”策略

“投石问路”策略是指卖方报价后，买方并不马上还价，而是通过不断地询问，提出一个要求卖方降价的假设条件，在卖方的回答中判断卖方在价格上的回旋余地，以及直接了解从卖方那儿不容易获得的诸如成本、价格等方面的尽可能多的资料，以此来摸清对方的虚实，掌握对方的心理，以便在谈判中做出正确的决策。

1．“投石问路”策略的实施

投石问路的关键，在于选择合适的“石”，提出的假设问题应该是对方所关心的问题，而且是对方无法拒绝回答的。投石问路的主要作用是试探卖方在价格上的回旋余地和决心。具体实施时，提出一个可以要求卖方让步的假设条件，要求对方回答。在对方的回答中，我们就能够获得一个比原先更低的价格。例如，我们买下全部产品是什么价位？订货数量增加1倍，能便宜多少？签订三年的长期订货合同是什么价格？一次性全款支付可以便宜多少？

2．“投石问路”策略的注意事项

投石问路要运用得巧妙，不假思索地随意进行，反而容易让卖家知道己方的真实意图。因此，商务谈判过程中，使用“投石问路”策略侦探时，要注意提问需恰当、提问要有针对性，更不能露出破绽，让对方察觉到己方的真实意图。

（1）提问需恰当

恰当的提问就是提出的问题不涉及敏感的内容，对方能够接受并且能给出回答，就好比同事之间，贸然地问对方这个月的工资是多少，它就属于提出不恰当的问题，此时，可以换一种方式问：“你这个月的工资一定比我多了不少吧？”

（2）提问要有针对性

在谈判中，一个问题的提出要把问题的解决引导到交易能否成功这一方向上，并给予足够的时间使对方做尽可能详细的正面回答。为此，谈判者必须根据对方的心理活动运用各种不同的方式提出问题。

（3）不能轻易露出破绽

很多时候，如果提出的问题是对方所关心的，那么也容易将己方的信息透露给对方，反而为对方创造了机会。所以，在使用投石问路策略的时候，也应该谨慎。如果被对方察觉你不是一个买那么多或值得长期合作的人，投石问路策略就会失败。普通顾客可以扮成批量进货的经销商，小买家可以扮成大买家来试探价格。

9.1.2 “抛砖引玉”策略

在商务谈判过程中，有这样一种认识，就是如果能让对方先表态，己方就会占有一定的优势。谈判桌上“抛砖引玉”的谈判策略，就是一方主动抛出问题后，让另一方来提出解决问题的方案，用提问来换取自己的谈判利益，这里所提的问题是“砖”，换取的利益是“玉”。或者用不等价交换来达成自己的谈判目标，即用对己方来说价值不大的东西（砖）来换取对方不在乎但对己方很有价值的东西（玉）。

例如，我方坚持合同金额为300万元，原本对方可以接受的合同金额为320万元，显然高于我方的需求。如果我方不了解这个信息的话，当我方提出320万元的成交金额时，肯定会认为该金额高于对方同意的金额，对方可能会压低，谁知道对方并不会感觉太高，之后双方经过讨价还价之后，310万元成交。可以想一下，我们抛出去的一块砖“金额320万元”，引来了一块玉“金额310万元”，大于我们底线300万元，这就是一个成功的抛砖引玉的案例。

通过抛砖引玉，让对手先表态，使己方和对方展开实质性交流前对他们有更多的了解，而且对方的第一次报价可能比预期的要高。最为重要的是，对方的表态可以帮助己方将他们的价格限定在对方可接受的范围和己方所限定的范围内，使己方拥有谈判的弹性和空间。这样，即使双方最终选取了中间的价位，你也可以得到自己想要的价格。总之，抛砖引玉的策略要把握以小换大的基本原则。

趣味阅读

美国流传着这样一个故事：有一天，马克·吐温到街上散步，经过一家书店，看到店里正在出售自己的著作，他向店员问明了书的价格之后，就开玩笑似地跟店员“谈判”起来。他对店员说：“我出版了这本书，我买这本书理应享有原价50%的优惠，不是吗？”店员觉得马克·吐温讲的有道理，就同意了。马克·吐温接着说：“我还是本书的作者，我应当再享有50%的优惠，你觉得呢？”店员又同意了。马克·吐温又说：“我是你们书店老板的好朋友，相信你会再给我25%的优惠。”店员没有办法，只好同意了。然后，马克·吐温一本正经地对店员说：“根据我们刚才谈定的条件，我认为我拿走这本书是理所当然的，现在，请你告诉我，这一本书我的版税是多少？”这时店员开始算账，然后吞吞吐吐地对马克·吐温说：“先生，我算了一下，你拿走这本书之后，我们还欠你37.5%的书价。”

【解析】

马克·吐温不断地提问就是抛出试探性的“砖”，而店员给出的方案就是接受马克·吐温的需求，引出马克·吐温所获得的“玉”。

9.1.3 “旁敲侧击”策略

旁敲侧击的意思是从侧面去了解事实的真相，比喻说话、写文章不从正面直接点明，而是故意绕弯子，从侧面曲折地表明观点或加以讽刺或抨击。在商务谈判中，“旁敲侧击”策略是指我方为了了解对方的谈判目的和谈判能力，以及对方就某些问题的观点和考量方向，直接提出问题容易暴露我方的真实意图，在一开始就引起对方的警觉，此时，可以使用旁敲侧击的策略来了解谈判对手。这与我们在沟通时，使用委婉的语言艺术方式类似，都不是直截了当地提问或陈述。但是，“旁”和“击”所把握的力度又有所不同。

因为不是直截了当地提出问题或观点，此时谈判双方就形成一种间接谈判的关系，它不一定发生在谈判桌上，更多的是在谈判场外或谈判间隙中进行的。例如，我方作为卖方，原本坚持价格是100万元，但是对方认为价格过高，我方间接地在场外放出试探性的消息，以跌价来探测对方的意见，如将价格降至95万元，来探测对方的反应。假如我方作为买方，认为成交的价格过高，就放出消息，说对方商议的价格过高，有意准备放弃此次交易，与另外的商家交易，以此探测对方的意见。由于消息来自场外，不是谈判桌上的针锋相对，也不会使谈判双方因为分歧撕破脸皮。当然，这种带有“威胁性”的侧击，需要掌握敲击的力度，不能过火；否则，会让对方产生排斥、厌恶的情绪，反而适得其反。

9.1.4 “聚焦深入”策略

所谓“聚焦深入”策略是指先就某方面的问题进行较为广泛的提问，得到回复之后，对于我们最关心的问题，也是对方的隐情所在，再进行深入询问，不断提问，最终找到问题的症结所在。也就是找到问题、事情的焦点，找到突破口，如是信用问题、价格问题，还是生产能力等问题，然后深入询问。例如，商务谈判双方相谈甚欢，都很满意，但是对方始终不给出肯定的答复，有所迟疑。作为己方，首先进行广泛的提问，是否因为产品质量、生产技术、企业信誉、支付方式、价格等方面的问题。当各方面都进行列举后，可以探察出导致对方迟疑的大致原因是什么。假如是支付方式的问题，再就支付方式进行深入询问，是否全额付款较为困难、是否资金暂时不到位等；如果对方是因为全额付款而为难，那么我们就能找到症结所在，如提出分期付款等方案解决问题，最终圆满地完成谈判。

9.1.5 “顺水推舟”策略

顺水推舟的意思是顺着水流的方向推船，比喻顺着某个趋势或某种方式说话办事。在商务谈判中，“顺水推舟”策略是借用己方之口将对方没有明确表达的观点、信息陈述出来，然后征询对方的意见，以此来了解对方的真实想法。

在实际的运用中，可以在对方陈述结束后，顺势将己方的一些想法作为对对方陈述的概括或补充提出来，将这些想法、意见变成对方的意思，并观察对方的反应。例如，当对方陈述结束后，此时说：“根据我方的理解，贵方所要表达的意思是不是……”如果对方赞同或者不置可否，就说明对方的观点与己方表述的一致或者基本一致；如果对方否认或者驳斥，就说明对方的观点与己方相异。使用顺水推舟策略侦探对方意见、方案、意图时，应注意提问的方式和提问的时机要恰当，对于对方意思的补充阐述要合情合理，不能弄巧成拙，否则，将会失去主动机会，引起对方的猜疑，对方可能会给己方一些误导性的回答。

9.2 » 谈判过程的技巧

案例导入

金盾大厦设计方案谈判

1995年7月下旬，中外合资性质的重庆某房地产开发有限公司总经理张先生获悉澳大利亚著名设计师尼克·博谢先生将在上海做短暂停留。张总经理认为，澳大利亚汇聚了世界建筑的经典，而尼克·博谢先生是当代著名的建筑设计师，为了把正在建设中的金盾大厦建设成豪华、气派，既方便商务办公，又适于家居生活的现代化综合商住楼，必须使之设计科学、合理，不落后于时代新潮。具有长远发展眼光的张总经理委派高级工程师丁静副总经理作为全权代表飞赴上海与尼克·博谢洽谈，请他帮助设计金盾大厦的方案。

丁静一行肩负重担，风尘仆仆地赶到上海。一下飞机，就马上与尼克·博谢先生的秘书联系，确定当天晚上在银星假日饭店的会议室见面会谈。

下午5点，双方代表按时赴约，并在宾馆门口巧遇。双方互致问候，一同进入21楼的会议室。

根据张总经理的交代，丁静介绍了金盾大厦的现状。她说：“金盾大厦的建设方案是在七八年前设计的，其外形、外观等方面都有些不合时宜。我们慕名而来，恳请贵方支持合作。”丁静一边介绍，一边将事先准备的有关资料，如施工现场的照片、图纸、国内有关单位的原设计方案、修正资料等提供给尼克·博谢一方的代表。尼克·博谢在中国注册了“博谢联合建筑设计有限公司”，该公司是多次获得大奖的国际甲级建筑设计公司。在上海注册后，尼克·博谢很快在上海建筑市场站稳脚跟。但是，除上海外，该公司还没有深入到大部分内地市场。由于有这样一个良好机会，尼克·博谢对这一项目很感兴趣。他们同意接受委托，设计金盾大厦8楼以上的方案。

可以说，双方都愿意合作。然而，博谢联合建筑设计有限公司的报价是40万元，这一报价使重庆公司难以接受。博谢公司的理由是：本公司是一家讲求质量、注重信誉、在世界上有名气的公司，报价稍高是理所当然的。但是，鉴于重庆地区的工程造价，以及中国内地的实际情况，这一价格已经是最优惠的价格了。

据重庆方面的谈判代表丁静了解，博谢联合建筑设计有限公司在上海设计价格为每平方米6.5美元。若按此价格计算，金盾大厦25000平方米的设计费应为16.26万美元，根据当天的外汇牌价，折算成人民币为136.95万元。的确，40万元是最优惠的报价。“40万元是充分考虑了中国内地情况，按每平方米设计费为人民币16元计算的。”尼克·博谢说道。但是，考虑到公司的利益，丁静还价20万元。对方感到吃惊。丁静解释道：“在来上海之前，总经理授权我们10万元左右的签约权限。我们出价20万元，已经超过了我们的权力范围。如果再增加，必须请示正在重庆的总经理。”双方僵持不下，尼克·博谢提议暂时休会。

第二天晚上，即7月26日晚上7点，双方又重新坐到谈判桌前谈论对建筑方案的设想和构思，之后接着又谈到价格。这次博谢联合建筑设计有限公司主动降价，由40万元降到35万元，并一再声称：“这是最优惠的价格了。”

重庆方面的代表坚持说：“太高了，我们无法接受，经过请示，公司同意支付20万元，不能再高了。请贵公司再考虑考虑。”对方代表嘀咕了几句，说：“鉴于你们的实际情况和贵公司的条件，我们再降价5万元，即30万元。低于这个价格，我们就退出。”重庆方面的代表分析，对方舍不得丢掉这次与本公司合作的机会，可能还会降价。所以，重庆方面仍坚持出价20万元。过了一会儿，博谢公司的代表收拾笔记本等用具，根本不说话，准备退场。

眼看谈判再次陷入僵局，这时重庆方面的蒋工程师急忙说：“请贵公司与我们的总经理通话，待总经理决定并给我们指示后再谈如何？”由于这样的提议，紧张的气氛才缓和下来。

7月27日，博谢联合建筑设计有限公司的代小姐与张经理取得了联系。其实在此之前，丁静已经与张总经理通过电话，详细汇报了谈判的情况及对谈判的分析与看法。张总经理要求丁静“不卑不亢，心理平衡”。所以当代小姐与张总经理通话后，张总经理做出了具体的指示。

在双方报价与还价的基础上，重庆方面再次出价25万元，博谢联合建筑设计有限公司对此基本同意，但提出9月10日才能交图纸，比原计划延期两周左右。经过协商，双方在当晚草签了协议。7月28日，签订了正式协议。

扫一扫

9.2 案例解析参考

【案例思考】

通过案例分析，在商务谈判中该如何有效处理谈判僵局？

商务谈判中的各种技巧，对于在各种商战中为自己赢得有利位置，实现自己利益的最大化有着极其重要的作用，但我们也要注意的是，技巧与诡计、花招并不相同，前者要求的是恰如其分，对于谈判技巧的运用要游刃有余；既要赢，也要赢得让对方心服口服，赢得有理有据。

9.2.1 迫使对方让步的策略

商务谈判中双方需要互惠互利，因此，谈判中的让步是相互的，没有适当的让步，谈判就无法进行。但是在现实的商务谈判中，双方各自都要追求利益的最大化，谁都不会主动地让步，这是不切实际的。所谓“最好的防守便是进攻”，在谈判过程中，迫使对方让步也是达到最终谈判目的的有效手段之一。迫使对方让步的策略有很多：如常用的制造竞争策略、软硬兼施策略、蚕食策略、吹毛求疵策略、最后通牒策略等。

1．制造竞争策略

制造和创造竞争条件是谈判中迫使对方让步最有效的武器和策略。当一方存在竞争对手时，另一方可以选择其他的合作伙伴而放弃与他谈判，那么，他的谈判实力就大为减弱。在商务谈判中，制造竞争局面，在开展某项谈判事宜时，可以同时邀请几方，分别与他们进行洽谈。在洽谈的过程中，可以不失时机地适当透露竞争对手的相关情况，放出烟幕弹，让对方感受到竞争的压力，从而促使其在谈判中做出让步。

有时，竞争对手是不存在的，是谈判方故意捏造出来，这种制造出的竞争假象也能达到迷惑对方的目的。这类似于，在商店买衣服，在与店家讨价还价时，你会说“我在其他商店购买相同质量、相同款式的衣服价格比你这里少”。可能在进入这家商店之前你并没有在其他商店购买过衣服，为了压低衣服的价格，你刻意制造出一个竞争对手，给商家压力，迫使商家降价。

2．软硬兼施策略

软硬兼施策略俗称红白脸策略，是指在商务谈判中，以两个人分别扮演红脸和白脸，或一个人同时扮演红脸和白脸的角色。这种方式是首先利用强硬的手段打击对方咄咄逼人的锐气，然后以调和者的身份或面孔抚慰对手，阐明道理和各种利害关系，迫使对方让步，达到己方的谈判目的。运用红白脸策略要机动灵活。如发动强攻时，声色俱厉的时间不宜过长，同时说出的话要给自己留有余地，否则会把自己给绊住。若由于过于冲动而陷入被动时，最好的解决方法就是“暂停”“休会”或“散会”，通过改变时间，以争取请示、汇报并研究被动局面的化解方法。

案例 9.1

美国著名企业家霍华·休斯是个脾气暴躁、性格执拗的人。一次他为了购买一批飞机，亲自与飞机制造商进行谈判。由于数额巨大，霍华·休斯提出要在协议上写明他的具体要求，内容多达34项，而其中11项要求必须得到满足。由于他立场强硬，拒不考虑对方的面子，激起了飞机制造商的愤怒，对方也拒不相让。谈判始终冲突激烈。后来，霍华·休斯派他的私人代表出面洽商。该代表与飞机制造商洽谈后，竟然取得了34项要求中的30项，当然那11项目标也全部达到了。当霍华·休斯问他的私人代表如何取得这样辉煌的战果时，这位代表回答：“很简单，在每次谈不拢时，我就问对方，你到底是希望与我一起解决这个问题，还是留待与霍华·休斯来解决？”结果，对方自然愿意与他协商，条款就这样逐项地谈妥了。

【解析】

案例中，霍华·休斯因为脾气暴躁、性格执拗，无意中扮演了红脸的角色。而他的私人代表在后期谈判中不失时机地充当了白脸角色。而作为飞机制造商而言，当然更愿意与性格温和的私人代表进行谈判。

3．蚕食策略

蚕食策略是指先争取小的让步，再争取大的让步，先做成小的订单，再争取大的订单，在谈判中逐步扩大己方利益的策略。

有时，由于对方实力强大，拥有绝对优势，己方可能要争取一个平等的谈判机会都不容易。在这种情况下，谈判者就需要有一种务实精神，降低期望值，先谋小利，甚至是舍小利以求建立与对方的谈判关系。当一个弱势的供应商与一个实力强大的采购商谈判时，先建立合作关系，先谋小利就是一种聪明而有远见的做法。

人们在做一个新的决定之前通常会不安或焦虑，但是一旦做出了决定，心情就会彻底改变，就会对自己的决定充满信心并坚守它。这为“蚕食策略”的有效性提供了心理学上的依据。你不能一下向对方要很多，先少要一点甚至可以先亏一点以求建立某种关系，然后利用这种关系和人们的心理把获小利的谈判变成获大利的谈判。

4．吹毛求疵策略

吹毛求疵策略是一种常用的迫使对方让步的策略，也就是我们常说的“鸡蛋里挑骨头”，主要是指谈判中处于劣势的一方在优势的一方炫耀自己的实力，谈及自己的实力或优势时采取回避态度，而专门寻找对方弱点，伺机打击对方。

吹毛求疵策略在商务谈判中，往往被买方用来压低卖方的报价，方法是提出一堆问题及要求，其中有些问题确实存在，有的则是故意制造出来的。国外谈判学家通过实验表明：谈判中，假如其中一方用这种“吹毛求疵”的方法向对方讨价还价，提出的要求越多，得到的也就越多；提出的要求越高，结果也就越好。

5．最后通牒策略

在谈判中双方争执不下、对方不愿做出让步来接受己方交易条件时，为迫使对方让步，己方可向对方发出最后通牒，即如果对方在某个期限内不接受己方的交易条件并达成协议，己方就宣布谈判破裂并退出谈判。

最后通牒策略一般是在己方在谈判中拥有绝对优势，并且已经尝试过其他策略都不再有效的情况下所采取的迫使对方让步的办法。在具体实施时应注意以下几点。

- **勿将最后通牒变成威胁：**最后通牒要有令人信服的理由和委婉的解释，以免对方产生敌意。最后通牒只是为了让对方再次慎重考虑己方建议的成交条件，而不是胁迫对方接受。
- **具体地表达最后通牒的条件或时限：**一般而言，最后通牒的条件或时限表达越具体，给对方的压力就越大。如：“100万元是我们最后的报价”“明天13:00之前贵方还不答应我方条件，我们只好按计划终止谈判了”。
- **配合实际行动：**配合实际行动能够增强最后通牒的施压效果，如收拾资料、出示已经买好的机票、车票等。

◆**最后通牒由主谈人发出：**最后通牒由主谈人发出才能代表组织的权威意见。其他谈判人员发出最后通牒，对方不一定相信，威力会削弱。

9.2.2 阻止对方进攻的策略

在商务谈判过程中，任何一方都会受到另一方的攻击，迫使自己做出让步，使谈判继续下去。但是，一味地让步是不切实际的，会彻底地损害己方的利益。因此，在面对进攻时，应该利用不同的策略来化解对方的进攻，保护己方的利益。

1．资料限制策略

在商务谈判中，当对方要求就某一问题进行进一步解释，或要求己方让步时，可以用抱歉的口气告诉对方：“实在对不起，有关这个问题的详细资料我方没有备齐”，或者“这属于本公司方面的商业机密，不便透露，因此暂时还不能做出答复”等。这就是利用资料限制因素阻止对方进攻的常用策略。当对方听了这番话后，即可暂时将问题放下，这就很简单地阻止了对方咄咄逼人的攻势，进而化解了对方的进攻。

资料限制策略存在一个显而易见的弊端，如果经常使用资料限制策略阻止对方进攻，会使对方怀疑己方不是诚心诚意地进行谈判，这就会使己方变得被动。

2．权限策略

一般而言，商务谈判人员所拥有的权力都是有限的。这种权力的大小主要取决于两个方面。一是上司的授权。上司给予其多大权力，他应有多大权力，不能超过权力界限来处理事务。二是国家的法律和公司的政策。任何谈判人员都不能不顾国家法律和公司的政策来与他人谈判。谈判者在权力受到限制的时候，往往可以使他的立场更加坚定，更能够自然地说出“不”字。

谈判经验告诉人们，任何一位在谈判桌上声明自己可以做出一切决定的谈判者都是不聪明、不理智的。因为这时如果对方有充分的理由要求其让步时，他就只能是接受让步，而无理由找借口来回绝了，这其实等于丢掉了自己的保护伞，这是不可取的做法。

权限策略同样可用来迫使对方让步。己方为了达到降低对方条件、迫使对方让步或修改承诺条文的目的，转移矛盾，假借其上司或委托人等第三者之名，故意将谈判工作搁浅，让对方耐心等待，再趁机反攻。

3．财政极限策略

财政极限策略是利用我方财政方面的限制，向对方施加影响，达到防止对方进攻的一种策略。因为向对方阐明当前的财政困难或窘境时，能够引起对方的同情，从而达到较好地阻止对方进攻的效果。财政极限策略可以用下面的方式来表达：“我们成本就这么高了，这价格真的是不能再低了。”“我们预算中的这笔开支只有这么多。”等等。

4．先例控制策略

先例控制策略通常是指占有优势的一方坚持自己提出的交易条件，尤其是价格条件而不愿让步的一种强硬方式。如果买方所提的要求使卖方不能接受时，则卖方谈判者向买方解释说：如果答应了买方这一次的要求，对卖方来说，就等于开了一个交易先例，这样就会使卖方今后在遇到类似的其他客户发生交易行为时，也至少必须提供同样的优惠，而这是卖方客观上承担不起的。买方除非已有确实情报可予揭穿，否则只能凭主观来判断，要么相信，要么不相信，别无其他办法。在市场有利于卖方、而买方急于达成交易时，先例控制策略能够起到显著的效果。

5．既成事实策略

既成事实策略就是运用先斩后奏的技巧，采取某些对方意料之外的行动，造成某种既成事实，使己方处于有利的地位。既成事实并不能决定交易的完成，不过它可以影响双方权力的平衡，直至影响最后的结果。如有些时候，己方在谈判中会说："我们已经做了——现在让我们来谈一谈吧！"或者一方借故先停止正在谈判的价格，再和对方谈判一个新的价格。

6．拖延策略

拖延时间，纠缠对手，在商务谈判中是一种常见的、行之有效的策略。拖延时间的策略一般会给对方造成消极影响，起到消磨对方意志和耐心的作用。这种策略一是让对方焦虑不安，二是让对方出错，三是为己方提出条件做准备。例如，临时改变谈判日期，可以打破对方原有计划，让对方焦急不安；在即将休息时又提出重要问题进行讨论，使对方措手不及；在重要问题上说要请示上级，等待上级指示等。

案例 9.2

20世纪80年代末，硅谷某家电子公司研制出一种新型集成电路，其先进性尚不能被公众理解，而此时，公司又负债累累，即将破产，这个集成电路专利能否被购买可以说是公司最后的希望。幸运的是，欧洲一家公司慧眼识珠，派三名代表飞了几千千米来洽谈转让事宜。诚意看起来不小，一张口起价却只有研制费的2/3。电子公司的代表站起来说："先生们，今天先到这儿吧!"从开始到结束，这次洽谈只持续了三分钟。岂料下午欧洲人就要求重开谈判，态度明显"合作"了不少，于是电路专利以一个较高的价格进行了转让。

【解析】

人的意志就好似一块钢板，在一定的重压下，最初可能保持原状，但一段时间以后，就会慢慢弯曲。拖延战术就是对谈判者意志施压的一种常用方法。

案例中，硅谷公司的代表为什么敢斩钉截铁地停止谈判呢?因为他知道，施压有两个要点：一是压力要强到让对方知道你的决心不可动摇；二是压力不要强过对方的承受能力。他估计到欧洲人飞了几千千米来谈判，决不会只因为这三分钟就打道回府。这三分钟的会谈，看似打破常规，在当时当地，却是让对方丢掉幻想的最佳方法。突然的中止，没有答复（或是含糊不清的答复）往往比气急败坏、暴跳如雷收效更好。

9.2.3 打破商务谈判的僵局

在商务谈判过程中由于利益冲突等原因，谈判陷入僵局是不可避免的。如何妥善处理谈判僵局是谈判人员必做的功课。为了有效处理谈判僵局，我们首先要了解分析形成谈判僵局的原因，然后才能对症下药。

1．形成谈判僵局的原因

形成谈判僵局的原因多种多样，主要表现为如下几个方面。

◆**立场观点的争执：**谈判过程中，如果对某一问题双方各自坚持自己的主张，谁也不愿做出让步，往往容易产生分歧。双方越是坚持自己的立场，分歧就会越大。这时，双方真正的利益被这种表面的立场对立所掩盖。而为了维护各自的面子，谈判双方非但不愿做出让步，反而用顽强的意志来迫使对方改变立场。谈判变成了一种意志力的较量，自然陷入僵局。

◆**一方过于强势：**谈判双方通常面对面通过语言进行信息交流、磋商议题。谈判中的任何一方，不管出于何种原因和目的，如果过分地、强硬地论述自己的观点而忽略了对方的反应，必然会使对方反感，造成潜在的谈判僵局。严重的情况是谈判的一方认为自己理由充分，唯恐对方不了解，或认为只有从不同角度反复陈述自己的观点才能取得对方的理解与信任。他们并没有考虑给对方表达观点的机会，剥夺了对方的发言权，最终造成“曲终人散”的局面。

◆**偏见因素：**偏见或成见是指由感情原因所产生的对对方议题的一些不正确的看法。由于产生偏见的原因对问题认识的片面性，即用以偏概全的方法来对待别人，因而容易产生僵局。由于谈判人员对信息的理解受其职业习惯、受教育的程度以及某些领域内的专业知识所制约，所以表面上看起来，谈判人员对对方所讲的内容已经全面了解，但实际上却常常是主观、片面的，甚至与主观内容是完全相反的。

◆**信息沟通的障碍：**信息沟通障碍是造成谈判僵局的常见现象。谈判本身固然是靠“讲”和“听”进行沟通的，但事实上，即使一方完全听清了另一方的讲话内容，也并不意味着就能完全把握对方所要表达的思想内涵。由于信息传递失真而使双方之间产生误解而出现争执，并因此使谈判陷入僵局的情况屡见不鲜。这种失真可能是口头翻译方面的，也可能是合同文字方面的。

2．处理谈判僵局的方法

僵局并非死局，不一定会导致谈判的破裂。谈判人员应该善于探究僵局产生的原因，积极主动地寻找解决方案，根据当时的谈判背景和情势使用不同的策略化解僵局，进而达到谈判的预期效果。

◆**正确认识谈判的僵局：**闻过则喜，听到对方的反对意见时，诚恳地表示欢迎，要谦虚。要持有欣赏对方的态度，对于对方提出的观点或意见要首先讲一些客套话，表示对对方的尊重。认真倾听对方陈述，抛弃成见，正视冲突。

◆**遵循平等互利原则：**遵循平等互利原则是避免和解决僵局最有效的方法。这也是商务谈判中一再强调互利原则的重要性的原因。

◆**回避分歧，转移话题：**当双方对某一议题产生严重分歧、都不愿让步而陷入僵局时，一味地争辩是无法解决问题的。此时，可以回避有分歧的议题，换一个新的议题与对方谈判。一方面，可以争取时间先进行其他问题的谈判，避免没有结果的争辩而耽误时间；另一方面，当其他议题经过谈判达成一致后，可能会对有分歧的问题产生正面影响，再回过头来谈陷入僵局的议题时，气氛会有所好转，思路会变得开阔，问题的解决便会比以前容易得多。

◆**以一方面的退让换取另一方面的利益：**如果谈判双方因为某一方面的利益僵持不下就轻易地让谈判破裂，实在是不明智之举。其实只要在某些问题上稍做让步，在另一些方面就有可能争取到更好的条件。在谈判陷入僵局时，如果促使合作成功所带来的利益大于坚持原有立场而让谈判破裂所带来的好处，那么就应考虑在某些方面采取退让的策略，以换取另一方面的利益，最终达成双方都能接受的协议。例如，买方有时可以考虑接受稍高的价格，而在其他方面争取到更有利于自己的条件：缩短交货期，改变付款方式等。

9.2.4 商务谈判中的拒绝方法

在商务谈判过程中，在遇到对方提出不合理的要求，使己方不能接受时，就需要合理地拒绝对方的要求。但如果拒绝过于直接，则可能会伤害到对方，使谈判出现僵局，导致谈判失败。所以如何采用巧妙的拒绝方法很重要。

- **幽默拒绝法：**无法满足对方提出的不合理要求，在轻松诙谐的话语中进行否定，或讲述一个精彩的故事让对方听出弦外之音，既避免了对方的难堪，又转移了对方被拒绝的不快。这样拒绝不仅转移了对方的视线，还阐述了拒绝的理由，让对方心悦诚服。
- **迂回补偿法：**谈判中有时仅靠以理服人、以情动人是不够的，毕竟双方最关心的是切身利益，断然拒绝会激怒对方，甚至终止谈判。假使我们拒绝时，在力所能及的范围内，给予适当优惠条件或补偿，往往会取得理想的效果。
- **“移花接木”法：**在谈判中，对方要价太高，自己无法满足对方的条件时，可“移花接木”或委婉地设置双方无法跨越的障碍，既表达了自己拒绝的理由，又能得到对方的谅解。暗示对方所提的要求是可望而不可即的，可促使对方妥协。也可运用社会局限，如法律、制度、惯例等无法变通的客观限制，如“如果法律允许的话，我们同意”“如果物价部门首肯，我们无异议”等。
- **肯定形式法：**人人都渴望被了解和认同，可利用这一点从对方意见中找出彼此同意的非实质性内容予以肯定，使其产生共鸣，造成“英雄所见略同”之感，然后再借机顺势表达不同的看法。

本章小结

本章主要介绍了商务谈判的常用策略，包括商务谈判前期的侦探策略和技巧，以及商务谈判过程中迫使对方让步、阻止对方进攻、打破谈判僵局和拒绝对方的方法和技巧。

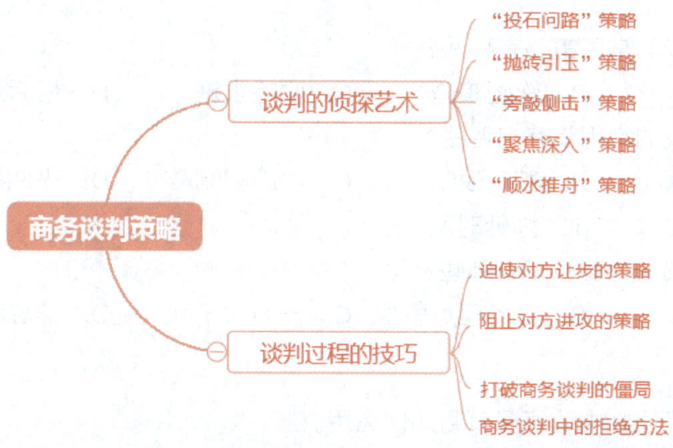

综合练习

一、单项选择题

1. 某器械生产厂急需一批组装原件。某日，该企业负责人打来紧急电话，让你马上赶往他的下榻处商谈大量采购事宜。由于该负责人有重要事情需要处理，不能在此地停留，1 个小时后，他将飞往其他地方。你到达酒店的时候，离他离开此地的时间刚好还剩半个小时。他向你表示，如果你能以最低价格供应，他愿意与你签订为期 2 年的供需合约。在这种情况下你的最佳做法是（　　）。

A. 提供最低价格

B. 提供稍高于最低价格的价格

C. 拖延

D. 祝他旅途顺利，告诉他回去后再与他联系

2. 某公司需要扩大生产规模，决定购买 100 台某型号机床。在与某生产商进行洽谈时，为了以较低价格购买这批机床，谈判开始时，为了制造出竞争局面，你会怎样陈述？（　　）

A. 我方只愿意以每台机床 5000 元的价格购买

B. 我能够找到每台机床低于 5000 元的厂商

C. 每台机床 5000 元是一个很公平的市场价格

D. A 公司愿意以每台机床 5000 元的价格与我方合作，但是鉴于与贵方的长期合作关系，我方更愿意与贵方签订购买协议

3. 在商务谈判中，用对己方来说价值不大的东西来换取对方不在乎但对己方很有价值的东西。这是运用了什么策略？（　　）

A. 投石问路　　B. 抛砖引玉　　C. 制造竞争　　D. 顺水推舟

4. 拒绝谈判对手时，在力所能及的范围内，给予适当优惠条件或补偿，使用了哪种方法？（　　）

A. 迂回补偿法　　B. 移花接木法　　C. 肯定形式法　　D. 幽默拒绝法

二、多项选择题

1. 迫使对方让步的常用策略有哪些？（　　）

A. 制造竞争　　B. 软硬兼施　　C. 吹毛求疵　　D. 最后通牒

2. 阻止对方进攻的常用策略有哪些？（　　）

A. 资料限制　　B. 权利限制　　C. 财政限制　　D. 先例控制

E. 既成事实　　F. 拖延时间

3. 形成谈判僵局的主要原因有哪些？（　　）

A. 偏见因素　　B. 立场观点争执　　C. 一方过于强势　　D. 信息沟通障碍

三、问答题

1. 请谈一谈商务谈判中的侦探策略如何运用。

2. 制造竞争局面的方法是什么？

3. 作为商务谈判代表，面对对手压价的进攻，你将采取哪种方式抵御进攻？

4. 应该怎样熟练地运用打破谈判僵局的技巧和策略?

四、案例分析

A品牌出身浙江义乌，是个相对成熟的皮具品牌。2009年秋，A品牌男装正式启动上市。陈磊当时在休闲男装担任区域经理一职，负责横贯东西七省的业务。在市场调研过程中，陈磊拜访了各地比较好的服饰代理商，并建立了初步友谊。

2009年11月23日，品牌发布会暨招商会正式召开。公司将会议搞得很隆重，请咨询师上课，请形象代言人，还请了一家文化传播公司负责服饰秀。会议地点安排在邻近Y市的一家度假山庄。会议当天晚上是欢迎酒会，为意向客户接风。酒会上，很多区域经理都特意将同一个市场的意向客户座位分开，严格保密。陈磊则相反，有意无意地将同一个区的意向客户安排在一起，并逐一介绍。从表面上看，这顿饭吃得有些尴尬，但效果却出奇的好，因为第二天下午就有几位客户要与陈磊洽谈合作事宜。

第二天，品牌研讨，政策说明，参观公司，答谢晚宴，时间非常紧张。晚饭刚过，山东的张先生与陕西的李先生就已经站在陈磊的商务房门前。这两个客户是陈磊非常看好的。山东的张先生是个天生的商人，他与李先生一见面，就形影不离地跟着，用他的话说，李先生做A品牌，他就做A品牌。

以什么样的方式与他俩谈判呢?陈磊心里一时没底，索性先拖延一下时间。泡好茶，寒暄几句，借口先去和其他客户打招呼，然后再详谈。征得同意后，陈磊就去了几个重要客户那里，对每个人都说晚上有点忙，过半小时后来详谈。大约40分钟后，陈磊回到商务房，他们二位已经等急了。谈判很快就开始了。首先陈磊抛出自己的想法，“我只是一个区域经理，真正有权签约者是营销副总，我们今天只是谈谈，山东与陕西来的客户比较多，公司还是要有所选择的。当然，在我个人心目中，你们二位是最优秀的。你们做不好的市场，别人也不可能做得好。”山东张先生说：“以我们的市场经验，我们做不好的市场，恐怕别人也很难操作。今天我们也看了A品牌产品，说实话，产品缺陷还是比较大的，时尚的太前卫，常规的太保守，价格又高，而且你们的政策一点都不优惠。不过，既然我们来了，而且和您也很投机，所以如果条件宽松，还是可以考虑一下的。”陕西李先生马上附和，并举了两个福建品牌的例子，大致是条件多优惠。A品牌这次产品组合得确实不是很成功，但这些都已经是不能更改的。顺着他们的话题谈下去，势必会把自己逼进死胡同。于是陈磊岔开话题，“你们认为加盟一个品牌，是一季产品重要、优惠政策重要，还是品牌的可持续发展重要?”他们没有说话，最后达成了对陈磊一方有利的合同。

案例思考

分析案例中谈判双方在谈判中使用了哪些具有重要意义的策略和技巧。

第9章 案例思考解析

参考文献

1．北京市商业委员会编著. 商业谈判手册. 北京：中国国际广播出版社，1993.

2．蔡玉秋. 商务谈判. 北京：中国电力出版社，2011.

3．陈文汗. 商务谈判实务 北京：电子工业出版社，2009.

4．丁建忠. 国际商业谈判. 北京：中信出版社，1993.

5．杜慕群，朱仁宏. 管理沟通（第2版）. 北京：清华大学出版社，2014.

6．冯华亚. 商务谈判. 北京: 清华大学出版社, 2006.

7．龚荒. 商务谈判与沟通——理论、技巧、实务. 北京：人民邮电出版社，2014.

8．赫红. 管理沟通. 北京：科学出版社，2010.

9．胡文仲. 文化与交际. 北京：外语教学与研究出版社，1994.

10．胡文仲. 跨文化交际学概论. 北京：外语教学与研究出版社，1999.

11．黄漫宇. 商务沟通. 北京：机械工业出版社，2010.

12．胡介埙. 商务沟通——原理与技巧. 辽宁：东北财经大学出版社，2011.

13．何国松. 66招搞定商务谈判. 黑龙江：黑龙江人民出版社，2004.

14．贾书章. 现代商务谈判理论与实务. 武汉：武汉理工大学出版社，2010.

15．姜桂娟. 公关与商务礼仪（第2版）. 北京：北京大学出版社，2010.

16．康青. 管理沟通. 北京：中国人民大学出版社，2006.

17．李昆益. 商务谈判技巧. 北京：对外经济贸易出版社，2007.

18．李品媛. 现代商务谈判. 大连：东北财经大学出版社，2005.

19．刘志强. 哈佛商务谈判. 吉林：吉林摄影出版社，2002.

20．罗宇. 商务礼仪实用手册. 北京：人民邮电出版社，2008.

21．[美]罗纳德·B·阿德勒，[美]珍妮·玛库特·埃尔霍斯特. 商务沟通的艺术. 上海：复旦大学出版社，2012.

22．[美]马克·凯·斯科恩菲尔德，[美]瑞克·艾姆·斯科恩非尔德. 36小时谈判课程. 上海：上海人民出版社，1995.

23．彭凯平，王伊兰. 跨文化沟通心理学. 北京：北京师范大学出版社，2009.

24．潘肖珏，谢承志. 商务谈判与沟通技巧. 上海：复旦大学出版社，2004.

25．钱森、张卓. 商务沟通. 上海：立信会计出版社，2006.

26．乔淑英. 商务该判. 北京：北京商业大学出版社，2007.

27． 宋超英. 组织行为学. 甘肃：甘肃人民出版社，2002.

28．苏勇，罗殿军. 管理沟通. 北京：企业管理出版社，1999.

29．孙健敏，吴铮. 会说会听会沟通. 北京：企业管理出版社，2007.

30．魏江，严进. 管理沟通. 北京：机械工业出版社，2010.

31．王德海，周圣坤. 传播与沟通. 北京：中国农业大学出版社，2002.

32． 王爱国. 商务谈判与沟通. 北京：中国经济出版社，2008.

33． 王慧敏. 商务沟通教程. 北京：中国发展出版社，2006.

34． 王建明. 商务谈判实战经验和技巧——对五十位商务谈判人员的深度访谈. 北京：机械工业出版社，2015.

35． 王绍军，刘增田. 商务谈判. 北京：北京大学出版社，2009.

36．吴建伟，沙龙·谢尔曼. 商务谈判策略. 北京：中国人民大学出版社，2006.

37．姚风云，龙凌云，张海南. 商务谈判与管理沟通（第2版）. 北京：清华大学出版社，2016.

38．袁其刚. 国际商务谈判. 北京：高等教育出版社，2007.

39．[英]尼基·斯坦顿. 商务交流. 北京：高等教育出版社，2008.

40．张守刚. 商务沟通与谈判（第2版）. 北京：人民邮电出版社，2016.

41．张煜. 商务谈判. 成都：四川大学出版社，2005.

42．张华容. 商务谈判理论与实务. 长沙: 湖南人民出版社，2000.

43．张韬. 沟通与演讲. 沈阳：东北大学出版社，2006.

44．周贺来. 商务谈判实务. 北京：机械工业出版社，2009.

45．周庆. 商务谈判实训教程. 武汉：华中科技大学出版社，2007.

46．朱凤仙. 商务谈判与实务 北京: 清华大学出版社, 2006.